CHINA RISK GOVERNANCE REPORT

中国风险管理报告 2011

吴定富 主编

法律出版社
LAW PRESS·CHINA

编委会名单

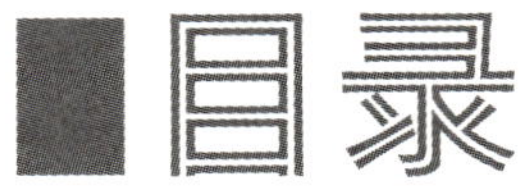

目录

论见

编后

序

发挥保险社会风险管理功能 服务社会管理体系建设

我国党和政府历来高度重视社会管理工作。特别是胡锦涛总书记2011年2月在全国省部级主要领导干部专题研讨班上,把握国内外形势新变化新特点,联系改革发展稳定的重大理论和现实问题,深刻阐述了当前加强和创新社会管理的重大意义,明确指出加强和创新社会管理的总体思路和方向。

社会风险管理是社会管理的基本任务之一,对经济社会改革发展稳定具有重要意义。近年来,重大灾害事故频发,地震、冰灾、洪灾、火灾、泥石流等给人们生产生活造成严重损失。同时,随着经济社会结构的快速变化,出现了一些新的社会矛盾和风险因素。怎样管理好这些风险,责任重大,任务艰巨,对社会风险管理工作提出了新的更高的要求。

当前,社会风险管理工作相对薄弱,与社会风险发展的形势相比,还存在一些矛盾,突出表现为三点:一是不断增大的风险总量与相对薄弱的风险管理体系的矛盾。二是市场化进程推进与市场化风险管理手段缺失的矛盾。三是日益复杂的风险结构与落后的风险管理技术之间的矛盾。加强全面风险管理,提升全社会综合风险防范能力的任务十分紧迫。

保险作为市场化的社会互助机制和风险管理机制,参与社会风险管理有着天然优势,可以在服务中国特色社会主义社会管理体系建设方面发挥积极作用。2006年国务院发布的《关于保险业改革发展的若干意见》明确指出,保险具有经济补偿、资金融通和社会管理功能,是市场经济条件下风险管理的基本手段。大力发展保险,运用市场化的手段提高社会风险管理水平,有利于社会风险控制主体多元化,也有利于创新保险机制和丰富社会管理体系。总的来看,应着重做好以下几方面工作:

第一,创新理念,建立全面社会风险管理机制。社会风险管理主要包括风险识别和评估、风险防范和化解、风险分散和转移三个环节。过去,传统商业保险往往专注于风险的分散和转移,更加重视损失补偿功能,在防灾防损方面还做得不够。下一步,保险业要转变传统保险思维,从单一、被动、应急的危机管理模式向全面、主动、长期的风险管理模式转变,从"减轻灾害损失"向"减轻灾害风险"转变,从"处理存量风险"向"促进风险减量"转变,重点建立健全风险的识别、评估和预警机制,更加全面发挥保险的社会风险管理功能。

第二,增强能力,提高社会风险管理服务水平。风险管理是保险业的主要功能和核心技术,通过提高风险管理能力,可以实现保险业自身发展和服务社会管理体系建设的紧密结合。一是根据长期积累的风险案例和数据,系统、科学地对风险的识别、分析、评估进行管理决策,提高保险服务的科技含量。二是依靠保险精算专业人才和风险估值模型,充分发挥"风险定价"和保险条款设计的杠杆作用,用市场化的手段引导资源合理配置,促进安全设防和备灾减灾,提高社会风险意识。三是主动参与重点领域风险管理。通过大力发展责任保险以及商业养老和健康保险,积极参与社会保障体系建设,最大限度减少不和谐因素。

第三,突出重点,加快巨灾保险制度的研究制订。党中央、国务院一直对巨灾保险问题高度重视。连续多年的中央一号文件、政府工作报告以及《国民经济和社会发展十二五规划纲要》,都明确提出了建立巨灾风险分散机制、探索发展巨灾保险的要求。保险业要深入开展调查研究,综合考量现阶段经济发展状况、保险市场发育程度和国家地理环境等因素,科学合理设计符合我国国情的巨灾保险制度框架和运行模式,完善国家社会风险管理体系。

中国保险学会编纂的《中国风险管理报告(2011)》,包括2010年全球巨灾回顾与分析、中国灾害事故及风险管理概况、中国旱灾和洪水灾害管理情况、上海世博会和广州亚运会风险管理报告、校园安全事件剖析、风险识别与风险改善模式介绍、地震保险制度研究等内容,报告选题较好、内容质量较高、数据充分翔实,较好地回顾和保存了过去一年风险管理理论和实务工作者的研究成果。相信本书的出版,将对加强保险理论研究、促进保险业参与社会风险管理体系建设起到积极促进作用。

中国保险监督管理委员会主席

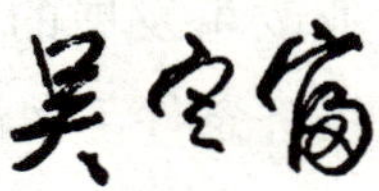

2011.4.

前 瞻

“十二五”时期保险业的新机遇新挑战：经济社会综合风险管理

吴定富

摘　要

近年来，保险业积极探索为经济社会提供全方位的风险管理服务，取得了良好成效。当前和今后一个时期，我国经济社会发展呈现新的阶段性特征，对保险业来说，正确认识和科学判断未来一段时期经济社会的风险形势，对推动行业加快转变发展方式，充分发挥保险的风险管理功能，更好地服务经济社会建设具有十分重要的意义。“十二五”时期，保险业要增强机遇意识、创新意识和挑战意识，科学判断和准确把握发展趋势，主动适应经济社会环境和风险管理需求的变化，坚持以风险管理和保障功能为根本立足点，牢牢把握保险服务的方向；坚持以技术创新和服务创新为推动力，大力提高保险业的竞争力；坚持以保障和服务民生为重要着力点，不断扩大保险服务覆盖面；坚持以加强和改进监管为保障，着力提升保险服务价值，积极为经济社会发展提供保险服务。

“十一五”期间,保险业面对复杂多变的国内外的经济金融形势,加快转变发展方式,积极防范化解风险,行业改革发展和服务经济社会建设都取得突出成效。“十一五”期间,全国保费收入持续保持了稳定快速增长,年均增长达到26.5%,2010年保费收入达到1.45万亿元,是2005年的近3倍。“十一五”期间,保险业资产积累的速度明显加快,特别是近三年以每年1万亿元的速度在增加,截至2010年年底,全国保险公司总资产规模突破5万亿元。“十一五”期间,保险业对经济社会发展和人民群众生产生活的风险保障能力大幅提升,保险公司累计赔付支出1.3万亿元,是“十五”期间的3倍。“十一五”期间,我国保险业对外开放和国际交流不断扩大,积极参与国际金融保险规则的制定和多边合作,保险业的国际地位和影响力显著提高。

“十一五”时期保险业良好的发展态势和成果,为“十二五”期间行业发展打下了坚实的基础。在新起点新阶段,国内外经济社会形势和行业形势正发生深刻变化,保险业要科学把握发展规律,认真总结实践经验,以加快转变发展方式为主线,不断提升风险管理服务能力,在发展中促转变,在服务中实现发展。

一、近年来保险业在风险管理服务方面迈上了一个新台阶

风险管理与保障是保险的基本功能。近年来,保险业积极探索为经济社会提供全方位的风险管理服务,取得了良好成效。随着保险在经济社会中的覆盖面和渗透率不断扩大提高,有效提升了全社会的风险抵御和应对能力。与过去相比,近年保险业的风险管理服务有了一些新的变化:

一是风险管理服务的理念越来越科学。保险业是金融服务业,行业的核心价值是为经济社会和人民群众提供风险保障服务。全行业日益认识到,保险业提供风险管理服务不仅要有市场意识,还要有全局意识和责任意识,必须牢固树立“想全局、干本行,干好本行、服务全局”的理念,紧紧围绕国家关于经济社会发展的战略部署和方针政策,紧紧围绕各

行各业和人民群众不断涌现的风险保障需求,积极发挥行业在风险管理方面的独特优势,开展保险服务。

二是风险管理服务的领域越来越广。目前保险服务已经深入到经济社会生活的各个领域和各个层面,不仅服务的对象越来越广泛,而且管理的风险种类越来越多。从辅助政府进行社会管理,到参与企业的全面风险管理,再到为人民群众的生产生活提供风险保障服务,保险业管理的风险,从过去的生命财产、信用保证、社会保障等领域,日益扩展到技术创新、社会管理等各个领域。

三是风险管理服务的方式越来越多元化。近年来保险服务不断创新,服务方式和途径与过去相比更加多样。一方面,充分利用电话、网络等通信及信息技术手段,开展保险产品销售和保险理赔服务,有效提升了保险服务的效率和水平。另一方面,保险业在市场化运作的基础上,积极探索代办、经办等服务方式,充分发挥精算和管理方面的优势,参与企业年金、新型农村合作医疗等社会保障体系建设。

四是风险管理服务的内容越来越贴近经济社会发展和人民群众的需要。保险业从行业自身实际出发,通过发挥风险保障及投融资功能,积极支持国家扩大内需战略,支持发展现代产业体系,支持生态文明建设。尤其是在过去金融保险服务相对薄弱的环节和领域,保险业通过与银行等其他金融行业合作,加强产品创新,积极为"三农"及中小企业提供保险服务。同时,针对不断出现的新的风险管理需求,保险业根据风险的不同特点,为政府、企业及居民个人提供从风险咨询、风险预防与控制到损失补偿的全方位保险服务。

二、"十二五"期间保险业面临新的经济社会风险形势

当前和今后一个时期,我国经济社会发展呈现新的阶段性特征,既面临难得的历史机遇,也面对诸多可以预见和难以预见的风险挑战,尤其是随着工业化、信息化、城镇化、市场化、国际化深入发展,发展中不平衡、不协调、不可持续问题会依然突出。对保险业来说,正确认识和科学判断未来一段时期经济社会的风险形势,对推动行业加快转变发展方式,充分发挥保险的风险管理功能,更好地服务经济社会建设具有十分重要的意义。

(一)"十二五"期间经济社会风险呈现出新的特点

未来五年,是全面建设小康社会的关键时期,也是深化改革开放、加快转变发展方式的攻坚时期。在这一时期,社会矛盾明显增多,资源环境、投资消费、科技创新、产业结构、农业生产、区域发展等领域的矛盾与问题依然较多,世界经济政治格局出现新变化,经济社会发展风险与过去相比,呈现出一些新的特征:

一是经济社会风险的种类日趋综合化。近年来,随着经济社会发展,风险的种类越来

越多,不仅传统风险发生了变化,而且新型风险不断出现。从风险的性质来看,既有与各种重大自然灾害相关的自然风险,又有与社会建设相关的社会管理风险,还有与经济发展相关的经济运行风险。特别是"十二五"时期,我国将深入推进工业化、城镇化发展,需要依靠科技创新推动产业升级,更需要加强和创新社会管理。这种背景下,一方面传统的自然风险、社会风险、经济风险在强化,特别是与公共安全、生产等相关的责任风险,与民生相关的社会保障风险日益突出;另一方面新型风险不断显现,在全球科技创新孕育新突破和国际投资合作加强的形势下,与科技进步相关的研发创新风险、与境外投资相关的国际政治政策风险等,逐渐成为风险管理的新领域。

二是经济社会风险的关联性显著增强。与过去相比,目前各种风险在时间上、地域上以及性质上越来越呈现出较强的关联性,不仅会互相影响,还会互相交叉叠加。例如,地震、洪水等自然灾害风险不仅带来生命财产等经济损失,在一定条件下还可以引发社会管理风险;而公共安全、生产等责任风险不仅会造成社会管理问题,还可能引发经济领域的运行风险。更值得关注的是,风险的这种关联性在增强风险传递的同时,还加大了风险产生的破坏面和破坏力度。

三是经济社会风险的影响因素逐渐增多。"十二五"时期,世情、国情将继续发生深刻变化,经济社会风险的影响因素比以往更多更复杂。一方面,在经济、政治、信息全球化的背景下,风险也日益全球化,国际因素的影响日趋重要,特别是国际上政治及政策的变化,将成为今后经济社会风险的重要影响因素之一。另一方面,进入新世纪以来,我国社会结构、社会组织形式、社会利益格局发生深刻变化,导致各种风险影响因素之间的共生性和依存性不断增强,经济的和社会的因素相互交织、历史的和当前的因素相互影响,从而使风险的产生、传递和演变呈现出较强的多元性和隐蔽性。

四是经济社会风险的发生率日益频繁。近年来,不仅国内外经济社会环境发生复杂变化,自然生态和气候环境也处于一个多变时期,自然风险和经济社会风险事件发生的范围扩大,频次增多,国际化程度显著增强。特别是一些突发性的风险事件增多。例如,在自然风险方面,呈现出灾害频次增加、损失加剧、灾害连锁反应、多灾并发等特点;在经济社会风险方面,近年来风险事件发生频率和损失程度也一直处于较高水平,突出表现在国内的责任风险领域,国际的经济金融和政治风险领域。

(二)新形势下保险业风险管理服务面临新的机遇与挑战

目前我国人均 GDP 已达到 4000 美元,国际经验表明,这一时期是保险业加快发展、扩大覆盖面、充分发挥功能作用的重要时期;但同时这一时期也是行业矛盾和问题凸显时期,对风险管理技术、服务水平、创新能力以及保险监管等方面都提出了较大的挑战。

1.“十二五”时期保险业面临难得的发展机遇

一是有利于促进保险业加快转变发展方式。加快转变发展方式，是推动科学发展的必由之路，必须贯穿行业发展的全过程和各领域。在新的经济社会风险管理形势下，全行业必须牢固树立科学的风险管理服务理念，加快推进业务、市场、区域等领域的结构调整，采取差异化的市场竞争模式，增强经营管理的内涵性、集约性，更好地适应经济社会综合风险管理的需要。同时，针对行业发展中的突出问题，要以发展的眼光，改革创新的办法，从体制机制上取得突破，实现行业发展方式的根本性转变。

二是有利于进一步扩展保险服务的领域与空间。随着风险种类日趋综合化，风险涉及的领域逐渐增加，保险业为经济社会提供风险管理服务的空间也越来越广。尤其是一些新型风险的出现和演变，为保险发挥功能作用提供了新的途径。只要找准切入点，围绕经济社会风险的新特征新变化，围绕人民群众风险保障的新需求新期待，加强产品和服务创新，不断扩大可保风险的范围，保险服务的覆盖面和渗透率会更上一个台阶。

三是有利于培养锻炼保险人才队伍。人才的储备培养是体现行业竞争力的关键。一方面，保险业作为朝阳产业，近年来良好的发展态势吸引了大批优秀人才进入保险业，不仅优化了保险人才结构，还为行业发展带来新的活力和智力支持；另一方面，复杂多变的国内外经济社会形势和金融保险市场环境，也为保险人才成长提供了一个良好的锻炼环境，不仅可以锻炼保险经营管理和专业技术创新能力，还可以锻炼保险监管和理论研究能力，促进管理、技术、监管以及理论研究等方面专业人才的成长。

四是有利于提高全社会的风险和保险意识。新形势下，面对可预见和不可预见的风险，风险管理已经成为全社会必须面对的问题。保险作为市场经济条件下风险管理的基本手段，利用保险机制来管理风险将越来越成为政府、企业以及居民个人的一种合理选择。尤其是近年来随着保险功能作用不断显现，以及风险和保险教育宣传的不断推进，全社会对风险和保险的认识不断深化，将进一步提升全社会的保险需求。

2. 新形势对保险业改革发展提出了较大挑战

一是提升保险创新能力的挑战。近年来，保险创新有了很大进步，尤其是在营销渠道、产品开发、后援管理等领域取得了积极进展。但是与发达国家相比，与新形势下风险管理服务要求相比，我国保险创新仍然不足，特别是风险管理技术有待进一步提高。面对不断涌现的新的风险保障需求，保险业还不能提供有效的风险管理服务，例如境外投资风险、新能源开发利用风险等，随着经济全球化和新能源革命的深入推进，这些新兴领域的风险保障需求，对我国保险业的风险管理技术创新提出了较大的挑战。

二是提升保险经营管理能力的挑战。经济社会风险环境和保险需求的新变化，不仅对保险产品和技术创新提出新的要求，对保险经营管理来说也是一场变革。目前保险企业所提供的风险管理服务，基本上还是建立在传统的经营管理模式之上，这种体制、机制已经逐渐不能适应新形势的发展变化,需要保险企业在经营理念、管理模式、信息化支持以及人力资源利用方面有新的突破。

三是提升保险监管能力的挑战。当前保险业正处于发展方式的全面转型期,对保险监管来说,必须不断深化对市场经济规律、金融发展规律以及保险业发展规律的认识,提高监管的科学性、有效性。既要在鼓励创新的同时防范风险,又要在加强政府推动和行政调控的同时发挥市场机制的作用;既要把握好顺周期监管的节奏和力度,又要注重和加强逆周期的宏观审慎监管,增强保险业发展的稳健性和可持续性。

四是防范化解行业风险的挑战。保险业作为管理风险的行业,在为其他行业和人民群众提供风险管理服务的同时,更要高度重视防范化解行业自身的风险。近年来保险业通过完善体制机制及加强制度建设,行业防范风险的能力得到显著提高。特别是在应对国际金融危机过程中,行业在应对突发性和系统性风险方面积累了宝贵经验,有效防止了苗头性问题演变成趋势性问题、局部性问题演变成为全局性问题,维护了行业的安全稳定。但也应看到,在新形势下,防范化解行业风险的任务依然很重,要充分认识金融保险风险的高隐蔽性和高传递性特征,加强风险预警监测,从机制制度上、工具措施上、技术支持上做好应对和保障。

三、把握机遇,迎接挑战,着力提高保险业的综合风险管理服务能力

“十二五”时期,是我国经济社会发展的重要战略机遇期,也是保险业加快转变发展方式、提高综合风险管理服务能力的关键时期。保险业要增强机遇意识、创新意识和挑战意识,科学判断和准确把握发展趋势,主动适应经济社会环境和风险管理需求的变化,积极为经济社会发展提供保险服务。

一是坚持以风险管理和保障功能为根本立足点,牢牢把握保险服务的方向。一方面,保险服务不能脱离经济社会发展实际。作为金融行业,保险业根本上是为实体经济服务的,保险行业的核心价值和竞争优势,就是为经济社会的安全稳定运行提供风险管理服务和保障。另一方面,保险服务不能脱离人民群众生产生活需要。为最广泛的人民群众提供风险管理与保障服务是保险业发展的根本目的,保险经营、保险创新必须坚持以人为本,把满足人民群众的需求作为保险服务的方向。

二是坚持以技术创新和服务创新为推动力,大力提高保险业的竞争力。要准确把握经济社会风险管理发展趋势,把技术进步和服务创新与行业结构调整、转变发展方式紧密结合起来,着力在一些关系国计民生的重点风险领域取得新突破,积极发展群众有需要、风险有管控的新业务。推进科技资源优化配置,重点引导和支持创新要素向企业聚集,增强

科研院所和高校的创新动力，充分发挥企业、高校以及政府监管部门在创新方面的积极性和优势。不断创新体制机制，在风险可控的前提下，稳步推进保险改革创新试点，不断增强保险的服务功能，提高保险业的风险定价能力。

三是坚持以保障和服务民生为重要着力点，不断扩大保险服务覆盖面。要紧紧围绕国家“十二五”时期关于经济建设、社会发展及改善民生的主要任务，努力探索保险服务的新途径新领域。在管理自然风险方面，积极推动建立适合我国国情的巨灾保险制度，提高全社会抵御各种重大自然灾害的能力。继续推进农业保险发展，加大对农业防灾减灾和农业基础设施建设的保险服务力度，提升农业综合生产和抗风险能力，保障粮食生产安全。在管理社会风险方面，积极发展公共卫生、食品安全、生产安全及环境污染等领域的责任保险，保障人民群众的生命、健康及财产安全。稳步探索在征地、拆迁等领域的风险管理服务，促进政府提高社会管理效率。在管理经济风险方面，加强在消费、投资、出口领域的保险服务，稳步探索发展对消费信贷、境外投资、出口信用及技术创新等风险的管理服务。

四是坚持以加强和改进监管为保障，着力提升保险服务价值。对保险业来说，人民群众的满意度是衡量行业服务价值的重要标准。保险监管要始终把维护人民群众利益放在首要位置，提高监管的科学性和预见性，把服务人民群众和促进行业科学发展有机结合起来。通过监管，引导行业把服务资源合理有效地配置到保险经营的各个环节，特别是要加强对基层和薄弱环节的资源配置；通过监管，引导行业根据人民群众的实际需要和切身利益，开展条款设计、产品销售及出险理赔等保险服务，要重点推进销售渠道规范发展和提升理赔服务质量及水平。

纵 览

2010年中国灾害事故及风险管理概况

中国人民保险集团股份有限公司

摘　要

近年来,我国现代化建设面临严峻的灾害事故挑战。2010年,国内重大自然灾害和极端天气事件频发,洪水、旱灾、地震和地质灾害影响突出,因灾死亡失踪7844人,直接经济损失5339.9亿元,是近20年来仅次于2008年的第二个重灾年份;安全生产形势明显好转,事故总量和死亡人数明显下降,部分领域安全形势依然严峻,煤矿、道路交通和火灾等领域重特大安全事故有所上升,民用航空连续6年"零空难"纪录终结;公共卫生安全形势稳定,法定传染病发病率上升、死亡率下降,食物中毒事件明显减少,蝉虫事件和超级细菌事件挑战我国疫情防控机制;群体性事件呈现多发态势,接连发生数起校园暴力伤害事件,部分领域和地区安防机制面临严峻挑战。我国积极应对各类灾害事故和安全事件的挑战,建立应急管理体系,提高风险应对能力,完善风险补偿机制,有效化解了各类风险的不利影响,巩固了经济回升向好的势头和社会和谐稳定的局面。

面向未来,我国应当深入开展风险发生规律研究,加强跨国界跨领域跨部门的风险管理协作,完善社会力量参与风险管理的机制,创新风险管理服务供给模式,充分发挥保险功能作用,加强重点地区和领域风险防控体系建设,全面提升全社会的风险管理水平,最大限度地降低各类风险对经济社会发展的危害和冲击,为我国现代化建设的全面推进提供有力的保障。

2010年是中国经济社会发展极不平凡的一年。我国积极应对复杂经济环境和严峻灾害事故等方面的挑战，巩固和扩大了应对国际金融危机冲击的成果，国民经济保持了回升向好的势头，国内生产总值(GDP)保持了10.3%的平稳较快增长，达到397 983亿元[①]，GDP升至全球第二位；人均GDP超过4000美元，现代化建设取得显著成就。

2010年是新世纪以来我国灾害事故发生频率、灾害损失仅次于2008年的一年。我国积极面对来自自然灾害、安全事故、公共卫生和社会安全等领域的严峻挑战，在应对各类风险的过程中积累了风险管理经验，提高了风险管理意识，增强了风险管理能力，促进了整个社会风险管理水平的提升。

一、极端自然灾害呈现突发多发态势

我国是一个自然灾害多发的国家，灾害类型多、分布广。无论是第一产业还是第二、第三产业，无论是乡村还是城市，无论是沿海还是内陆，无论是春秋还是冬夏，广袤国土和城乡居民经常需要承受和面对不同自然灾害所带来的不利影响。

(一)2010年我国自然灾害总体形势分析

2010年，我国相继受到干旱、地震、洪涝、泥石流和台风等自然灾害的侵袭，重大自然灾害事件接连发生。这些自然灾害频率超历史、烈度超纪录、损失超预期，预示着我国进入了自然灾害高发期。

1. 重大自然灾害频度创本世纪之最

2010年，我国经受了一系列历史罕见的自然灾害(2010年全国十大自然灾害事件[②]见

① 马建堂："2010年国民经济运行态势总体良好"，载中国统计信息网，2011年1月20日。

② "2010年全国十大自然灾害事件"评选活动，由国家减灾委员会办公室主办，民政部国家减灾中心和《中国减灾》杂志社承办。

表1)。2010年年初,西南五省市秋冬春连旱挑战气象纪录;4月,青海玉树7.1级强烈地震造成重大伤亡;5—7月,南方11省连降暴雨、饱受洪涝灾害;8月,甘肃舟曲暴发新中国成立以来最严重山洪泥石流灾害;9月,台风"凡亚比"重创广东;10月,海南接连遭受两次严重暴雨洪涝灾害,台风"鲇鱼"登陆福建并造成严重影响;11—12月,东北三省、内蒙古以及浙江、安徽、江西、湖南等地遭受低温寒潮和大雪袭击。

表1　2010年全国十大自然灾害事件

排序	发生时间	自然灾害事件
1	2010年4月14日	青海玉树地震
2	2010年8月8日	甘肃舟曲特大山洪泥石流
3	2009年9月—2010年3月	西南地区秋冬特大干旱
4	2010年5—7月	长江中下游地区暴雨洪涝过程
5	2010年7月中下旬	东北洪涝过程
6	2010年7月中旬	陕西安康山洪泥石流
7	2010年6月28日	贵州关岭山体滑坡
8	2010年9月19日、20日(登陆时间)	第11号台风"凡亚比"
9	2010年1月	新疆北部地区暴雪
10	2010年1—2月	渤海、黄海海域海冰灾害

资料来源:国家减灾委网站,2011年1月14日。

2. 全年平均气温较常年偏高0.7℃

近30年来,全球气候变暖趋势明显,1980年以来全球气温持续高于1900年以来的平均气温(见图1)。2010年是全球有气象记录以来气温最高的年份,全球陆地和海洋表层的整体气温较20世纪的平均气温高出1.12华氏度(0.62℃)①。在这种全球背景下,2010年我国平均气温较常年偏高0.7℃,是1961年以来第10个最暖年,也是第14个连续气温偏高年。

① Gautam Naik, "Last Year Tied 2005 For Hottest On Record", 载 The Wall Street Joural. 2011年1月14日。

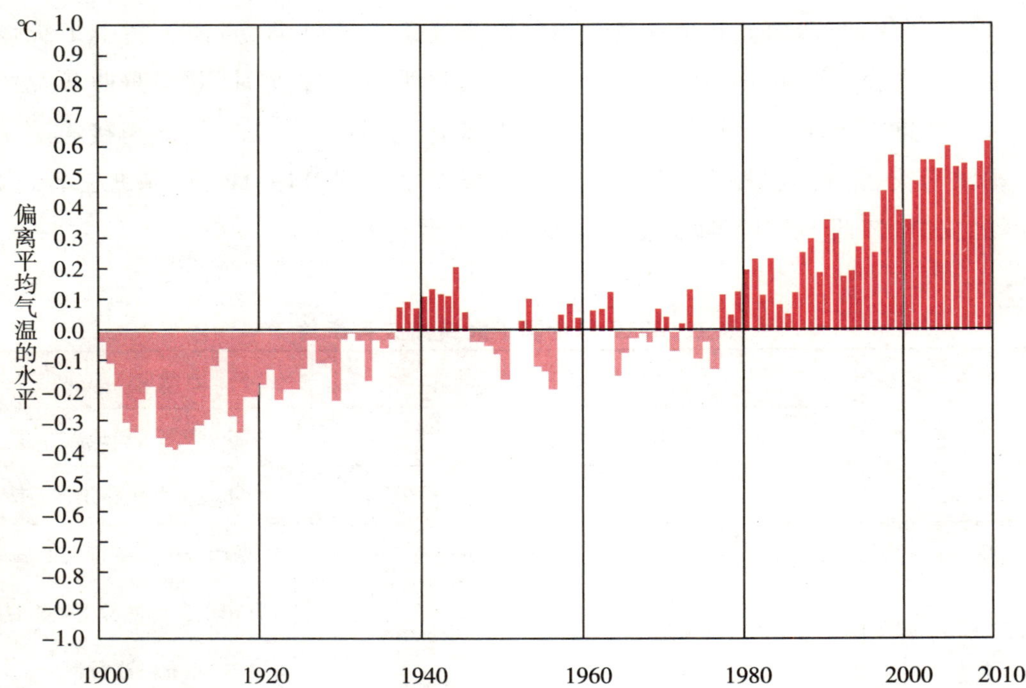

资料来源：AON, Annual Global Climate and Catastrophe Report, 2010.

图 1　全球(陆地和海洋)气温偏离平均气温情况(1900—2010 年)

3. 极端天气事件频繁出现

2010 年以来，我国多个地区持续出现干旱、低温、暴雨和高温等极端天气事件，部分地区降水量之少、高温天数之多、高温强度之大创出历史纪录。极端天气事件突发多发，导致水灾严重、旱涝急转，引发地震灾区山体破碎，造成严重的泥石流灾害。

(1)年初西南降水之少创出历史纪录，年中北方降水大幅低于常年。2009 年 9 月至 2010 年 3 月中旬，云南、贵州、四川南部、广西北部持续少雨高温，降水量较常年同期偏少 30% ~80%；云南、贵州降水量均为有气象观测记录以来最少值。2010 年 6 月，我国北方大部持续高温少雨，东北、华北大部、西北地区东部降水量普遍较常年同期偏少 3 ~ 8 成，北方地区降水量较常年水平大幅减少。

(2)全国高温天数和强度超历史极值，北方地区高温强度大，南方地区高温持续时间长。2010 年我国年高温日数比常年偏多 4.1 天，为 1961 年以来最多的年份；6—7 月份全国平均高温日数较常年同期(4.5 天)多 2.4 天(见图 2)，高温区高温日数普遍超过常年同期，河北等地偏多 5 天以上(图 3)，黑龙江、吉林、内蒙古三省(区)高温日数为近 50 来年同期最多。2010 年 6 月至 8 月，有气象记录以来最为强大的西太平洋副热带高压，是导致我国夏季气候异常的直接原因。

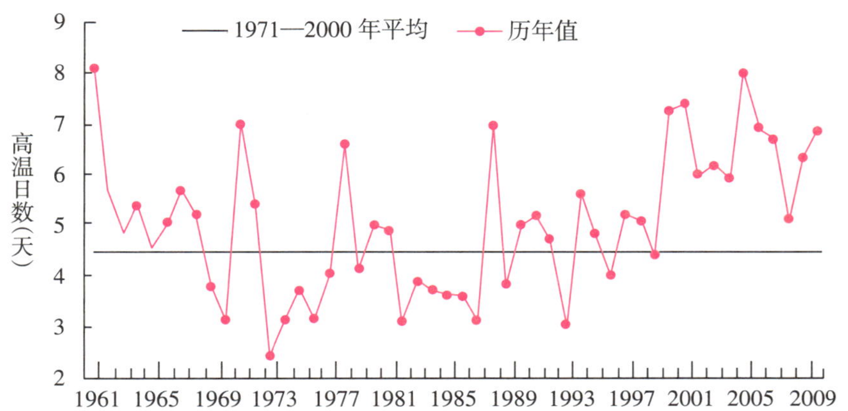

资料来源:中国气象局,国家气候中心。

图 2　全国 6 月 1 日至 7 月 31 日高温日数历年变化(1961—2010 年)

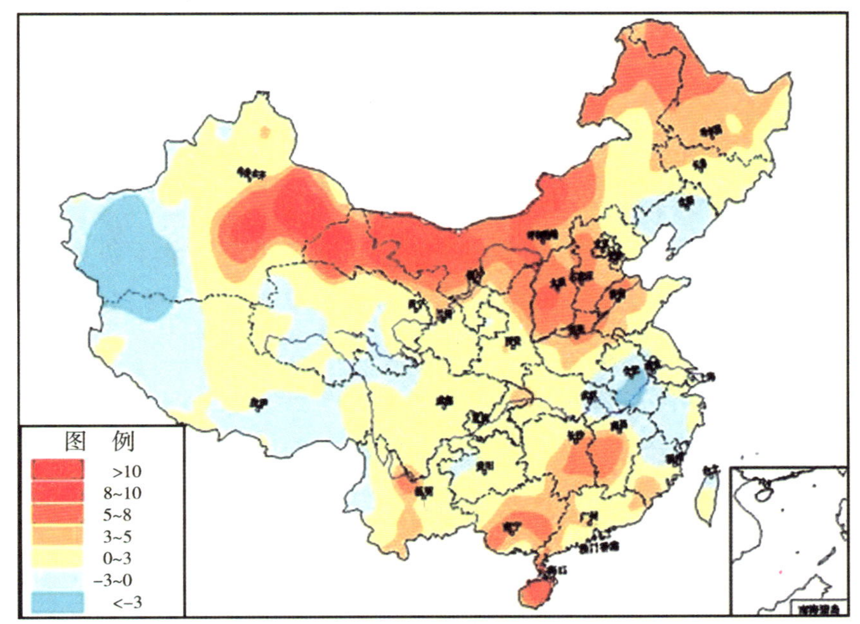

资料来源:中国气象局,国家气候中心。

图 3　2010 年 6 月 1 日至 7 月 31 日全国高温日数距平分布图

4. 人口居住密集区和自然灾害高风险区高度重合

据统计,我国 70% 以上的城市、50% 以上的人口分布在气象、地震、地质等自然灾害严重的地区。2010 年我国人口稠密地区频繁发生重灾,导致受灾人口和经济损失大幅增加。例如,在人口稠密的西南五省区(见图 4),发生了历史罕见的旱灾,共造成 2088 万人因旱饮水困难,占全国因旱饮水困难人口数量(2595 万人)的 80%。

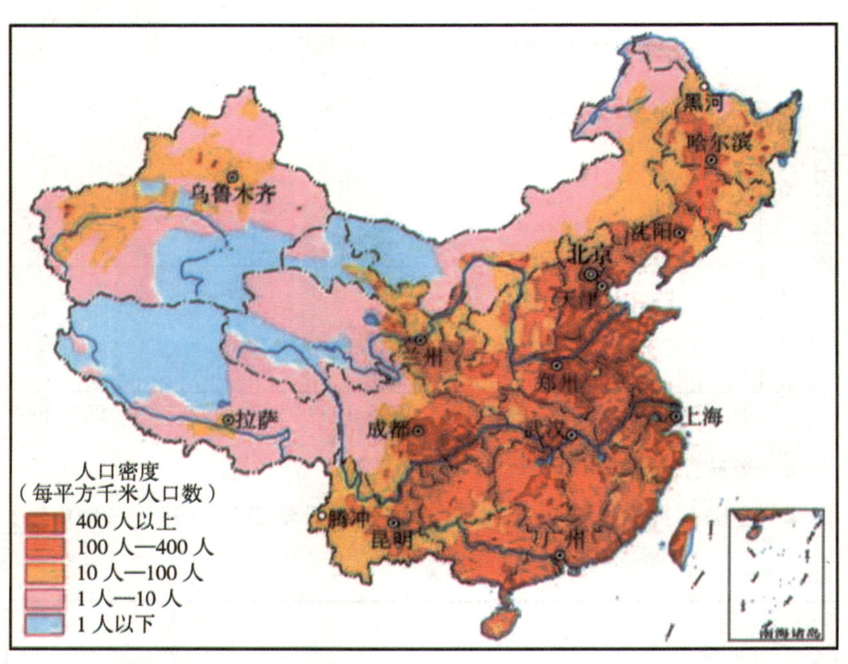

图 4　我国人口密度图

5. 自然灾害损失仅次于 2008 年

2010 年是近 20 年来仅次于 2008 年的第二个重灾年份①。全年各类自然灾害共造成 4.3 亿人次受灾,全年受灾人口比近 20 年均值高出 10.7%;紧急转移安置 1858.4 万人次(见表 2),较近 20 年均值高出近 1 倍;因灾死亡失踪 7844 人,比 2002 年以来的平均值高出 2.3 倍,为近 10 年来的次高值(仅次于 2008 年)(见图 5);农作物受灾面积 3742.6 万公顷,其中绝收面积 486.3 万公顷;倒塌房屋 273.3 万间,损坏房屋 670.1 万间;因灾直接经济损失 5339.9 亿元,比上年增加 1.1 倍,较近 20 年均值高出 1.2 倍。

表 2　2002—2010 年我国自然灾害损失情况

年　份	因灾死亡(人)	紧急转移(万人次)	直接经济损失(亿元)	农作物受灾面积(万亩)	倒塌房屋(万间)
2002	2384	471.80	1637.20	70 665.00	189.50
2003	2259	707.30	1884.20	81 579.00	343.00
2004	2250	563.30	1602.30	55 650.90	155.00

① 民政部:"2010 年全国自然灾害损失情况",载民政部网站,2011 年 1 月 14 日访问。

续表

年　份	因灾死亡（人）	紧急转移（万人次）	直接经济损失（亿元）	农作物受灾面积（万亩）	倒塌房屋（万间）
2005	2542	1576.90	2029.00	58 227.00	217.90
2006	3186	1384.50	2528.10	61 636.90	193.30
2007	2325	1499.00	2363.00	73 000.00	146.00
2008	88 928	2682.20	13 547.40	59 985.00	1097.70
2009	1528	709.90	2523.70	70 821.00	83.80
2010	7844	1858.4	5339.9	56 139.00	273.3
2002—2009 年均值	2353	987.53	2081.07	67 368.54	189.79
2010 年同比变化	413.35%	161.78%	111.59%	-20.73%	226.13%
2010 年与均值比较	233.30%	88.19%	156.59%	-16.67%	44.00%

注:2002—2009 年均值不包括 2008 年,2008—2010 年因灾死亡人数包含失踪人数。
资料来源:课题组根据民政部公开资料整理。

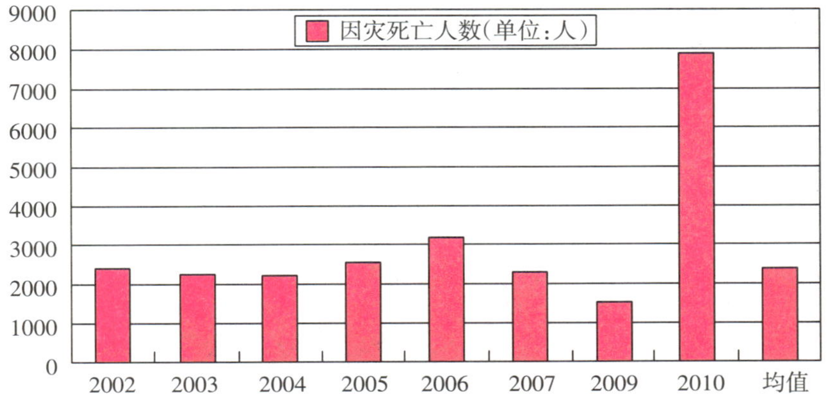

说明:均值为 2002—2009 年因灾死亡人数的平均值(不含 2008 年)。

图 5　2002—2010 年我国自然灾害因灾死亡失踪人数

(二)旱灾旱情较为集中,西南地区出现创纪录旱情

2010 年,全球范围发生了较为严重的旱灾。旱灾对我国的影响尤为严重,覆盖我国大部分地区,西南等部分地区更是遭受了创历史纪录的重旱影响。

1. 受旱区域及损失较为集中

2010 年,我国重旱区域主要集中在西南地区和华北北部地区,云南、贵州、广西、重庆、

四川、内蒙古、山西、河北及甘肃9省(区、市)农作物受灾面积、绝收面积、人畜因旱饮水困难数量的合计值占全国的7成以上。

2. 耕地受灾面积低于常年均值

2010年全国耕地受旱面积为3.98亿亩。2010年5月份至年底,耕地受旱面积均小于多年同期均值,且大部分时间为近10年来同期最小值或次小值。传统常年受旱的东北大部、华北南部、西北大部、黄淮、江淮地区全年总体降水均匀,未发生大范围的旱情。

3. 旱灾导致严重人畜饮水困难

截至2010年12月1日,全国共有3335万人、2441万头大牲畜因旱发生饮水困难。因旱人畜饮水困难数量明显高于1991年以来的均值(2150万人、1544万头大牲畜),是1991年以来的第二高。

4. 西南地区出现有气象记录以来最严重旱情

2009年9月至2010年3月中旬,云南、贵州、四川南部、广西北部和重庆西南五省(区、市)持续高温少雨,灾情持续半年之久,出现了有气象记录以来最严重的秋冬春连旱(见图6)。西南大旱造成了严重的损失,其中,农作物受灾面积超过1亿亩,绝收面积超过2400万亩,饮水困难人口最多时超过2000万人,直接经济损失近770亿元。

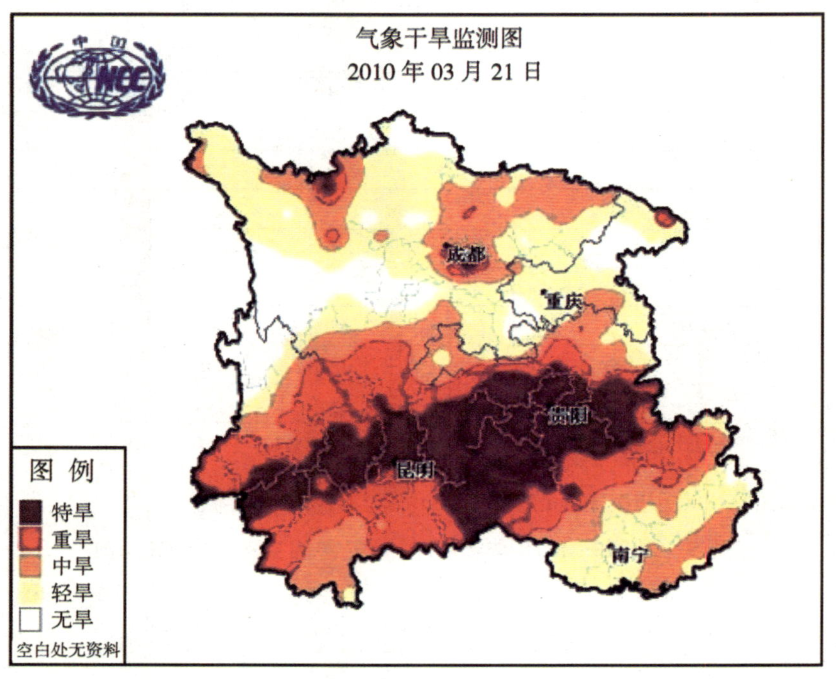

资料来源:国家气候中心。

图6　西南地区气象干旱监测图

(三)全国七大流域暴雨洪水创下本世纪极值,城市防洪面临严峻挑战

2010年我国洪涝灾害频繁偏重发生,全国七大江河流域均发生洪水。其中,437条河流发生超警以上洪水,111条河流发生了超过历史实测纪录的特大洪水。

1. 我国洪涝灾害严重度历史罕见[①]

从历史角度看,2010年我国洪涝灾害覆盖范围之广、持续时间之长、灾害损失之重、人员伤亡之多、社会影响之大、防汛任务之艰,为1998年以来之最。从全球范围看,我国洪涝灾害的受灾人数、经济损失也处于较为严重的水平。

(1)降雨过程多,雨量大。2010年我国先后出现30多次大范围强降雨过程。全国累计降雨量较常年同期偏多近1成,其中江南中部和东南部、东北东南部、西北部分地区降水偏多达3成以上,局部地区偏多5成至1.5倍。

(2)洪水量级大,水位高。2010年我国七大江河流域均发生洪水,437条河流发生超警以上洪水,111条河流发生了超历史纪录的特大洪水。

(3)洪灾范围广,损失重。洪涝灾害导致全国农作物受灾面积为1786.7万公顷,受灾人口2.1亿人,因灾死亡3222人,失踪1003人,直接经济损失3745亿元。洪涝灾害损失指标均超过2000年以来平均值,死亡失踪人数超过1998年[②]。

(4)海南遭遇50年来最严重暴雨洪涝灾害。2010年10月,受冷暖空气交汇及厄尔尼诺现象影响,海南出现两轮罕见强降雨过程,导致海南中东部地区出现严重洪涝灾害、部分城市出现严重内涝。

2. 城市暴雨洪涝灾害原因分析

《2010世界灾害报告》[③]强调指出,城市在改进人们生活福利条件的同时,也更容易遭受自然灾害的影响。提高城市防灾抗灾能力,是城市建设面临的重要课题。2010年我国暴雨洪涝灾害的严重影响,使城市防汛能力建设再次成为风险管理面临的重要任务。2010年5月以后,我国南方多个城市出现暴雨洪涝灾害,受灾城市几近瘫痪,严重影响了经济社会的正常秩序。

(1)全球气候变化导致局部暴雨几率增大。南方地区出现的历史罕见的强降雨过程,与全球气候变化紧密相关。一方面,2009年至2010年期间欧亚地区秋冬季积雪异常偏

---

① 认真总结经验、不断开拓进取、全面做好"十二五"防汛抗旱工作,水利部陈雷部长在全国防汛抗旱工作会议上的讲话,2010年12月7日。

② 民政部等:"2010年全国自然灾害损失情况",载 http://www.gov.cn/gzdt/2011-01/14/content_1784580.htm。

③ The International Federation of Red Cross and Fed Crescent Societies: World Disasters Report 2010—Focus on urban risk, 2010.

多,极地冷空气向南扩张明显,导致2009年冬至2010年春中高纬地区冷空气异常活跃。另一方面,2009年6月至2010年4月,热带太平洋发生了明显的厄尔尼诺事件。西太平洋副热带高压总体偏强,不断有暖湿气流从西北太平洋地区向我国中东部地区输送,并与来自中高纬地区的冷空气交汇,造成我国中东部地区降水偏多。

(2)城市雨岛效应①催生、加速降雨过程。随着城市化进程持续推进,地表变得粗糙,摩擦增加辐合抬升,大气凝结水气的悬浮颗粒相应增加,降水形成的几率逐渐提高。我国南方是大城市集中地区,城市雨岛效应更为显著,在汛期和暴雨季节很容易导致城市积水甚至内涝。

(3)城市洪灾暴露城市防汛设施的落后。近年来,全国多个城市出现暴雨内涝,为城市防汛设施建设敲响了警钟。一方面,城市防汛标准相对滞后。各城市沿用的防汛标准,是基于20世纪六七十年代的气象统计资料。随着气候变化,极端天气频繁出现,暴雨天气频率可能大幅增加。按照以往的防汛标准指导城市防汛建设,无法满足城市抗汛需要。另一方面,城市排水系统建设滞后。许多城市排水管网欠账较多,管道老化,排水标准偏低。排水系统在汛期无法起到应有的排洪作用。

3. 暴雨洪灾防范思路:基于全球气候变化和城市化的思考

积极参与控制全球气候变暖,是应对洪灾的治本之策。与此同时,基于暴雨洪灾频繁发生的趋势,城市管理者应积极思考城市布局与规划,提高城市应对灾害风险的能力。

一方面,积极应对全球气候变化,与各国携手应对气候变暖的挑战。全球气候变暖导致暖流和气流改变是全球极端天气频繁发生的深层原因。极端天气事件已对全球经济发展造成严重不利影响,甚至可能阻碍全球经济的复苏进程。气候变化对人类的威胁已经超过恐怖主义。应对全球气候变暖成为各国需要共同面对的紧迫任务。一要加快转变经济发展方式,加大节能减排力度,控制温室气体排放。二要增强适应气候变化的能力,完善灾害监测预警机制,加强对极端天气的监测预报能力,提高灾害抵御能力和减灾能力。三要加强气候变化科学研究工作,加强人才建设和资金投入。四要加强气候变化领域的国际合作,广泛参与国际应对气候变化的共同行动。

另一方面,推动城市科学布局和合理规划,提高城市防汛防洪能力。2010年汛期,全国有9个省会城市、53个地级城市和近200个县级城镇受淹进水。近年来我国城镇化率每年上升1个百分点,2009年达到46.6%(见图7),城市化进程持续快速推进。在此过程中,应当从城市布局和规划的角度探寻应对暴雨灾害的举措。一要确保绿地在城市的占比,缓解城市雨岛效应。绿地建设是改善城市雨岛效应的有效途径,在城市规划中应对绿

① 在大城市中,由于高楼林立、空气循环不畅,同时建筑物空调、汽车尾气等更加重了热量的超长排放,使城市上空形成热气流,热气流越积越厚,最终导致降水形成。这种效应被称为雨岛效应。

地面积作出明确规定。二要合理布局城市排水系统,结合城市地理特点,增加地势低洼地段排水管道,防止形成局部积水。三要科学规划大型建筑和设施的分布,避免由于建筑设施集中导致积涝。

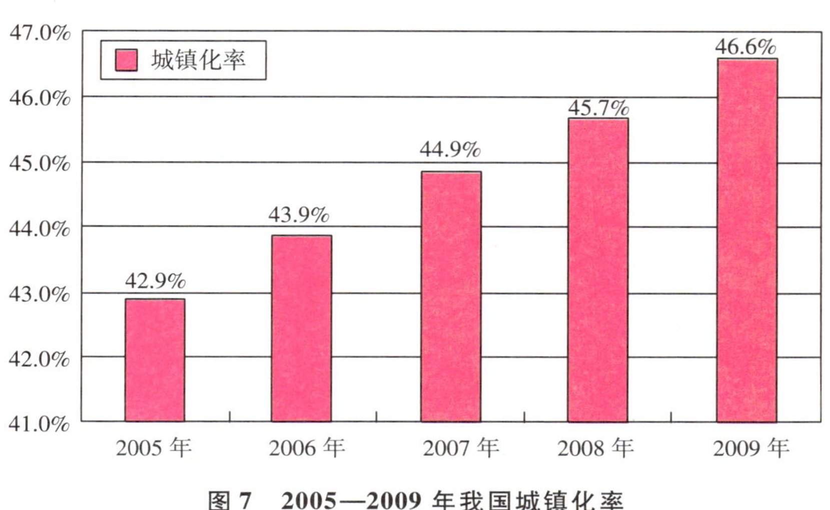

图 7　2005—2009 年我国城镇化率

(四)我国年内发生高强度地震,伤亡人数居全球第二

地震是人类面临的最为严重的自然灾害之一。近年来,全球地震渐趋活跃,2010 年全球 5 级以上地震数量超过常年水平。我国继 2008 年发生汶川地震之后,2010 年再次发生高强度地震——青海玉树地震。

1. 全球进入地震活跃期

(1)全球破坏性地震远超常年水平。历史资料显示,全球、一个地区或某地震带,在一段时间内会表现为多震的活跃期或者少震的平静期。2010 年全球共发生破坏性地震(震级为 5 级及以上)138 起;大地震(震级为 7 级及以上)32 起,平均每月 2.7 次;巨大地震(震级为 8 级及以上)1 起。而 20 世纪全球平均每年发生大地震的数量为 19 起。从地震起数看,2010 年地震起数明显偏多,破坏性地震更是远超常年水平。从死亡人数看,2010 年海地地震死亡人数最多,共造成 222 570 人死亡;其次是我国的青海玉树地震,死亡人数为 2698 人;智利地震造成 562 人死亡,位列第三。

(2)中国以占世界陆地 7% 的国土承受了全球 35% 的 7 级以上强震。中国地处世界上两个最大地震带——环太平洋地震带与欧亚地震带之间(见图 8)。我国的地震数量多、震级高,且多属于浅源地震。20 世纪以来,我国共发生 6 级以上地震近 800 次,遍布除贵州、浙江和香港地区以外所有的省、自治区和直辖市,地震死亡人数高达 59 万人,占同期全球地震死亡人数的 49.17%。我国以占世界陆地 7% 的国土承受了全球 35% 的大陆强震，是世界上大陆强震最多的国家①。

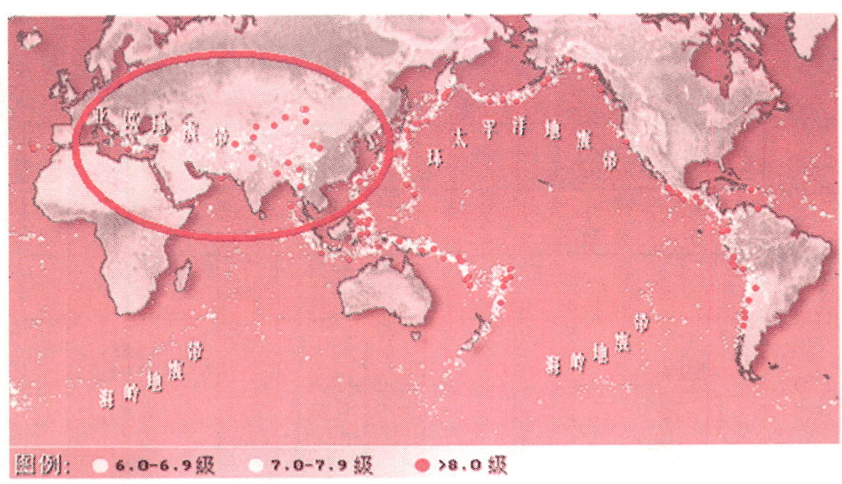

图 8　全球地震带分布

2010 年，在全球前十大地震（按受灾人数排列，见表 3）中，有 3 次地震发生在我国境内。地震的频繁发生与板块作用紧密相关，受太平洋板块、印度板块、菲律宾海板块与欧亚板块相互作用，以及欧亚板块深部地球动力作用的影响，我国的断裂带成为大地震的温床（见表 4）。有历史记载以来，我国大陆几乎所有的 8 级强震，以及 80% ~90% 的 7 级以上强震都发生在这些断裂的附近（见图 9）。

表 3　2010 年全球十大地震

地震	时间	震级	受灾人数	死亡人数	经济损失
海地地震	1 月 12 日	7.3 级	370 万人	222 570 人	80 亿美元
智利地震	2 月 27 日	8.8 级	267 万人	562 人	300 亿美元
新西兰地震	9 月 4 日	7.2 级	30 万人	—	29 亿美元
中国玉树地震	4 月 14 日	7.1 级	24.68 万人	2698 人	228 亿元人民币
中国云南地震②	2 月 25 日	5.1 级	50 029 人	—	—
墨西哥地震	4 月 4 日	7.2 级	25 232 人	2 人	—
中国川渝地震③	1 月 31 日	5.0 级	10 515 人	—	—
塔吉克斯坦地震	1 月 2 日	5.1 级	7840 人	—	—

① 国家地震局：《国家防震减灾规划》（2006—2020 年），2006 年。

② 云南地震，发生于云南省楚雄彝族自治州禄丰县、元谋县交界地区。

③ 川渝地震，发生于我国四川遂宁市市辖区、重庆潼南县交界地区。

续表

地震	时间	震级	受灾人数	死亡人数	经济损失
土耳其地震	3月8日	6.0级	5100人	51人	—
印尼地震	6月16日	6.3级	4600人	17人	—

注:按受灾人数排列十大地震;震发时间均为当地时间,“—”表示相关资料缺乏。

表4　全球主要地震带活跃度

地震带名称	地震带活跃程度
环太平洋地震带	全球80%的地震和75%的地震能量释放集中在此地震带上,是最为活跃的地震带。我国台湾地区位于该地震带
亚欧地震带	全球15%的地震发生在这条地震带上。我国西藏、新疆、云南、四川、青海等省区位于该地震带
海岭地震带	全球5%的地震发生在此地震带上。它处于太平洋、印度洋、大西洋中脊

资料来源:课题组根据公开资料整理。

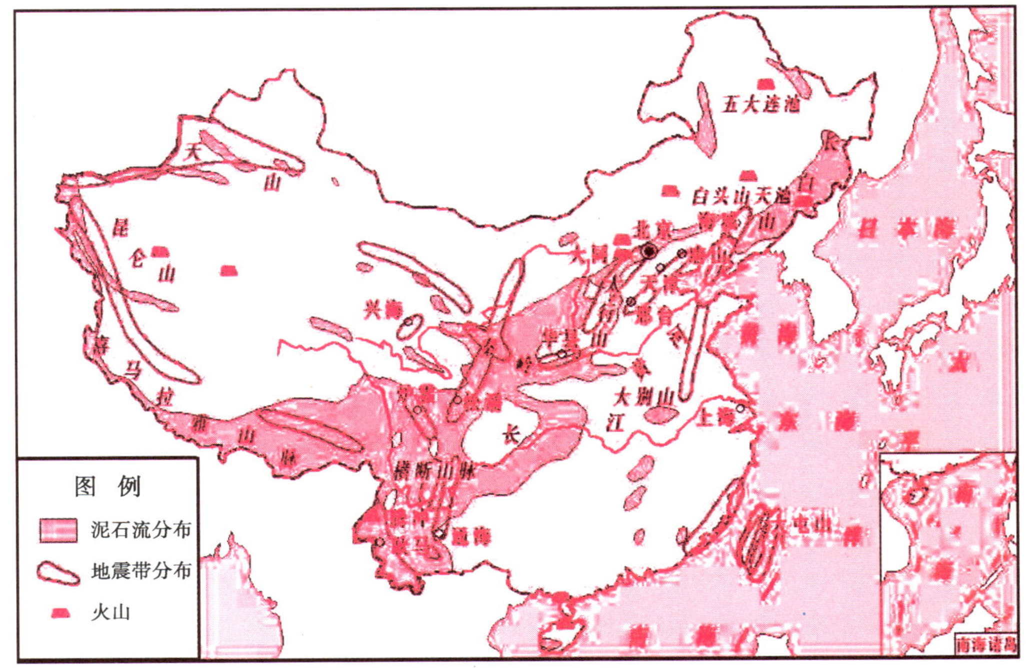

图9　我国地震带分布

(3)我国可能进入新的地震活跃时段。2008年,我国大陆地震比较活跃,全年发生破坏性地震(震级5级及以上地震)99起,是正常年份的4~5倍。2010年,我国发生破坏性地震31起,占全球破坏性地震的22.46%。近年来我国可能进入一个新的地震活跃期。

2. 青海玉树地震伤亡人数位居年内全球第二

(1)玉树地震回顾:震级高、震源浅、伤亡大。2010年4月14日7时49分,青海省玉树县发生里氏7.1级特大浅表地震,最高烈度9度强,震源深度14公里,余震3000多次,地震震中位于玉树县城附近(见图10)。灾区总面积约3.58万平方公里,其中重灾区面积约4000平方公里、极重灾区约1000平方公里,有24.68万人受灾、2698人遇难、270人失踪,直接经济损失228亿元人民币。在全球范围内,从伤亡情况看,玉树地震遇难人数仅次于2010年年初的海地地震,在全年地震灾害中位居第二;从受灾人数看,玉树地震受灾人数低于海地地震、智利地震和新西兰地震;从损失情况看,玉树地震直接经济损失低于智利地震和海地地震。

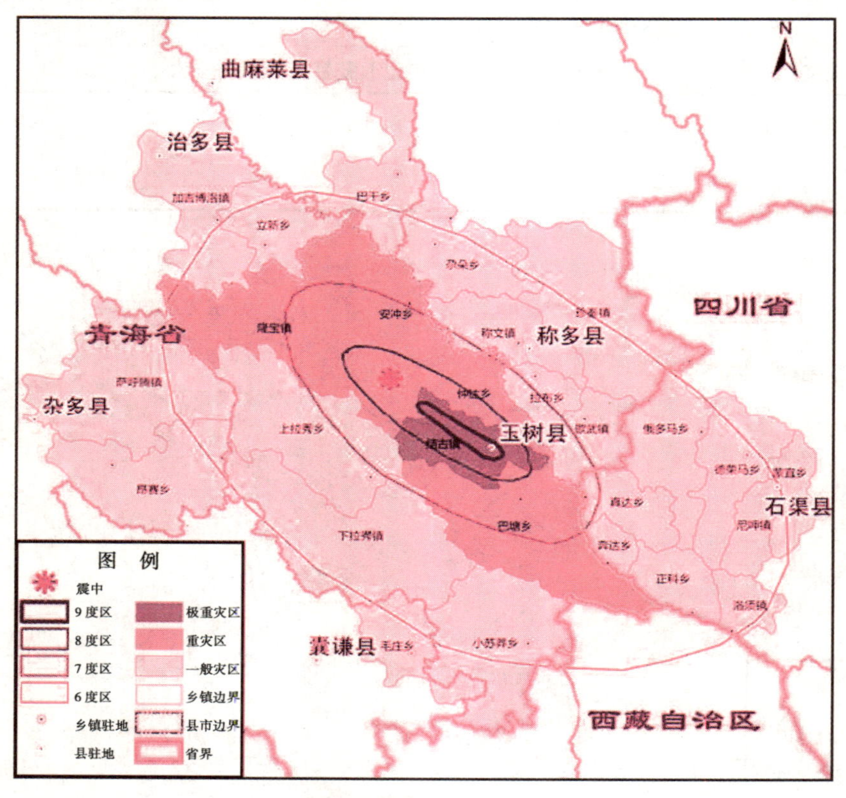

资料来源:国家发改委等,玉树地震灾后恢复重建总体规划,2010年6月。

图10 玉树地震灾害范围评估图

(2)玉树地震表明:甘孜——玉树断裂带上的地震具有短周期的原地重复特征。据统计,在最近200多年中,甘孜——玉树断裂带上曾发生多次高强度地震(见表5)。这说明,沿甘孜——玉树断裂带的强震活动十分频繁,尤其1738年12月23日青海玉树地震的震线图显示,其震中位置与2010年4月14日的地震发震段落十分吻合,意味着大地震已实现原地复发。

表5　1738年以来甘孜—玉树断裂带发生的强震列表

地震时间	地震位置	地震级别
1738年12月23日	青海玉树及其西北	7级
1854年	俄支——垭口断层	7.7级
1866年	纳瓦——庭卡断层	7.3级
1896年3月	四川石渠县洛须——青海玉树	7.3级
2010年4月14日	青海玉树	7.1级

资料来源:课题组根据公开资料整理。

(3)玉树地震损失严重的原因分析。青海玉树地震是当地有历史纪录以来最强烈的地震,给当地人民生命财产和经济社会发展造成了巨大损失。除了地震震级较高之外,导致玉树地震损失严重的主要原因有:一是地震发生地点靠近城镇。地震震中位于玉树县城附近。从地表破裂情况看,发震断层通过玉树县城,烈度达到Ⅸ度,对城镇房屋、基础设施和生命线工程造成严重破坏。二是灾区土木结构房屋抗震性能差。当地灾区房屋结构以土木、砖木结构为主,抗震性能差,毁坏严重。三是地形效应和构造效应明显。灾区居民点的分布与发震构造方向一致,因此地震造成破坏较大,沿江、沿河谷地带房屋震害破坏明显严重。

(4)玉树地震抗震救灾以及灾后重建的综合举措。这次玉树抗震救灾难度之大、条件之艰苦、环境之恶劣,在灾难救援史上是罕见的。地震发生后,我国政府迅速组织开展了一场在高原高寒地带进行的规模最大、成效最显著的救援活动。在玉树地震发生之后,坚持把救人作为首要任务,逐村逐户进行拉网式搜救,紧急转移被困群众22.5万人,抢救压埋人员2008人;迅速向灾区调派医疗队伍,伤病群众得到及时救治,全部重症伤员实行转运治疗并在72小时内完成,有效降低了死亡率和致残率;紧急调运大批救灾物资,地震次日即制定临时救助政策,及时发放各类生活补助,统筹考虑和安排生活保障问题;在最短时间内完成了因灾受损基础设施抢修工作,全力做好余震监测防范和地质灾害隐患排查工作,支持农牧民开展生产自救,最大限度地降低了灾害损失;及时客观公布抗震救灾有关信息,紧急启动应急新闻发布机制,及时准确发布震情灾情和抗灾救灾信息;迅速扎实展开恢复重建工作,科学设计灾后重建方案,将在三年内基本完成恢复重建任务。

3. 短时期内接连发生高强度地震凸显建立地震保险制度的迫切性

我国大陆大部分地区位于地震烈度Ⅵ度以上区域;50%的国土面积位于Ⅶ度以上的地震高烈度区域,覆盖23个省会城市和2/3的百万人口以上的大城市。我国地震灾后补偿长期采取财政补贴和民间捐赠的方式,地震保险制度在我国仍是空白。

从国际经验看,地震保险制度是较为有效的地震灾害损失补偿制度,它不仅有利于对地震灾区实施市场化补偿,减轻政府财政负担,更有利于实现地震风险在区域乃至全球范围的分散,降低地震灾害对国家、地区的财务冲击。我国应当加快建立地震保险制度,最大限度地防范和转移地震带来的危害和损失。一是加快地震保险立法工作。我国应借鉴发达国家地震保险制度设计思路,加快推进地震保险立法,确立地震保险制度及其运行模式。二是建立政府主导、市场运作的地震保险模式。政府负责主导地震保险制度设计,提供相关财税政策支持,为地震保险损失赔付提供最终担保。保险公司负责地震保险保费厘定,并具体承办地震保险,按照保本微利原则经营地震保险。三是在地震活跃带实行强制地震保险制度。在地震风险综合评估的基础上,确定地震活跃带作为地震保险强制投保地区,以提高地震保险覆盖率。四是通过财税政策支持地震保险发展。一方面,财政通过提供保费补贴,或允许保费在税前扣除等政策,鼓励居民和企业投保地震保险。另一方面,通过减免保险机构地震保险营业税,鼓励和支持保险机构开展地震保险业务。五是建立财政主导、来源广泛的地震保险基金。地震保险基金应当建立广泛的来源渠道和持续的增长机制。政府每年在抗灾救灾资金中专门安排地震保险基金预算;政府通过发行福利彩票和接收社会捐赠等方式拓展地震保险基金来源;保险公司地震保险业务盈余全部转为地震保险基金。六是委托专业保险资产管理机构负责地震保险基金管理。在政府部门的监管下,地震保险基金委托保险资产管理机构进行专业化运作,以实现地震保险基金的保值增值。鼓励支持地震保险基金管理机构通过地震风险债券化等方式,向资本市场转移地震风险。

(五)地质灾害进入高发期,因灾损失严重

常见的地质灾害主要包括崩塌、滑坡、泥石流、地面塌陷、地裂缝、地面沉降六种与地质作用有关的灾害。我国是一个地质灾害种类齐全、分布广泛、活动频繁的国家。2010 年是新中国成立以来地质灾害最为严重的一年,灾害发生之多、灾害损失之重、人员伤亡之多十分罕见。

1. 我国地质灾害总体特点

(1)地质灾害数量同比增长 182.9%。2010 年全国共发生地质灾害 30 670 起,比 2009 年的 10 840 起增加 19 830 起,增幅为 182.9%(见表6)。

表 6　2009—2010 年全国地质灾害情况

	灾害数量(起)	死亡失踪(人)	直接经济损失(万元)
2010 年	30 670	2915	638 508.5
2009 年	10 840	486	176 548.8
较 2009 年增加数量	19 830	2429	461 959.7
较 2009 年增加比例	182.9%	499.8%	261.7%

资料来源:中国地质环境监测院,全国地质灾害通报(2010 年)。

从地质灾害构成看,发生起数排名前三位的灾害种类分别是滑坡、崩塌和泥石流(见图 11)。其中,滑坡 22 329 起,占比为 72.80%,比 2009 年的 6657 起增加 15 672 起,增幅为 235.42%;崩塌 5575 起,占比为 18.18%,比 2009 年的 2309 起增加 3266 起,增幅为 141.45%;泥石流 1988 起,占比为 6.48%,比 2009 年的 1426 起增加 562 起,增幅为 39.41%。(见表 7)。

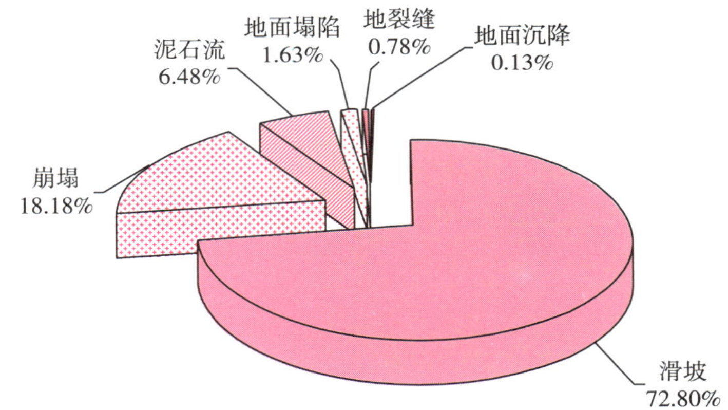

资料来源:中国地质环境监测院,全国地质灾害通报(2010 年)。

图 11　2010 年全国地质灾害类型构成

表 7　2009—2010 年各类地质灾害发生起数变化情况

	滑坡	崩塌	泥石流	地面塌陷	地裂缝	地面沉降
2010 年(起数)	22 329	5575	1988	499	238	41
2009 年(起数)	6657	2309	1426	316	115	17
较 2009 年增加数量(起数)	15 672	3266	562	183	123	24
较 2009 年增加比例(%)	235.42	141.45	39.41	57.91	106.96	141.18

资料来源:课题组根据《全国地质灾害通报(2009、2010 年)》整理。

(2)特大地质灾害数量创出历史新高。2010 年,全国共发生特大型地质灾害[①] 34 起,大型地质灾害[②] 60 起,大型、特大型地质灾害数量为 2001 年以来的最高值。全年死亡失踪人数超过 10 人的地质灾害事件共有 19 起(见表 8)。

表 8　2010 年死亡超 10 人的地质灾害事件[③]

发生时间	发生地点	灾害类型	死亡人数(人)	引发因素
3 月 10 日	陕西榆林子洲县双湖峪镇双湖峪村	崩塌	27	冰雪冻融
5 月 23 日	江西东乡孝岗镇何坊村沪昆铁路何坊段	滑坡	19	强降雨
6 月 2 日	广西玉林市容县六王镇陈村	滑坡	12	降雨
6 月 14 日	四川康定县捧塔乡双基沟	滑坡	23	降雨
6 月 14 日	福建南平市延平区县道延塔线 11 公里处	滑坡	24	强降雨
6 月 28 日	贵州安顺市关岭县岗乌镇大寨村	滑坡	99	强降雨
7 月 18 日	陕西安康市岚皋县四季乡木竹村	滑坡	20	强降雨
7 月 18 日	陕西安康市汉滨区大竹园镇七堰村	滑坡	29	强降雨
7 月 20 日	四川冕宁县棉沙湾乡许家坪村二组	滑坡	13	降雨
7 月 24 日	陕西山阳县高坝镇桥耳沟村五组	滑坡	24	强降雨
7 月 24 日	甘肃华亭东华镇前岭社区殿沟村民小组	崩塌	13	强降雨
7 月 26 日	云南怒江贡山普拉底乡咪各村米谷电站	泥石流	11	降雨
7 月 27 日	四川汉源县万工乡双合村一组	泥石流	20	强降雨
7 月 29 日	甘肃肃南县祁丰乡关山村观山脑	泥石流	10	降雨
8 月 8 日	甘肃舟曲县	泥石流	1765	强降雨
8 月 13 日	四川绵竹清平乡盐井村六组文家沟	泥石流	12	降雨
8 月 18 日	云南贡山县普拉底乡东月谷村东月谷河	泥石流	92	降雨
9 月 1 日	云南保山隆阳瓦马乡河东村大石房小组	滑坡	48	降雨
9 月 21 日	广东高州市、信宜市交界地区	群发滑坡、崩塌	33	强降雨

资料来源:中国地质环境监测院,全国地质灾害通报(2010 年)。

(3)地质灾害伤亡、损失创近十年之最。2010 年,地质灾害共造成 2246 人死亡、669 人失踪、534 人受伤;直接经济损失 63.9 亿元。不仅大幅超越 2009 年的伤亡损失水平,而

---

① 特大型地质灾害指因灾死亡 30 人以上或者直接经济损失 1000 万元以上的地质灾害。

② 大型地质灾害指因灾死亡 10 人以上 30 人以下或者直接经济损失 500 万元以上 1000 万元以下的地质灾害。

③ 指死亡失踪人数超过 10 人的地质灾害事件。

且创出 2001 年以来的新高①。

(4)强降雨是导致地质灾害灾情严重的主要原因。2010 年,有 95% 的地质灾害事件是由自然因素引发的;5% 是由人为因素引发的。强降雨是引发滑坡、崩塌、泥石流等地质灾害的主要自然因素,由此导致的人员伤亡和经济损失最为严重。在死亡失踪人数超过 10 人的 19 起地质灾害事件中,有 10 起是强降雨引起的。

2. 舟曲特大山洪泥石流灾害事件聚焦

(1)舟曲泥石流发生过程回顾。2010 年 8 月 7 日 22 时许,甘肃省甘南藏族自治州舟曲县突降强降雨,降雨量达 97 毫米,持续 40 多分钟,引发特大山洪地质灾害,泥石流长约 5000 米,平均宽度 300 米,平均厚度 5 米,总体积 750 万立方米,由北向南冲向县城,流经区域被夷为平地(见图 12)。舟曲泥石流灾害是我国近几十年以来最严重的一次泥石流灾害,其最大特征是流体量大,瞬间土方量创出历史纪录。

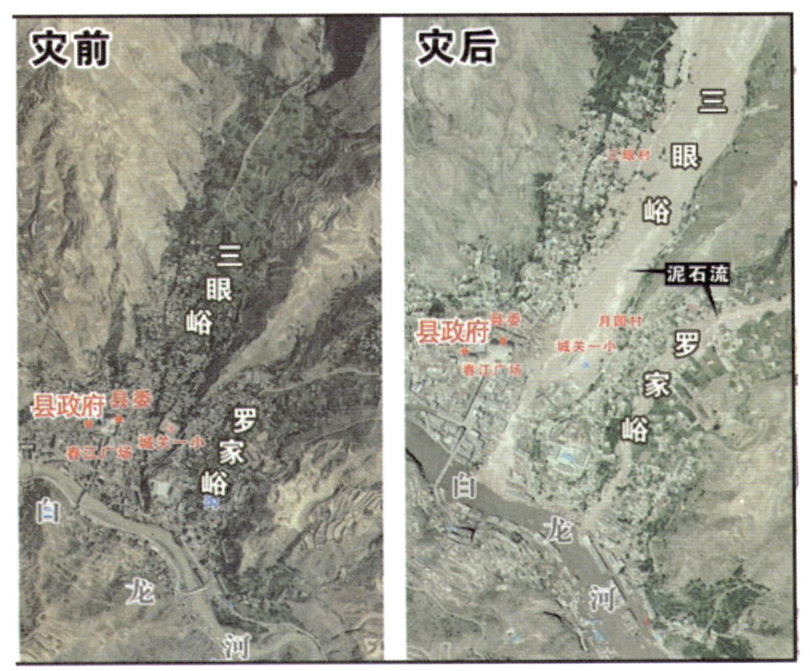

资料来源:国家测绘局。

图 12　舟曲县县城航空影像地图

(2)舟曲泥石流灾害损失情况。舟曲特大山洪泥石流灾害是新中国成立以来最大的

① 据我国国土资源部统计,2001 年至 2009 年期间,我国地质灾害造成伤亡失踪人数年均达 755 人,造成年均直接经济损失额为 35.9 亿元。

泥石流灾害,受灾人数20 227人,造成1765人死亡和失踪;毁坏农田1417亩、房屋5508间,毁坏机关单位办公楼21栋,造成直接经济损失6.5亿元;县城河床抬高形成堰塞湖,直接威胁下游10万余群众的生命安全。

(3)舟曲泥石流灾害灾因分析。舟曲出现罕见的特大泥石流灾害,是多种因素综合作用的结果。一是舟曲地质地貌易发地质灾害。舟曲是全国滑坡、泥石流、地震三大地质灾害多发区。这一带属于秦岭西部的褶皱带,山体分化、破碎严重,大部分属于炭灰夹杂的土质,较容易形成地质灾害。二是"5·12"汶川地震震松山体。舟曲是"5·12"汶川地震的重灾区之一,地震导致舟曲的山体松动,在遭遇降雨时山体极易发生垮塌。三是旱涝急转催生泥石流。2010年国内大部分地方遭遇严重干旱,舟曲地区岩体、土体收缩,裂缝暴露,遇到强降雨,雨水容易进入山体缝隙,形成地质灾害。四是瞬时的暴雨和强降雨引发泥石流。由于岩体产生裂缝,瞬时的暴雨和强降雨深入岩体深部,导致岩体崩塌、滑坡,形成泥石流(见图13)。

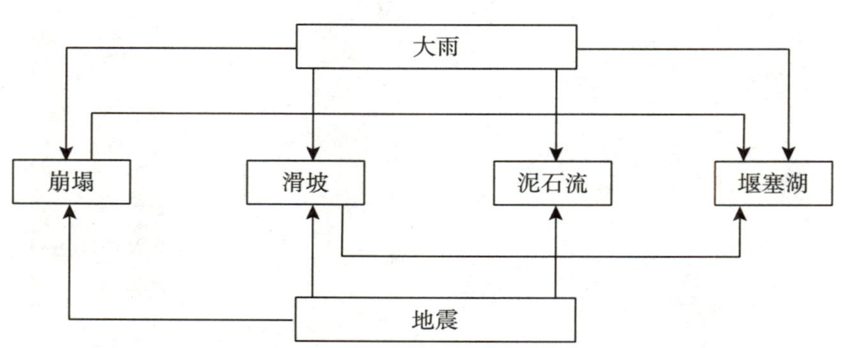

图13　舟曲地区自然灾害链

(4)舟曲特大山洪泥石流抗灾救灾过程回顾。灾害发生之后,党和政府广泛动员各方力量,有力有序开展舟曲抢险救援工作,在第一时间紧急调集1万多救援人员,携带专业救援设备赶赴灾区,逐村、逐户开展拉网式搜救,营救被困人员1243人,紧急转移安置群众2万人;迅速向灾区派出65支医疗队和防疫队,所有伤病群众都得到及时救治;全力抢通水电路等基础设施,有效处置堰塞湖险情,抓紧开展河道清淤疏通,在较短时间内恢复了灾区的生产生活秩序,确保了灾区人心安定、社会稳定。一是紧急启动救灾应急预案、迅速组织调运救灾物资。针对甘肃舟曲灾情,国家减灾委和民政部启动国家二级救灾应急响应。相关部门启动救灾应急联动机制,向灾区调运救灾物资。二是多方力量紧急行动,积极参与现场救援。解放军应急办公室启动应急预案,紧急调派兵力,全力支援舟曲灾区抢险救灾;卫生部、总后卫生部和甘肃省卫生厅启动了"军地协同一体化"医疗卫生救援工作机制,全面开展伤员救治和卫生防疫工作;红十字会等组织纷纷启动应急响应预案,派出救灾组赶赴灾区。三是迅速出台受灾群众救助政策,妥善做好受灾群众应急安置。民政部等部门及时指导地方政府研究制定并出台了有关救助政策。中央和地方紧急筹集调配资金和物资,为群众安置工作提供保障。四是社会各界慷慨解囊,热情捐助灾区。截至9月9日17时,甘南州民政部门共接收社会各界捐款9199万元,为舟曲抗灾救灾活动提供了强有力的资金支持。五是保险机构积极履行赔付责任。截至2011年2月底,甘肃省共有9家保险公司接到舟曲泥石流灾害保险报案289件,共支付赔款1770.8万元。六是制订并开始实施舟曲重建计划。国务院组织相关部门开展灾害评估工作,对恢复重建做出整体规划,并制定具体政策措施,目标是使灾区基本生产生活条件和经济社会发展全面恢复并超过灾前水平,山洪地质灾害综合防治取得明显成效。

3. 泥石流肆虐拷问生态环境治理

泥石流肆虐的背后,是生态环境遭受的严重破坏。地区生态环境急剧恶化,一方面是因为过度砍伐,导致生态平衡破坏。20世纪50年代之后的40年间,舟曲县的森林面积以每年10万立方米的速度减少。由于长期的森林砍伐和严重的植被破坏,当地自然生态系统的调节能力和涵养水分的条件已大部丧失,从而导致无雨则旱、有雨成涝。另一方面是由于过度开发,加剧地表环境破坏。近些年来的水电工程、矿产开采和房地产开发等工程项目和建筑物,加剧了对地形、地貌的破坏,使地表环境更加不稳定。

4. 地质灾害警示城镇布局与城镇建设

城镇规划要充分考虑山形、坡度、水系等环境因素,科学评估自然灾害风险。在城镇建设过程中,应根据灾害风险格局,科学布局生产生活设施,合理确定城镇化发展规模。

一是城镇选址应避开地质灾害高发区。在城镇化发展规划和建设中,应对山洪地质灾害风险进行科学分析和判断。在城镇选址方面,应充分考察地质灾害的历史纪录,对选址目标地地质灾害风险进行科学估测,避开地质灾害多发区和潜在的危险区。

二是城镇建设布局应开展地质灾害评估。在城市建设规划中,对于城镇建设用地进行地质灾害危险性评估,在城市规划时,要按照地质、地形情况安排城市设施。例如,重要工业项目不宜放在软地基、古河道或易于滑坡的地区。

三是城镇地区应重视地质灾害预警。一方面,建立城镇灾害风险地质环境监测体系,通过不同天基卫星遥感和陆基监测系统,重点针对断层活动、城镇周边山体变形、地面开裂等开展高精度的监测。另一方面,建设紧急避难场所,针对城镇自身的地理条件和地质环境,建设相应的紧急避难避险公共设施以及生命线通道,以防患于未然。

(六)热带气旋登陆数量减少,登陆时间分布极不均衡

2010年,全球热带气旋生成与登陆数量延续下降趋势。西北太平洋和南海地区生成的热带气旋登陆比例偏高、活动集中,对我国沿海地区造成严重影响。2010年全球最强台

风"鲇鱼"登陆我国,创出多项历史纪录,对我国相关地区造成了严重影响。

1. 2010 年全球热带气旋生成与登陆数量延续下降趋势

从生成数量看,全年全球热带气旋生成数量为近 25 年以来的最低水平,并已连续第五年低于 1986 年以来的平均水平(见图 14)。2010 年全球共生成 36 个热带气旋(包括飓风、台风、气旋),其中 19 个大型风暴(达到 3 级及以上),12 个实现登陆①。与 1986 年以来的平均水平②相比,2010 年生成热带气旋数量减少 12 个,登陆热带气旋数量下降 5 个,降幅分别为 25% 和 29%。

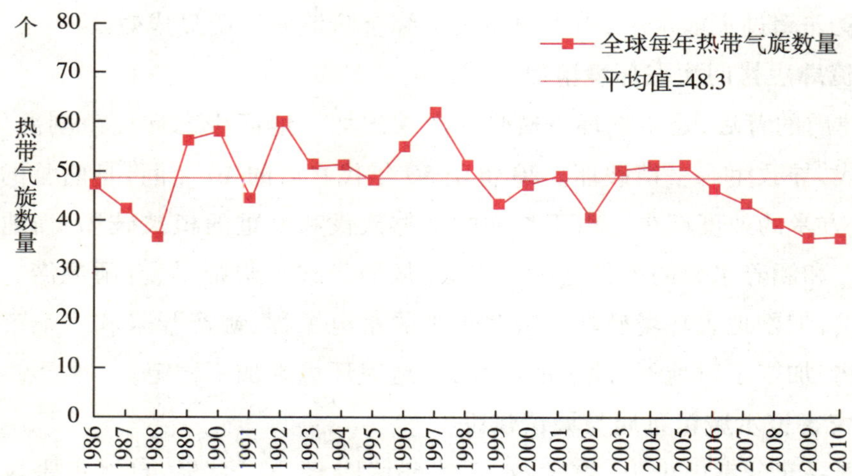

注:热带气旋包括飓风、台风和气旋;图中数据是指速度超过 74 英里/小时的气旋数量。

资料来源:AON, Annual Global Climate and Catastrophe Report, 2010。

图 14　1986 年以来全球热带气旋生成数量

2. 2010 年登陆我国热带气旋比例高、时间分布差异大

西北太平洋和南海是全球台风发生频数最多的地区,占全球总数的 38%。2010 年入夏之后,由于西太平洋副热带高压较常年偏强(强度为有气象记录以来之最),台风生成缺少最关键的环境条件,导致全年台风生成、登陆偏少。2010 年,西北太平洋及南海共生成 14 个热带气旋,比 1986 年以来的平均水平(29. 5 个)低 53%③。其中有 7 个热带气旋在我国沿海登陆(见表 9),生成登陆比例高达 50%,为 2000 年以来第二多,仅次于 2008 年(59%)。

① AON, Annual Global Climate and Catastrophe Report, 2010.

② 1986 年以来,全球平均每年生产热带气旋 48 个,其中强度超过 3 级的为 24 个,登陆 17 个。

③ 资料来源:AON, Annual Global Climate and Catastrophe Report Impact Forecasting—2010。

表9　2010年登陆我国的热带气旋

名称	登陆时间	登陆地点	影响范围
康森	7月16日	海南三亚	广东、海南等省
灿都	7月22日	广东吴川市	海南、广东、广西、云南等省
南川	8月31日	福建惠安	福建省
狮子山	9月2日	福建漳浦沿海	福建、广东、江西、浙江、湖南、台湾等省
莫兰蒂	9月10日	福建石狮	福建、江西、上海、浙江、江苏等省市
凡亚比	9月19日 9月20日	台湾地区花莲县丰滨乡 福建漳浦沿海	台湾、福建、广东等省
鲇鱼	10月23日	福建漳浦沿海	福建、台湾等省

资料来源:课题组根据中国天气网资料整理。

(1)2010年8月前,热带气旋相对偏弱。2010年8月以前,热带气旋生成仅有3个,较常年同期偏少近6个,其中登陆2个,也较常年同期明显偏少。第2号台风“康森”于7月16日在海南三亚登陆,是2010年首个登陆我国的台风,登陆时间较常年偏晚19天。

(2)2010年8月后,热带气旋活动显著集中。在2010年8月22日—9月8日的18天内,连续有6个热带气旋生成,其中第6、7、8号强热带风暴先后在4天(8月27日—30日)内生成,生成活动集中,登陆比例高。第11号超强台风“凡亚比”生成发展快、影响范围广、降雨强度大,造成140人死亡和失踪。第13号超强台风“鲇鱼”是2010年全球海域最强的台风,给我国东南沿海部分地区或海域带来严重影响。

3. 全球最强台风“鲇鱼”影响我国

(1)台风“鲇鱼”的生成是多种气象条件共同作用的结果。一是低层有弱冷空气的气流辐合,高层气流的流出较强,导致“鲇鱼”上下层气流的配合比较好。二是在“鲇鱼”东边的菲律宾吕宋岛附近海域和我国南海东部海域的海温都比较高,有利于它的加强。三是在“鲇鱼”生成后,其西侧一个对流云团残余环流的合并加入。

(2)台风“鲇鱼”的主要特点。一是强度大。“鲇鱼”台风中心附近的最大风力有17级以上(72米/秒),是1990年以来西北太平洋和南海出现的最强台风,是2010年全球范围内所生成的最强台风,也是1949年以来登陆福建最晚的台风。二是沿海潮位高。“鲇鱼”台风登陆时恰逢农历十六天文大潮。受天文大潮影响,福建沿海普遍出现大幅风暴增水和狂涛骇浪。其中,泉州以南沿海增水达180厘米,近海浪高4~6米,逼近海堤堤顶高程,对福建沿海基础设施和海上渔排渔船安全造成巨大威胁。三是影响时间长、范围广。2010年10月20日中午前后,“鲇鱼”台风进入福建省24小时警戒线,维持16级超强风力,移动速度缓慢,登陆后长时间在福建上空滞留,对福建海上、陆地均产生大范围影响。

四是降雨强度大。受“鲇鱼”台风影响,福建省沿海地区普降特大暴雨。10 月 22 日 8 时至 24 日 8 时,全省有 33 个县(含市、区,下同)过程降雨量超 100 毫米,有 9 个县超 200 毫米,有 2 个县超 300 毫米。五是移动路径复杂多变。“鲇鱼”台风在西太平洋形成初期以西行为主,进入南海后缓慢少动,甚至出现停滞打转,而后转向偏北方向移动,登陆前又转北偏西方向移动(见图 15)。这种复杂路径在秋季台风中非常罕见,加大了台风预测难度。由于台风“鲇鱼”登陆时恰逢天文大潮,强风、暴雨、高潮和巨浪的叠加,对我国相关地区和海域造成了严重影响。

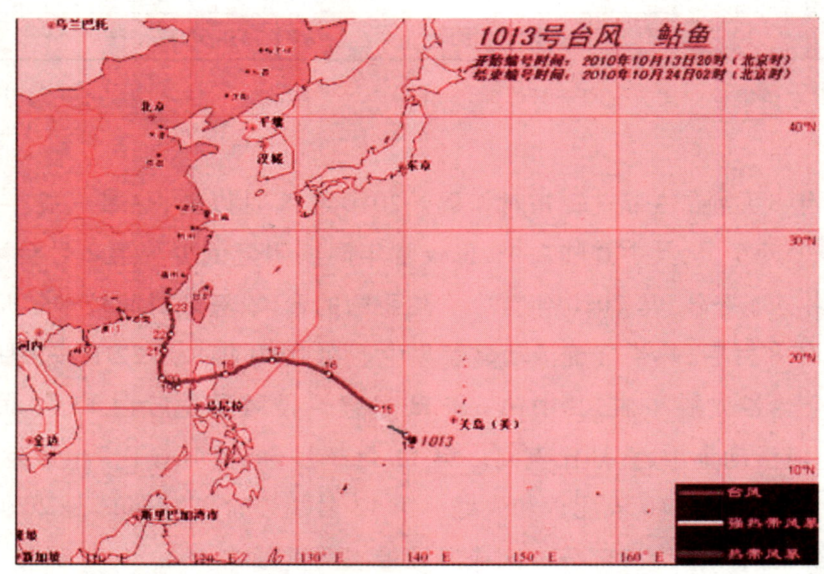

图 15　台风“鲇鱼”移动路径

(七)关于完善自然灾害风险管理体系的建议

作为全球受自然灾害影响最为严重的国家之一,我国政府极为重视自然灾害风险管理体系建设。从灾害防控体系现状看,农村地区是软肋,社会化救援队伍尚待发展,灾害研究亟须加强,灾害监测与救援指挥系统需要完善。

1. 加强城乡防灾减灾能力建设,逐步改变农村地区防灾减灾能力薄弱的局面

一是加强面向农村居民的风险管理宣传教育,增强农村居民防灾减灾意识,提高农民自我保护和救助能力。借助广播、电视、报纸和网络等媒体,依托农村中小学校,广泛开展防灾减灾知识宣传普及;组织卫生、民政、水利、气象、消防和保险等领域的专业人员和志愿者,面向农村居民开展防灾避险知识和自救互救技能培训,提高农村居民风险意识和防灾减灾能力。

二是加强农村地区住房、学校等场所的安全改造,提高农村基础设施的抗灾能力。农村基础设施建设是防灾减灾的重要基础,农村住房和学校等设施,又是关系生命安全的重要场所。应严格执行国家关于农村中小学校安全标准,确保学校设施安全,并加强农村危房改造加固,有效增强基础设施的抗灾能力。

三是加快农村地区防灾减灾工程建设,提升整个防灾减灾体系的有效性。应当统筹规划农村防灾减灾设施建设,加大财政对防灾减灾工程支持力度。根据农村地区灾害特点,对小流域、山洪灾害防御工程,病险水库、山塘除险加固工程,以及地质灾害隐患点治理工程等进行补助,提高农村地区防灾抗灾能力。

四是大力发展农村保险业务,形成有效的风险分散和灾害损失规避机制。农业保险作为一种市场化的风险转移和损失分摊机制,在分散农业风险、补偿农业损失、提高农业综合生产能力和促进农民增收方面发挥着重要作用。未来农业保险制度建设重点是形成全国统一的农业保险体系,实现在全国范围、不同年份分散农业风险的机制。

五是统筹利用技术和保险两种手段,加强粮食主产区抗旱能力建设。在全球气候变化的大环境下,我国旱灾发生频率和严重程度都可能增加。特别是在华北和东北等粮食主产区,旱灾将会导致严重的农业损失,进而影响到经济的稳定发展。为了增强农业抗旱防旱能力,一方面要综合采取节水灌溉、农艺措施、种子工程和水利工程等技术手段;另一方面还要充分发挥农业保险在转移和控制自然灾害风险方面的积极作用。近年来政策性农业保险的发展显著增强了农业的抗风险能力,农业保险在抵抗旱灾方面还有巨大的发展空间。

2. 兼顾职业化与社会化救援队伍建设,打造立体化、多层次的救援力量

一是鼓励引导社会化救援力量发展,加强救援队伍的专业化管理。建设社会化救援力量是应对自然灾害的现实需要,也是加快转变政府职能的必然要求。在政府主导下,应当积极鼓励和正确引导社会化救援力量的发展,着力提升救援队伍的专业化水平,推动灾害救援朝着专业化和高效率方向发展。

二是建立社会化救援队伍信息库,加强专业化培训与管理。通过信息库建设,了解救援队伍的专业水平和特殊技能,从而进行针对性培训,持续提升救援队伍专业化水平。同时,通过信息库建设,也有利于更有效地使用救援力量。

三是建立政府补助和捐赠相结合的经费补充渠道,加大社会化救援队伍经费保障力度。社会救援队伍建设与工作经费应纳入同级财政预算,建立政府补助、组建单位自筹与社会捐赠相结合的经费渠道来源,为救援队伍建设提供持续稳定的经费保障。

四是开展联合培训和演练,建立两类救援力量合理调配、密切协作的机制。职业化和社会化救援队伍分属两类不同性质的救援队伍,可通过开展联合培训和演练,加强协调与配合。同时,通过建立健全相关应急预案,完善工作机制,实现信息共享和应急联动,在灾害救援中形成合力。

3. 鼓励引导公益力量参与抗灾救灾,充分发挥公益力量的积极作用

一是加快推进救灾志愿者服务平台建设,持续激发和保护志愿者的热情。近年来,我国救灾志愿者队伍不断壮大,在历次抢险救灾中发挥着越来越重要的作用。在保护和激发志愿者服务的同时,如何更为有效地引导志愿者参与救灾活动,成为志愿者管理的焦点。建议加快推进救灾志愿者服务平台建设,建立灾情和灾区需求信息发布机制,及时面向社会发布志愿服务需求信息,鼓励和引导志愿者服务有序参与抗灾救灾工作。

二是规范慈善公益活动,加强公益信息披露,创造全社会共同关心参与防灾减灾的良好氛围。慈善公益和志愿服务已经成为全社会参与防灾减灾的重要形式,而相关管理规范仍需完善。例如,在募捐领域,在先举牌后捐赠的情况下,屡屡出现"诺而不捐"、"诺而少捐"的情况。这反映出我国慈善事业在制度建设、部门监管和社会监督等环节存在漏洞。因此,应当加强对慈善公益活动的管理和规范,为慈善事业健康发展提供制度保障;民政部门应加强慈善捐赠及使用情况的监管和信息披露,维护社会公众的知情权,为全社会参与防灾减灾公益活动创造良好氛围。

4. 统筹利用国内与国外风险管理资源,着力提高防灾减灾综合水平

一是构建国内外防灾减灾交流平台,借鉴国外防灾减灾经验和技术。我国防灾减灾工作应在立足国内的基础上,积极利用国外先进技术、借鉴国外丰富经验,不断提升防灾减灾水平。建议设立防灾减灾论坛,邀请海内外灾害风险管理专家和学者,交流灾害风险管理经验;积极参与国际防灾减灾活动,不断提高我国灾害防治技术。

二是国内外学术机构联合开展灾害研究,提高灾害研究水平。鼓励和推动国内灾害研究机构走出国门,加强与国际同行的沟通交流,拓宽灾害研究的视野,把握国际灾害研究的最新趋势。国家可在设立灾害研究项目时,邀请国外机构参与,通过国内外学术机构的共同参与,有效提高相关研究水平。

三是加强国际合作与协调,减少环境破坏,加强生态保护。在全球气候变化的背景下,自然灾害的治理需要国际社会的共同努力。我国自然灾害防治同样离不开国际合作与协调,尤其是在抵御全球气候变暖,减少温室气体排放方面,世界各国更应该协调一致。建议加强国际合作和协调,通过制定碳排放行动公约、开发新型替代能源,逐步降低人类活动对环境的破坏,增强生态环境保护力度,为灾害防治提供基础性保障。

5. 统筹协调相关领域灾害监测预警体系,建立一体化立体式灾害监测预警网络

《2009 世界灾害报告》强调指出,将早预警系统纳入到灾害管理和减灾工作之中,能够有效降低灾害所导致的人员伤亡和财产损失。2010 年我国历史罕见的干旱、洪涝、泥石流、地震、森林大火等灾害再次警示我们,必须刻不容缓地加强灾害预警体系建设,切实提高防灾减灾能力建设。

一是强化地震、气象、水温、地质、森林草原火灾、农林病虫害等灾害监测系统建设。

建立针对各类自然灾害的风险监测系统，是灾害防治的基本要求。根据我国自然灾害发生特点与破坏程度，目前仍须强化对地震、地质灾害等灾种的监测预警网络建设，在资源投入有限的情况下，通过有重点的强化灾害预警，起到事半功倍的效果。

二是统合地面监测、海洋海底观测和航空航天监测，打造一体化全天候的灾害监测体系。完善系统的灾害监测体系是防灾减灾工作的关键。目前我国已经建立了地面、海洋和航空监测网络。未来的建设重点是统合不同网络、形成一体化全天候的灾害监测体系。一方面，建立全国统一的灾害监测管理机制，在不同网络之间实现信息同步共享和综合分析。另一方面，积极利用新技术，提高监测系统运行的稳定性和有效性。

三是不断完善灾害信息发布制度，提高灾害信息发布的及时准确性和透明度。灾害信息发布强调准确和快速。灾害信息发布不及时、不准确，既容易引发公众恐慌，也可能错过避险最佳时间，造成不必要的损失。应根据不同灾种的特点及危害性，在不断提高灾害预测准确性的基础上，逐步建立灾害信息实时发布机制。

四是加强物联网等新技术在灾害预警中的应用，提高灾害预警的成效。物联网等新技术的应用，能够及时捕捉和发现灾害风险的征兆，为灾害预警提供准确的信息保障，提高灾情判断的有效性，为防灾减灾赢得充足的时间。目前，物联网传感技术已在大江、大河汛息预警中得到初步应用。未来应当进一步加强包括物联网在内的新技术的应用，大力提升灾害预警效果。

6. 统筹加强纵向管理与横向协调，打造统一高效的应急指挥平台

一是整合各类灾害事故救援机构，形成统一高效的指挥组织体制。由于一些自然灾害事故具有突发性、连锁性等特点，传统的“分地区、分部门、分险种”的灾害救援机制的弊端日益突出。为此，建议整合各类救援机构，形成统一的救援指挥组织机制，确保灾害救援的及时、高效开展。

二是加快推进综合减灾基本法立法，夯实灾害事故应急指挥法律基础。我国现行的防治灾害的相关法律法规，是由各部委牵头制定的单灾种法律法规，以及各地据此制定的地方立法构成。这些法律、法规相对分散，缺乏沟通和协作，削弱了灾害管理的协作性与有效性。我国急需一部针对各种灾害种类，系统涵盖灾害预防、预警、救灾、灾后重建等灾害管理全过程的全国性综合性法律，为灾害应急管理提供法律支持。

三是整合信息通信指挥系统，加强信息共享和互联互通。建议在现有信息通信指挥系统的基础上，规范技术标准，整合利用系统资源，建立救灾应急通信平台、信息平台、决策平台、调度平台及其配套的安全系统和标准规范，加强信息共享和互联互通，为救灾应急指挥提供良好的技术支撑。

总之，面对严峻的自然灾害形势，加强和完善灾害防控体系建设的迫切性日益凸显。通过统筹加强城乡防灾减灾设施建设、统筹整合职业化和社会化救援队伍建设、统筹协调官方和民间灾害研究力量、统筹利用国内外风险管理资源,能够有效加强我国自然灾害防灾抗灾、灾害救援、监测预警、应急指挥等方面的能力和水平,全面系统地提高我国防灾抗灾体系水平。

二、重特大安全事故呈现高发态势

安全生产领域面临的严峻形势,始终是制约经济社会健康、快速发展的瓶颈因素。我国每年发生的煤矿安全事故、道路交通事故、火灾事故等各类安全事故,严重威胁着人民群众的生命财产安全。在全面推进现代化建设的过程中,加强安全生产工作,促进安全生产状况的根本好转,是实践科学发展、促进社会和谐的内在要求。2010 年,我国安全生产形势总体稳定,安全事故总量持续下降,但是部分领域安全形势依然严峻,重特大安全事故频繁发生。

(一)2010 年我国安全事故总体情况分析

2010 年,全国事故总量和死亡人数持续明显下降,重点行业领域安全生产状况进一步改善,大部分地区安全生产状况稳定好转,安全生产总体水平较大幅度提高,安全生产控制指标实施情况良好。

1. 全国事故总量和死亡人数明显下降

2010 年全国发生各类事故 363 383 起,同比减少 15 865 起,下降 4.2%;事故造成死亡 79 552 人,同比减少 3648 人,下降 4.4%(见表 10)。全国年度各类事故死亡人数首次降至 8 万以下。

表 10　2010 年全国安全生产事故与伤亡同比变化

行业领域	全国情况(%)	工矿商贸(%)	煤矿(%)	金属非金属矿(%)	危化品(%)	道路交通(%)	水上交通(%)	铁路交通(%)	火灾(%)
事故数量	-4.2	-11.6	-13.2	—	—	—	—	—	—
死亡人数	-4.4	-8	-7.5	-17.2	-9.4	-3.7	-2.1	-12.1	-3.5

资料来源:课题组根据国家安全生产监督管理总局网站资料整理。

2. 重点行业领域安全生产状况持续改善

工矿商贸企业事故总量为 8431 起,同比减少 1111 起,下降 11.6%;死亡人数为10 616 人,同比减少 920 人,下降 8%。煤矿事故为 1403 起,同比减少 213 起,下降 13.2%;死亡人数 2433 人,同比减少 198 人,下降 7.5%。其他重点行业领域事故死亡人数也都有所下降。全年重点行业领域安全生产状况进一步改善。

3. 全国所有统计单位事故与伤亡均出现下降

全国 31 个省(自治区、直辖市)和新疆生产建设兵团事故起数和死亡人数均比上年下降。北京、天津、重庆、浙江、海南和新疆兵团等 6 个省级统计单位没有发生重特大事故;上海、福建、广东、云南和青海等 13 个地区的工矿商贸领域未出现重特大事故;山东、贵州、安徽等 8 个地区重特大事故起数同比下降。

4. 全国安全生产总体水平较大幅度提高

2005—2010 年,我国安全生产各项相对衡量指标保持下降趋势,安全生产水平不断提高(见表 11)。2010 年,亿元 GDP 生产安全事故死亡率由 0.248 降到 0.201,降幅 19%;工矿商贸十万就业人员生产安全事故死亡率由 2.4 降到 2.13,降幅 11.3%;道路交通万车死亡率由 3.6 降到 3.2,降幅 11.1%;煤矿百万吨死亡率由 0.892 降到 0.749,降幅 16%。

表 11　2005—2010 年我国安全生产主要指标

年份	事故总量(起)	伤亡人数(人)	亿元GDP事故死亡率(%)	工矿商贸十万就业人员死亡率(%)	道路交通万车死亡率(%)	煤矿百万吨死亡率(%)
2010	363 383	79 552	0.201	2.13	3.2	0.749
2009	379 244	83 196	0.248	2.40	3.63	0.892
2008	413 752	91 172	0.312	2.82	4.30	1.182
2007	506 208	101 480	0.413	3.05	5.10	1.485
2006	627 158	112 822	0.558	3.33	4.00	2.041
2005	717 938	127 089	0.73	3.88	7.60	2.811

资料来源:课题组根据国家安全监督管理总局公开资料整理。

(二)煤矿安全形势严峻,重特大事故有所上升

2010 年,国家继续大力推进煤矿安全生产工作。国务院发布《国务院关于进一步加强企业安全生产工作的通知》(国发〔2010〕23 号)等文件,国务院安委会等部门组织开展"安全生产年"等活动,推动煤矿企业安全生产工作。全年煤矿安全事故总量和死亡情况有所下降,但煤矿重特大事故明显上升,煤矿安全形势依然严峻。

1. 煤矿事故与伤亡有所下降,重特大事故数量显著上升

2010 年,煤矿事故起数和死亡人数同比减少 213 起、198 人,分别下降 13.2% 和

7.5%。煤矿瓦斯事故起数和死亡人数同比分别下降7.6%和17.5%。但重特大事故出现上升,其中,一次死亡10人以上的事故发生19起,共造成448人死亡;特别重大煤矿事故发生6起,同比增加2起①。

2. 重特大煤矿事故归因分析

一是资源整合、技改矿井成为安全事故的重灾区。2010年有数起煤矿安全事故发生于资源整合和技改矿井。例如,河南省郑州市新密市东兴煤业有限公司"3·15"重大火灾事故、湖南省湘潭市湘潭县立胜煤矿"1·5"特别重大火灾事故、江西省新余市庙上煤矿"1·8"重大火灾事故等。这些资源整合、技改矿井的安全生产意识相对淡薄、安全管理水平有待提高。

二是违法违规生产是多数安全事故的直接原因。2010年半数以上的煤矿安全事故均有违法违规情况。部分煤矿经营者,无视安全生产法规,在缺乏安全保障的情况下,擅自组织生产,酿成严重后果。例如,贵州省安顺市普定县远洋煤矿非法组织生产,以掘代采,放炮引发煤与瓦斯突出事故,造成21名作业人员窒息死亡。

三是瓦斯治理不到位引发瓦斯爆炸事故。瓦斯爆炸是2010年多起煤矿安全事故的重要原因。部分煤矿由于防突措施不到位,通风管理混乱,引发瓦斯爆炸。例如,河南省洛阳市伊川县国民煤业有限公司的矿井被定为煤与瓦斯突出矿井后,未采取任何防治煤与瓦斯突出的相关措施,导致"3·31"特别重大煤与瓦斯突出事故。

四是水害防治不到位引发透水事故。透水事故是2010年煤矿安全事故的又一个重要原因。有些煤矿在未查明水文地质资料的情况下,盲目组织采掘生产,没有落实由专业探放水人员使用专用钻机探放水的防治水规定,出现透水征兆后没有采取撤人措施,最终造成人员伤亡事故。例如,华晋焦煤集团公司王家岭煤矿"3·28"重大透水事故。

3. 领导带班下井能否杜绝煤矿事故:关于煤矿安全管理措施的思考

2010年7月,《国务院关于进一步加强企业安全生产工作的通知》(国发〔2010〕23号)规定,"企业领导要轮流现场带班,煤矿和非煤矿山要有矿领导带班并与工人同时下井、升井"。2010年10月7日,国家安监总局正式施行《煤矿领导带班下井及安全监督检查规定》(国家安全生产监督管理总局令第33号),要求煤矿企业必须建立健全煤矿领导下井带班制度,明确带班领导职责、权力和任务;煤矿要有矿领导带班并与工人同时下井、同时升井,保证煤矿井下24小时有矿领导带班。

我国建立煤矿领导下井带班制度,其目的在于加强煤矿企业现场管理,防患于未然,从而减少煤矿事故总量,有效防范和遏制重特大事故。从实践层面看,这一制度确实起到了积极作用。带班下井的领导能够督促落实各项安全管理制度,及时纠正井下违规违章

① 李彩琴:"2010重特大事故多发 煤矿、交通伤亡大",载《安全时讯》2010年12月30日访问。

行为;在发生安全事故时,也能发挥组织管理职能,带领矿工科学自救。

但是,贯彻落实带班下井制度仅为治标之举,治本之策应是加强安全生产基础性制度建设,同时在日常监管中注重细节,严格执法。作为煤矿企业,更应以带班下井为契机,全面加强和落实各项安全生产规章制度,增强企业全体人员的安全生产意识,降低各类安全生产事故。

4. 加强煤矿安全治理的建议

第一,严格整治违法、违规生产行为。2010 年,因非法违法生产导致的安全事故呈现多发态势。当务之急是以非法违法生产经营建设行为和事故多发地区为重点,加大整治力度。一是明确煤矿企业的安全生产责任。对于各类违法违规生产行为,以及由此导致的安全生产事故,应严格追究有关责任人的责任。二是规范企业生产行为。健全完善企业安全生产规章制度,加强煤矿生产过程安全管理,禁止各类违章指挥、违章作业、违反劳动纪律的行为。三是加大安全生产监管的执法力度。对于当前频繁出现的无证无照生产、不具备安全条件擅自生产等非法违法行为,安监部门应组织执法力量、严肃查处,有效遏制煤矿超能力、超强度、超定员组织生产的现象。

第二,持续加大瓦斯防治力度。瓦斯爆炸是煤矿事故的重要原因,应继续加大瓦斯治理的力度,以先抽后采、综合治理为根本措施,有效防范和遏制重特大瓦斯事故。一是在煤矿企业推行瓦斯抽采达标措施。煤矿企业应建立抽采达标自我评估体系,安监部门建立和完善瓦斯抽采管理和考核制度,并加强监督检查。二是加强瓦斯防治技术的研发和应用。鼓励企业联合科研机构,加快瓦斯灾害防治等关键技术、重大装备的研发,推广煤矿瓦斯治理利用先进适用技术。三是加强现场管理。煤矿企业应严格遵守采掘作业的安全操作规程,严格执行领导干部带班下井制度,加强作业现场瓦斯实时监测监控,加强通风管理,加强现场劳动组织管理,有效防范事故。

第三,加强煤矿安全新技术的研发与应用。煤矿企业应根据对引发煤矿事故的风险源的分析,围绕瓦斯、水害、火灾等主要灾因,积极开展产学研科研攻关,加大对瓦斯治理、水害防治等相关技术的研究投入,并大力推广煤矿新技术和新装备,不断提高灾害预警水平和灾害防治能力。与此同时,及时淘汰落后技术、装备,有效提升煤矿安全管理的信息化、数字化水平,为煤矿安全生产奠定坚实的科技基础。

(三)伊春空难终止我国民用航空领域连续 6 年“零空难”记录

2010 年,在全球航空业持续安全运行的背景下,新兴经济体持续发生特大空难事故,强烈的比照反映出新兴经济体国家航空基础设施薄弱的严峻事实。我国伊春空难终结了国内民航持续多年的“零空难”记录,也对支线航空发展的风险敲响了警钟。

1. 2010年全球航空安全总体形势

2010年,全球航空业继续保持长期安全趋势,民航空难伤亡水平维持在近十年的平均水平。但新兴经济体航空安全形势不容乐观,航空基础设施的薄弱是重要原因。全年民航安全领域呈现四个特点:

一是全球民航空难同比略有增加。2010年全球民航空难事件为28起,比2009年增加5起;空难事故共造成828人死亡,同比增长13%。2001年至2010年期间,全球平均每年有794人死于空难,而2010年的死亡人数比平均水平高4%[①]。

二是航空安全趋势继续向好。过去10年,全球平均每年的重大空难事件数从20世纪90年代的37.6起降到了27.2起。在全球范围内,重大航空事故的发生概率为100多万分之一,西欧及北美地区这一概率已经降至1500万分之一。

三是新兴经济体空难伤亡占比过半。2010年最大的4起空难均发生于新兴经济体,共造成472人死亡,占全球民航空难死亡总数的65%。新兴经济体薄弱的航空基础设施、亟待提高的航空管理水平以及恶劣的环境条件,是空难发生的重要原因。

四是保险业在航空领域持续亏损。2010年,保险公司在全球航空领域的赔付支出高达21.5亿美元,超过同期保费收入(21亿美元)。这是自2007年以来,全球航空保险领域连续第4年亏损,总亏损额高达9亿美元。未来保险业可能面临在航空领域提高保费水平的压力。

2. 伊春空难事件回顾

(1)事件发生过程。2010年8月24日,鲲鹏航空公司(原河南航空公司)B3130号(EMB190型)飞机执行VD8387哈尔滨—伊春航班任务。飞机于20时51分在哈尔滨机场起飞,21时36分在距伊春机场跑道1.5公里处失事。飞机降落时提前触地,经过多次剧烈颠簸后断为两截,机身起火,数分钟后发生连续爆炸。这是我国自包头空难事件[②]之后的又一次空难,我国民航业维持了将近6年的"零空难"安全纪录被终结。

(2)事故伤亡情况。伊春空难发生时,客机上共载有91名乘客和5名机组人员。空难造成42人遇难,54名幸存者均不同程度受伤,其中7人重伤。在5名机组人员中,只有机长和机组安全员幸存。

(3)失事飞机情况。伊春空难失事飞机型号为巴西航空工业ERJ—190型支线客机,该型飞机于2008年5月进入中国市场。2010年3月至8月,在全球范围内,巴西航空工业公司E—喷气系列飞机因引擎关闭、液压问题、燃油泄漏等原因出现过四十余起不太严重的事故,其中E—190机型发生9起事故,但并未造成人员伤亡。

① 英国Ascend航空咨询公司研究报告。

② 2004年11月21日,中国东方航空云南公司CRJ—200机型B—3072号飞机,执行包头飞往上海的MU5210航班任务,在包头机场附近坠毁,造成55人(其中有47名乘客、6名机组人员和2名地面人员)遇难,直接经济损失1.8亿元。

(4)事故赔付情况。伊春客机"8·24"飞机坠毁事故发生后,相关部门和相关单位紧急成立了事故调查组和现场指挥部,迅速启动救援、善后工作。国内保险公司紧急启动"突发事件应急预案"和"绿色理赔通道",协调配合航空公司开展善后处理工作,为受伤旅客和遇难旅客家属提供医疗救治和后勤保障各项服务。中国人民财产保险股份有限公司(以下简称人保财险)作为中国民航机队统括保单的首席承保人①,启动预付赔款工作,截至8月30日已经分两批累计向河南航空公司支付预付赔款350万美元和100万元人民币,支持空难善后应急处理工作的开展。2010年8月30日河南航空有限公司公布了伊春空难遇难旅客赔偿标准,每位遇难旅客赔偿金额为96万元。截至2011年2月底,确认伊春空难机上96人中有73人在21家保险公司投保各类人身保险,保险公司共支付赔款2455.7万元②。

3. 伊春空难引发对支线航空③风险管理的反思

近年来,在全球航空业受金融危机影响而一片萧条的情况下,我国支线航空发展迅猛。多家地方航空公司相继成立,同时支线机场建设也快速跟进。此次伊春空难的发生,则凸显出支线航空快速发展背后的设备滞后和管理漏洞。

一方面,应当加强支线机场航空保障设施建设。支线机场基础设施薄弱、尤其是个别机场设施设备老化或缺失,成为我国支线航空的重大安全隐患。伊春机场缺乏引导飞机着陆的盲降系统④,被认为可能是对空难事故发生造成严重影响的原因之一。事故当晚10时的自动气象监测报告显示,伊春机场能见度为1000米,飞机降落的气象条件已经比较恶劣。根据相关规定⑤,当时的能见度水平已经不允许凭借目视降落。由于伊春机场缺乏盲降系统,无法提供下滑引导,飞机只能采取非精密性进近⑥,这对飞行员的技术、经验要求较高。

另一方面,应当加强支线航空飞行员管理和培训。飞行员在低能见度等恶劣条件下的应对处理能力被视为航空安全的重要保障。在中国民航史上,低能见度情况下起飞和降落的过程中,由于疏忽大意造成的飞行差错和飞行事故屡见不鲜⑦。此次空难事件之后,飞行员紧急情况应对能力和支线航空管理水平受到质疑。实际上,在近几年地方航空公

① 失事飞机所属的河南航空公司是中国民航机队统括保单成员公司之一,投保了机身一切险、乘客及个人物品责任险、货邮责任险、第三方责任险等航空器综合责任险。

② 数据源于中国保监会网站。

③ 支线航空,是指短距离、中小城市之间的非主干航线的运行。支线航空使用的飞机,一般是座位数在50~110个,飞行距离在600~1200公里的小型客机。

④ 盲降系统是仪表着陆系统ILS的俗称,它能在低天气标准或飞行员看不到任何目视参考的条件下,引导飞机着陆。

⑤ 根据我国民航安全导则规定,在有盲降设备的情况下,飞机降落的最低能见度为800米;在无盲降设备的情况下,飞机降落的能见度最低标准为2400米。

⑥ 进近是指飞机快要着陆时接近飞机场并准备降落的过程。

⑦ 栾晓刚:"低能见度情况下飞行特点和操纵特点",载中国飞行员培训网,2010年7月14日访问。

司大发展的背景下，航空飞行员需求旺盛，而各公司对飞行员的招录、考核和培训的重视程度不够。2008 年至 2009 年，国家民航总局曾对民航系统飞行人员的资质进行了全面检查，查出飞行经历不实、造假的飞行人员多达 200 多人，其中多半属于支线航空公司。支线航空公司对飞行人员管理方面的漏洞已经成为飞行安全的重要隐患。

（四）道路交通事故总量得到遏制，特大事故有所增多

2010 年，在国家一系列优惠政策的提振下，全国机动车数量显著增加（见图 16），汽车行业对宏观经济回升向好的推动作用越加显著。与此同时，我国道路交通事故总量和伤亡出现双降，降幅明显。从道路交通事故月度情况看（见图 17），2010 年 1—11 月份，绝大部分月份的交通事故起数同比低于上年水平。但不容忽视的是，特大交通事故起数出现显著上升，农村地区交通事故较为突出。

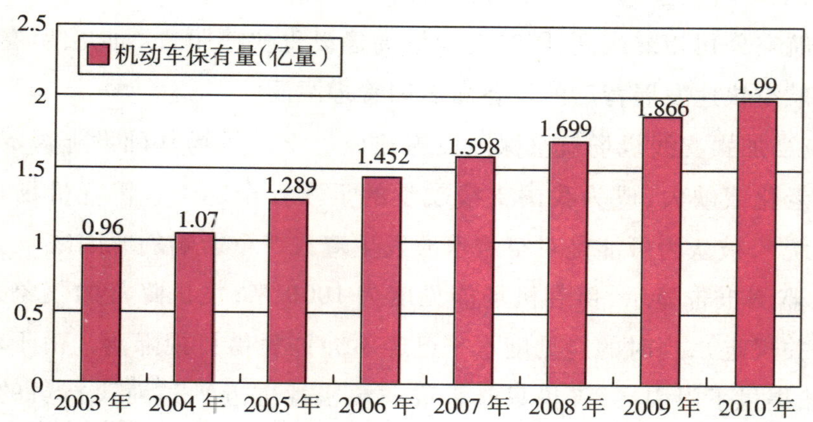

注：2010 年机动车保有量是截至 2010 年 9 月底的数据。

图 16　2003—2010 年我国机动车保有数量

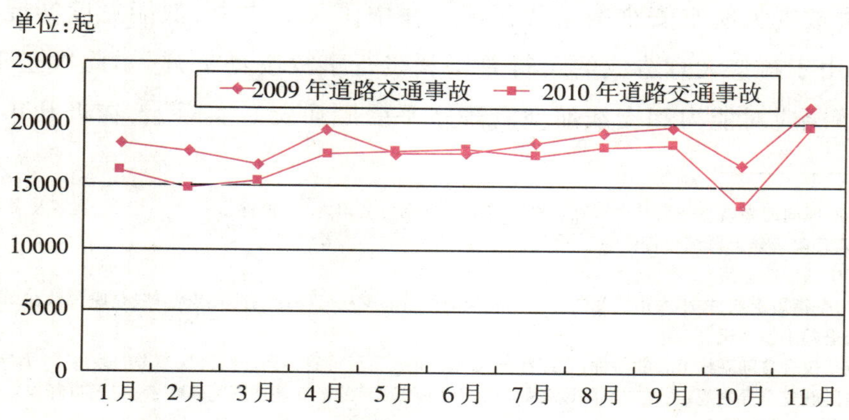

图 17　2010 年 1—11 月我国道路交通事故月度同比变化情况

2010 年道路交通事故总体上呈现以下几个特点：

一是特大道路交通事故显著上升。2010 年 1—11 月，全国共发生道路交通事故 186 246起，造成 55 008 人死亡、229 353 人受伤，直接财产损失 7.9 亿元；同比分别下降 8.09%、6.93%、9.41%和 2.83%。其中，2010 年上半年，发生一次死亡 10 人以上特大道路交通事故 15 起，同比增加 3 起。

二是营运客车肇事导致的特大道路交通事故增多。营运客车超速超员是特大交通事故的主因。上半年一次死亡 10 人以上的 15 起特大道路交通事故中，10 起为营运客车肇事导致，同比增加 4 起；部分肇事营运客车超速行驶和超员问题突出。

三是发生在恶劣气候下及高速公路上的交通事故均有所上升。2010 年上半年，发生在阴雨雪雾天气条件下的交通事故占比达 31.2%，同比上升 11.7%。高速公路交通事故主要是疲劳驾驶、超速行驶、违法停车导致的追尾事故。

四是农村地区小型汽车事故比例上升。农村地区因违法载人、超载、无证驾驶肇事等原因导致的事故所占比例，均高于全国同类交通违法行为肇事平均水平。

(五)火灾形势总体稳定，重特大火灾事故有所增加

火灾是最经常、最普遍地威胁公众安全和社会发展的主要灾害事故类型之一。2010 年，全国火灾起数、死亡人数与上年相比基本保持稳定，但较大以上火灾事故急剧增加，特别是城市火灾所带来的威胁需要引起全社会的重视。

1. 上半年形势平稳，下半年形势严峻

2010 年全国火灾形势呈现明显的阶段性。上半年火灾形势较为稳定，没有发生 10 人以上死亡的特大恶性火灾事故。进入下半年，火灾形势陡然直下，先后发生辽宁大连“7·16”火灾爆炸事故、新疆乌鲁木齐“7·19”重大火灾事故、辽宁沈阳“8·28”重大火灾事故、上海“11·15”特大火灾事故等，事故伤亡惨重。其中，上海大火死亡人数达到 58 人。

2. 关于加强高层建筑防火安全管理的思考

2010 年 11 月 15 日 14 时，上海余姚路胶州路一栋 28 层公寓起火，导致 58 人遇难，70 余人受伤。此次特别重大火灾事故引发了人们对高层建筑防火问题的关注。

(1)高层建筑火灾特点。一是火势蔓延快。如果高层建筑的防火分隔存在问题，那么火灾中的楼梯间、电梯井、管道井、风道、电缆井、排气道将像一座座高耸的烟囱，成为火势迅速蔓延的重要途径[①]。二是人员疏散困难。一方面，由于高层建筑楼层数多、垂直距离长，人员疏散到地面的时间相对较长；另一方面，各种竖井拔气气力大，火势和烟雾向上蔓

① 实验表明，在火灾初起阶段，因空气对流，在水平方向造成的烟气扩散速度为 0.3m/s；烟气沿楼梯间或其他竖向管井扩散速度为 3～4m/s。如一座高座 100m 的高层建筑，在无阻挡的情况下，半分钟左右，烟气就能顺竖向管井扩散到顶层。

延快，增加了疏散的困难。三是火灾扑救难度大。目前，全球消防体系能够提供的最高云梯约 130 米。如果着火的高层建筑超过云梯的高度，就无法从室外扑救，只能依靠室内的消防疏散设施，这就使得高层建筑火灾扑救成为世界性的难题。

（2）高层建筑火灾风险防范要点。高层建筑的防火设计，必须遵循“预防为主，防消结合”的原则，完善高层建筑内部的报警、逃生和水喷淋等系统，立足自防自救。高层建筑防火主要从三个方面入手：一是对高层建筑进行分类，确定相应的防火构造。首先根据使用性质、火灾危险性、疏散和扑救难度等情况，对高层建筑进行分类。然后展开防火设计，例如在防火墙等重点部分做好消防构造设计，设计安全疏散与消防电梯，设置室内、室外消火栓给水系统等。二是完善管理制度，定期消除隐患。高层建筑建成后，应制定并严格执行消防设施的日常维护管理制度。例如，消防设施的日常维护由专人负责、专人管理，每年定期检查、定期检测。三要加强消防宣传，增强抗灾救灾和自救能力。持续深入开展消防安全知识宣传，通过多种途径宣传火灾防范和火灾自救技能，最大限度降低火灾隐患，减少火灾导致的人员伤亡及财产损失。

（六）重大环境污染事故拷问我国环境安全治理机制

近年来，我国我环境污染事故对生态环境造成了严重破坏，对居民生产生活构成了严重威胁。2010 年，我国相继发生了中石油大连漏油事件、紫金矿业有毒废水泄漏事件等重大环境污染事件，造成了极其严重的后果，也暴露出我国生态保护制度、企业环境责任等方面的问题。

1. 中石油大连漏油事故造成严重海洋污染

2010 年 7 月 16 日 18 时许，位于辽宁省大连市大连保税区的大连中石油国际储运有限公司（以下简称国际储运公司）原油罐区输油管道发生爆炸，造成万吨原油泄漏并引起火灾，事故造成了严重的海洋污染。

大连湾的输油管爆炸事故以及所引发的石油泄漏，对于大连湾的海水质量、生态系统、海洋生物，以及当地居民生活产生了严重影响。根据中国海监船 7 月 19 日 13 时 30 分的监视结果显示，原油泄漏污染海域约 430 平方公里，其中重度污染海域约为 12 平方公里，一般污染海域约为 52 平方公里。在大连湾 145 公里的海岸线上，有 2 个自然保护区、9 个水产养殖场、6 个旅游景点和 7 处一类环境功能区。

这次石油泄漏事件已经不可避免地对这些地区造成严重破坏，其影响将可能在之后的几年甚至几十年里都持续存在。由于事故影响范围广、程度深，涉及生态环境、旅游、海洋养殖等方面损失的评估，事故损失及赔偿方案尚未最终确定。

2. 关于建立海洋环境污染补偿机制的建议

近年来，我国海洋污染事故激增，对海洋生态安全造成严重威胁。为了有效地保护海洋生态环境,我国应当强化企业的海洋环境保护责任,建立海洋生态损失评估体系,建立海洋污染问责机制,引入环境污染责任保险制度,构筑海洋环境保护的安全网。一要强化海洋经济活动参与主体的环境保护意识,引导相关领域企业和组织积极履行保护海洋生态环境的社会责任。二要建立海洋生态损失评估标准和办法。对于海洋污染情况,无论是损害赔偿还是生态补偿,其难点在于生态损失和环境污染的后果难以量化。我国需要及早建立起海洋生态损失补偿标准,为海洋污染索赔提供客观依据。三要加快海洋生态补偿相关立法工作。由环境污染者或生态破坏者承担污染治理、生态恢复的责任,是海洋生态环境保护的基本原则。建议我国通过立法等形式建立海洋污染问责制度,强化相关经济活动主体的环境保护责任,以及污染环境后所应承担的赔偿责任。四要建立海洋环境污染责任保险制度。我国《海洋环境保护法》规定,在海洋油污污染领域建立油污保险制度。但是,目前该项保险制度的实施细则尚未出台。建议尽快实施海洋环境污染责任保险制度,为分散海洋经济参与主体的环境污染风险责任,拓展海洋污染事故的补偿资金来源。

随着我国经济快速发展,工业化进程不断加快,社会生产活动急剧增加,高耗能、技术含量低的粗放型经济增长方式使安全生产也进入事故多发期。近年来,在不断加大安全生产治理、有效遏制重大安全事故的情况下,全国安全生产形势有所好转。但不容忽视的是,每年安全生产事故总量偏大,重特大事故仍时有发生,违法违规生产行为屡禁不止。安全基础不牢固、安全管理不到位等问题在一些行业和企业仍然比较突出。为此,应以安全事故多发高发领域为治理重点,完善安全制度,落实安全责任,加大安全投入,扭转安全生产的不利局面。

三、公共卫生事件考验我国卫生防控体系

公共卫生事件[①]不仅对人们的健康和生命安全构成威胁,还会对经济、社会、心理等方面产生严重冲击。在我国,城市地区人口高度聚集、人员交往频繁、易感人群增多、社会矛盾相对集中,发生公共卫生事件的危害性增强;广大农村仍然比较贫困,农民缺乏疾病防治知识和手段,一旦暴发疫情,极可能酿成大的灾难。因此,完善公共卫生防控体系,构筑坚固的公共卫生防御屏障,是预防和减少公共卫生事件冲击的有效措施。2010 年,河南蜱虫事件和超级细菌事件,引起了广泛的关注,也揭示出我国公共卫生防控体系在信息披露、疫情防控等方面的不足。

① 公共卫生事件,是指已经发生或者可能发生的、对公众健康造成或者可能造成重大损失的事件。它主要包括传染病疫情、群体性不明原因疾病、食品安全和职业危害、动物疫情以及其他严重影响公众健康和生命安全的事件。

(一)2010年我国公共卫生事件基本情况

根据公共卫生事件的界定以及数据资料的可获取性,本报告重点分析法定传染病和食物中毒事件。2010年,我国法定传染病发病数量有所增加,死亡率略有下降;食物中毒事件的报告起数和中毒人数显著下降。

1. 法定传染病疫情总体情况

(1)法定传染病发病数量有所增加。2010年[①],全国共报告法定传染病发病6 409 962例,比2009年的5 923 909例增加486 053例,增幅为7.66%;死亡15 257人,比2009年的15 265人减少8人,降幅为0.56%(见表12)。

表12 2010年我国法定传染病疫情同比变化情况

病名	2010年		2009年		2010年同比变化(%)	
	发病数(例)	死亡数(人)	发病数(例)	死亡数(人)	发病率增减	死亡率增减
总计	6 409 962	15 257	5 923 909	15 265	7.66	-0.56
甲乙类	3 185 932	14 289	3 525 076	14 849	-10.08	-4.26
丙类	3 224 030	968	2 398 833	416	33.72	131.63

注:甲、乙类传染病包括:鼠疫、霍乱、传染性非典型肺炎、艾滋病、病毒性肝炎、脊髓灰质炎、人感染高致病性禽流感、甲型H1N1流感、麻疹、流行性出血热、狂犬病、流行性乙型脑炎、登革热、炭疽、细菌性和阿米巴性痢疾、肺结核、伤寒和副伤寒、流行性脑脊髓膜炎、百日咳、白喉、新生儿破伤风、猩红热、布鲁氏菌病、淋病、梅毒、钩端螺旋体病、血吸虫病、疟疾等;丙类传染病包括:流行性感冒、流行性腮腺炎、风疹、急性出血性结膜炎、麻风病、斑疹伤寒、黑热病、包虫病、丝虫病、其他感染性腹泻病、手足口病等。

资料来源:根据卫生部《2010年度全国法定传染病报告发病、死亡统计表》整理。

(2)甲乙类传染病发病与死亡数有所下降。2010年,全国共报告甲乙类传染病发病3 185 932例,死亡14 289人,分别比2009年的3 525 076例、14 849人下降339 144例、560人,降幅分别为10.08%和4.26%。其中,甲类传染病发病164例,死亡2人;乙类传染病发病3 185 932例,死亡14 289人。

(3)丙类传染病发病与死亡数急剧上升。2010年,全国共报告丙类传染病发病3 224 030例,死亡968人,分别比2009年的2 398 833例、416人增加825 197例、552人,增幅分别为33.72%和131.63%。

2. 食物中毒事件总体情况

(1)全国食物中毒事件、中毒人数显著下降。2010年,全国共报告食物中毒类突发公共卫生事件(以下简称食物中毒事件)220起,中毒7383人,死亡184人,涉及100人以上

① 统计时段从2010年1月1日零时至12月31日24时。

的食物中毒事件 7 起。与 2009 年相比,食物中毒事件的报告起数和中毒人数分别减少 18.82% 和 32.92%,死亡人数增加 1.66%(见表 13)。

表 13　2010 年全国食物中毒事件及变化情况

中毒原因	报告数(起)	报告起数同比变化(%)	中毒数(人)	中毒人数同比变化(%)	死亡数(人)	死亡人数同比变化(%)
微生物性	81	-31.36	4585	-41.83	16	-20.00
化学性	40	-27.27	682	-38.17	48	-27.27
有毒动植物及毒蘑菇	77	-4.94	1151	-9.30	112	20.43
不明原因	22	29.41	965	28.15	8	300.00
总计	220	-18.82	7383	-32.92	184	1.66

资料来源:根据卫生部 2009 年、2010 年全国食物中毒事件情况通报整理。

(2)微生物性、有毒动植物及毒蘑菇是食物中毒事件的主因。在各类食物中毒事件中,因微生物性导致的食物中毒事件的报告起数和中毒人数最多,分别为 81 起和 4585 人,占总数的比例分别为 36.82%(见图 18)和 62.10%(见图 19);因有毒动植物及毒蘑菇引起的食物中毒事件导致的死亡人数为 112 人,是各种食物中毒原因中最多的,占总数的比例高达 60.87%(见图 20)。

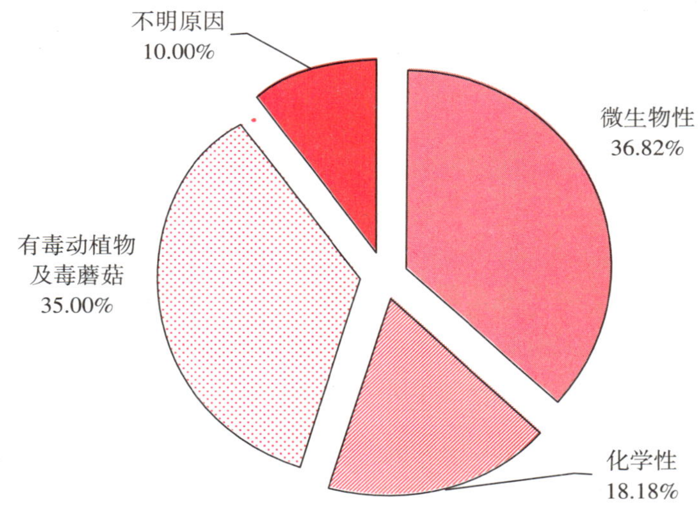

图 18　2010 年全国食物中毒事件原因构成

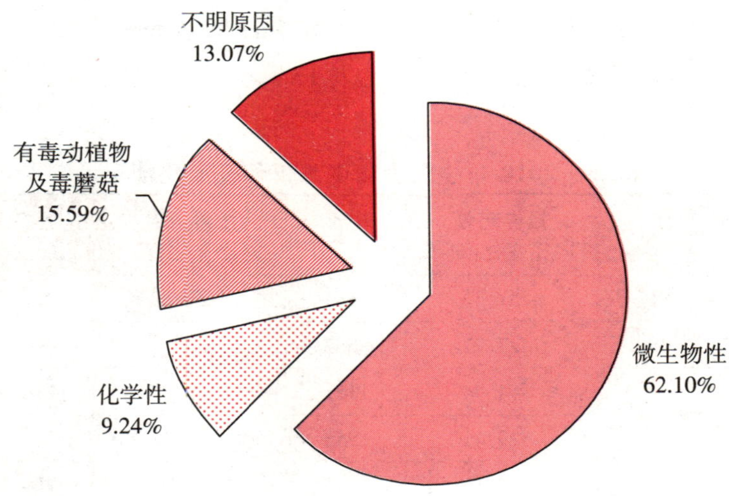

图 19　2010 年全国食物中毒人数中毒原因构成

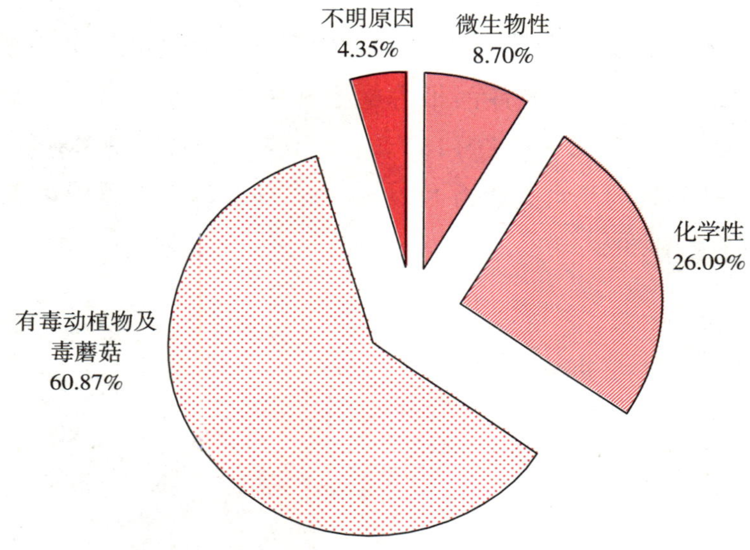

图 20　2010 年全国食物中毒死亡人数中毒原因构成

(3)学生食物中毒人数较上年有所下降。2010 年学生中毒事件发生起数为 37 起,与上年持平;中毒人数为 2086 人,比上年下降 7.74%(见表 14);死亡人数为 1 人,比上年下降 50%。其中,发生于学校集体食堂的食物中毒事件共 26 起,中毒 1541 人,无死亡。

表 14　2010 年学生食物中毒事件及变化情况

中毒原因	报告数(起)	报告起数同比变化(%)	中毒数(人)	中毒人数同比变化(%)
微生物性	17	-5.56	972	-24.18
化学性	2	-60	78	-76.92
有毒动植物及毒蘑菇	10	-9.09	604	14.83
不明原因	8	166.67	432	275.65
总计	37	0	2086	-7.74

资料来源:根据卫生部 2009 年、2010 年全国食物中毒事件情况通报整理。

(二)河南"蜱虫"事件挑战疫情防控机制

1. 事件回顾

2010 年夏天,河南省信阳市部分农村地区多人被蜱虫咬伤,而后出现全身不适、乏力、头痛、肌肉酸痛以及恶心、呕吐、厌食、腹泻、持续高热等症状,个别村民甚至因此病死亡。从 2007 年 5 月首个蜱虫病例被发现,至 2010 年 9 月 8 日,河南省共检测发现此类综合征病例 557 例,死亡 18 例。河南蜱虫咬人致死事件被媒体披露之后,另有江苏、山东等 11 个省市披露曾出现蜱虫病例。

2. 蜱虫病的防控建议

针对蜱虫病的特点开展疾病防控,是有效预防和控制蜱虫疫情再次爆发的关键。对此,通过加强对相关病症的研究、提高基层疾病防控能力为基础,将农村地区作为防控重点,做到早发现早治疗,从而有效防控蜱虫疫情。

一是加强无形体病研究。中国疾控中心将蜱虫病命名为"发热伴血小板减少综合征",认为人粒细胞无形体感染和新亚型布尼亚病毒与此病有关。对无形体病、布尼亚病毒等新型病毒加强研究,科学认识病毒传染、活动特性,是有效实施疾病防控的前提。建议将无形体病纳入法定报告传染病,并进行全国性系统流行病学调查,不断提高对无形体病等传染病的研究水平。

二是加强对基层疾病防控的指导。通过疾病防治技术的推广应用,切实提高基层防控的水平,是蜱虫病防治的关键。卫生防疫部门应当加大相关专业技术指南的宣传和培训,提高基层疾病防控部门的专业技术水平和防控能力。

三是将农村地区作为防控重点。蜱虫主要寄居在植物和家畜动物上。从蜱虫病例分布来看,农村地区已经成为疫情多发地。因此,蜱虫病的防控重点应放在农村地区。一方面,通过增加面向农村地区的医疗人员数量,增强农村地区专业防控力量;另一方面,通过加强宣传教育,逐渐提高村民对此类病症的认识和科学防治,消除由于相关知识匮乏导致的恐慌。

四是坚持早发现早治疗。蜱虫病早期治愈的成功率较高,成本也比较低,应当坚持早发现早治疗的方针。在诊疗过程中,应注意将无形体病与感冒进行区分,避免误诊情况出现。

3. 小虫子引发的大思考

蜱虫疫情在我国部分地区引发的恐慌,反映出我国卫生防疫体系的薄弱环节。一是完善疫情信息披露管理,避免疫情引发社会恐慌。在疫情发生之后,应当及时向公众披露相关信息,并围绕疫情防控知识进行宣传普及教育,防止恐慌情绪蔓延。二是加强基层疾病防疫能力建设,有效防范疫情大规模暴发。从医学角度看,蜱虫病治疗的关键在于及时发现、对症治疗。对于此类传染病的防治根本,是提高基层疾病防控水平。基层医疗机构应有效承担起疾病的预防和治疗双重责任,提高流行病学调查和疫情处理能力。三是广泛开展宣传教育活动,为疾病预防奠定坚实的群众基础。通过多种渠道开展医疗知识宣传普及活动,尤其应当针对各地常见的地方病和特殊病加强相关防疫知识的宣传普及,消除人们的疾病恐惧,增强人们的卫生意识。

(三)超级细菌防卫战已经打响

2010 年 8 月,携带“新德里金属蛋白酶 - 1”(NDM - 1)的超级细菌被发现。随后多国出现因感染此类细菌致死事件,我国也发现三例感染病例。作为世界上抗生素滥用最严重的国家之一,我国在超级细菌保卫战中面临严峻的挑战,必须综合采取标本兼治的措施,切实防卫超级细菌对人们生命健康的威胁。

1. 超级细菌及其危害

(1)超级细菌发展史。1928 年青霉素的出现,揭开了抗菌药物家族拯救人类生命的序幕,人类平均寿命至少增加了 10 多岁。但是,抗菌素问世 80 年的历史表明,抗菌药物是一把“双刃剑”:一方面,它能杀死大部分细菌,挽救人们的生命;另一方面,极少数未被抗菌药杀死的细菌,会产生具有遗传性的耐药基因,于是出现了耐药性越来越强的新一代细菌(见表 15)。

表 15 抗菌素诞生以来出现的主要耐药细菌

耐药菌名称	发现时间(年)	耐药特性
耐多药肺炎链球菌 (MDRSP)	1960	对青霉素具有耐药性
耐甲氧西林金黄色葡萄球菌(MRSA)	1961	对甲氧西林具有耐药性
抗万古霉素肠球菌(VRE)	1990	对万古霉素具有耐药性
食肉链球菌	1990	对链霉素具有耐药性
绿脓杆菌	2000	对氨苄西林等 8 种抗生素的耐药性达 100%
碳青霉烯酶肺炎克雷伯菌(KPC)	2000	对西力欣等 16 种抗生素的耐药性达 52%—100%
产 NDM - 1 耐药细菌	2010	超级抗药性

资料来源:沈汝:“超级细菌”的历史,载新华网,2010 年 10 月 29 日。

(2)耐药性是超级细菌的根本特点。“超级细菌”泛指临床上出现的多重耐药菌。此次发现的携带“新德里金属蛋白酶-1”(NDM-1)的“超级细菌”,与传统“超级细菌”相比,其耐药性已经不再是仅仅针对数种抗生素具有“多重耐药性”,而是对绝大多数抗生素均不敏感,这被称为“泛耐药性”(Pan—Drug Resistance, PDR)。

(3)抗生素滥用是超级细菌产生的主要原因。从细菌的耐药历史看,每当一种新的抗菌素出现之后,就会有耐药菌株相应出现。一般而言,开发一种新的抗菌素需要10年左右的时间,而一代耐药菌的产生只要2年时间。在抗生素药效不断加强的过程中,也导致病菌的抗药性愈来愈强,进而滋生出能抵抗多种抗生素的超级细菌。

(4)超级细菌的危害。超级细菌的出现,打破了抗生素的神话。有专业人士认为,此次NDM-1超级细菌的出现,有可能终结抗生素时代。英国耐药性监测实验室主任利弗莫尔(Livermore)博士是这样描述后抗生素时代的:所有腹部手术将风险骤增,因为腹膜炎将难以控制。由于细菌很可能会进入血液,引发危及生命的败血症,使得阑尾炎手术将变成性命攸关的手术;由于人类的免疫系统无法获得最可靠的援军支持,器官移植手术、癌症放化疗等一系列牵涉到免疫抑制的手术和治疗将难以开展;肺炎、淋病等感染性疾病将会卷土重来,而肺结核将再度变成不治之症。总之,超级细菌的出现,将会严重削弱抗生素的作用效果,恶化人们的诊疗环境。

2. 我国超级细菌耐药基因源自本土

我国检测出的三例超级细菌感染病例,具有两个特点:一方面,首次从属于革兰阳性的肠球菌中发现NDM-1基因。与其他国家或地区的监测结果有所不同,我国不仅在属于革兰阴性的杆菌中发现NDM-1基因,还从属于革兰阳性的肠球菌中发现了这种基因。另一方面,我国超级细菌基因源自本土。世界上多个国家或地区发现的“超级细菌”,基本上可以溯源到印度或巴基斯坦。由于我国两名宁夏超级细菌感染者为没有旅行经历的新生儿,由此判定其耐药基因源自我国本土。这对我国耐药防控策略提出了新的挑战,不仅需要关注在国外接受医疗服务的人员,更要关注因本土抗菌药不合理使用产生的耐药情况。

3. 我国超级细菌防控面临的挑战

超级细菌在国外出现之后,我国政府疾控部门迅速行动、启动NDM-1耐药基因监测网络,并发现三例超级细菌感染者。在此基础上出台多项超级细菌防控措施。但是,由于我国抗生素滥用的客观现实,以及耐药监测网络尚待完善,因此,我国超级细菌防控仍然面临严峻挑战。

一方面,中国是世界上滥用抗生素最严重的国家之一。我国住院患者的抗生素使用率高达80%,外科手术则高达95%。而世界卫生组织推荐的抗生素医院内使用率仅为30%,欧美发达国家的使用率仅为22%~25%。在我国,使用量、销售量列前15位的药品,有10种是抗生素。我国每年有数万人直接或间接死于滥用抗生素。

另一方面,细菌耐药监测网络有待完善。为了发现细菌常规耐药的变化趋势,及时捕捉特殊耐药现象,2005年国家卫生部组织全国多家医院建立细菌耐药监测网。目前该网络已经覆盖全国150多家医院。在耐药细菌愈演愈烈的情况下,目前的监测网络面临着挑战。一方面,网络覆盖面和覆盖深度不够。我国目前二三级医院的总量有上万家,目前的监测网络不能实现有效覆盖。另一方面,监测网络的运行管理跟不上严峻的耐药细菌发展形势。耐药细菌监测缺乏强制性管理,每年一度的回顾性分析属于被动监测,不利于主动捕捉特殊耐药现象。

4. 防卫超级细菌:我们该怎么办?

超级细菌大规模传播的几率非常低。但是,面对超级细菌的潜在威胁,必须采取标本兼治的措施,加以积极预防。

一是大力宣传超级细菌防治方法,增强全社会的预防意识,避免出现社会恐慌。从目前情况看,携带耐药基因的细菌是肠杆菌,不属于烈性传染病源,不会出现大规模传染的情况。超级细菌主要通过接触传播。传统灭菌办法对耐药菌仍然十分有效,而且仍有两种药物(替加环素和多粘菌素)可应对这些超级细菌。此外,增强人体抵抗力也可以减少感染的发生。

二是完善耐药细菌监测网络,增强超级细菌的防控能力。根据我国耐药菌监测现状,未来网络建设的主要着力点,应是提高网络覆盖水平和监测效率。一方面,加大政府财政投入,持续扩大监测点的数量,不断提高监测覆盖水平;另一方面,改革完善监测管理体制,规范监测点医院信息报告制度,缩短监测信息上报周期,将全国性耐药细菌年度分析改为半年度或者季度情况分析,提高应对耐药细菌的主动性和有效性。

三是重点在医院加强超级细菌防控。预防"超级细菌"传播主要是预防医院内感染,新生儿病房和ICU(重症监护)病房是预防医院内感染的关键部门。应当要求医务人员不滥用抗菌药物,严格执行消毒隔离制度和采取消毒措施,阻断"超级细菌"的传播路径,保护医院中的"免疫弱势群体"。

四是在全社会形成慎用抗生素的氛围,从源头上防止细菌抗药性的增强。一方面,引导公众遵守抗生素使用基本规范。例如,只在细菌感染的情况下使用抗菌药物,不自行使用抗菌药物。另一方面,根据《抗生素临床应用指导原则》及《关于进一步加强抗菌药临床应用管理的通知》,加强对医疗机构抗生素使用的监督检查,规范医疗机构抗生素的使用。

四、校园暴力伤害等社会安全事件突出

(一)2010年社会安全总体形势

社会安全事件是指严重威胁社会治安秩序和公民生命财产安全的事件,包括重大群体性事件、严重暴力刑事案件和恐怖袭击等。我国正处于经济社会发展转型的重要阶段,在经济体制深刻变革、社会结构深刻变动、利益格局深刻调整和对外开放深入发展的背景下,传统安全威胁更加尖锐复杂,非传统安全威胁更加频发凸显,引发社会安全事件的不稳定、不确定因素日益增多,我国的社会安全和现代化建设面临严峻的挑战。

2010年是我国社会建设和社会管理得到整体提升的一年。我国深入推进社会矛盾化解和社会管理创新,着力解决重点地区突出治安问题,加强基层基础建设,创新管理体制机制,有效维护了社会大局的和谐稳定。2010年,我国确定了35个市、县(市、区)作为全国社会管理创新综合试点,全面启动创新试点工作;持续加强重点地区排查整治工作,全国共集中排查整治了4.7万个社会治安重点地区,一些地区社会治安状况明显好转;全国社会治安状况总体平稳,很多地方治安和刑事案件发案率大幅下降,广大人民群众对社会治安的满意率达到86.24%,比2009年有所上升。

但在社会安全领域仍然面临一些突出的问题。第一,群体性事件仍在高位运行。一些地方矛盾纠纷呈现多发多样态势,主要涉及征地拆迁、企业改制、劳资纠纷、医患纠纷等方面,群体性事件和个人极端事件时有发生。2010年上半年,在短短50天内,多个地方接连发生数起针对校园学生的恶性安全事件,造成近百名学生死伤。第二,部分领域和地区犯罪形势依然严峻。黑恶势力等违法犯罪活动依然突出,流动人口违法犯罪问题仍然较为突出,一些地区流动人口违法犯罪所占比例居高不下。2010年1至11月,全国公安机关立刑事案件534万起,同比上升7.5%。第三,社会治安防控体系不健全。一些地区、单位和设施不能严格落实人防、物防和技防措施,缺乏有效安全防范机制。"城中村"、城乡结合部等治安重点地区社会管理服务不到位。

(二)校园暴力伤害事件挑战校园安全保障机制

1. 2010年我国接连发生校园暴力伤害事件

2010年3月至5月间,我国福建南平、广西合浦、广东雷州、江苏泰兴、山东潍坊、陕西南郑等地的小学和幼儿园,相继发生校园暴力伤害事件,共造成19人死亡,74人受伤,其中绝大多数是小学生或幼儿园儿童(见表16)。这6起校园安全事件均为个体极端事件,伤害对象均为毫无防御能力的少年儿童。

表16 2010年上半年发生的6起校园暴力伤害事件

时间	地　点	伤亡情况
3月23日	福建南平市试验小学门口	8人死亡、5人重伤
4月12日	广西合浦县某小学门前	2人死亡、5人受伤
4月28日	广东雷州雷城第一小学校内	16人受伤
4月29日	江苏泰兴中心幼儿园内	32人受伤,其中5人重伤
4月30日	山东潍坊尚庄小学校内	5人受伤
5月12日	陕西南郑某幼儿园内	9人死亡,11人受伤

资料来源:课题组根据公开资料整理。

2. 校园暴力伤害事件的原因分析

一是校园安全力量和设施薄弱,无法有效抵御暴力犯罪,是校园暴力伤害事件伤亡惨重的直接原因。校园安防意识淡薄、安防体系不健全,是导致校园暴力伤害事件伤亡惨重的直接原因。

二是一些深层次社会矛盾得不到有效化解,犯罪分子由于心理失衡而报复社会,是导致校园暴力犯罪的社会原因。根据部分凶犯供述的作案动机,其中夹杂着对社会的不满情绪,校园师生等弱势群体成为发泄和转嫁对象。

三是媒体对校园暴力伤害事件的过度报道,引发了不良的连锁反应和示范效应,是校园伤害事件接连发生的诱因。在福建南平案凶犯伏法后的几十个小时内,广东等地也接连发生校园暴力伤害事件。媒体对福建南平案的过度渲染和报道,也是之后接连发生校园暴力事件的诱因之一。关于此类事件新闻媒体如何把握报道尺度,合理引导公众情绪,是新闻媒体需要重视的社会责任。

3. 校园安全事件推动校园安防工作

一是党和政府高度重视校园安全,指导部署安全防范工作。中央领导多次发出重要指示,要求依法严肃处理犯罪分子,精心治疗受伤人员,加强校园安全防范,严防类似案件再次发生。二是政法、公安部门迅速行动,提高校园安保能力。中央专门召开全国综治维稳工作会议,要求各地加强学校、幼儿园安全保卫工作;各地公安机关迅速行动,增加校园周围的巡逻,为学校提供报警装置和其他防护设备,并监控学校周围的安全隐患,全方位加强校园安全防范。三是教育部门组织开展专项整治行动。教育部成立校园安全工作小组,开展专项整治行动,督促各地教育部门加强学校安全防范,落实各项安全措施。四是严格校园安全负责制,抓紧落实各项安全防范措施。各地学校结合自身实际情况,抓紧落实安全措施,查找安全隐患,充实校园安保力量,全面提升校园安全水平,谨防校园安全事件的发生。

(三)加强和创新社会安全管理的建议

第一,加强社会管理法制建设,从法律上确立社会安全管理工作机制。各地应通过制订社会安全管理地方性法规,以法律形式明确政府部门和社会机构的管理职责、管理方式和协同机制,确保能够依法、及时、高效地开展社会安全管理工作。

第二,完善社会治安防控体系,着力加强基层社会安全管理能力建设。进一步加强和完善基层社会安全管理和服务体系,增加人力、财力和物力投入,加强城乡社区警务、群防群治等基层基础建设,提高基层公共安全和社会治安保障能力,加强重点地区社会治安综合治理。

第三,大力发展责任保险,充分发挥保险的社会管理功能。保险机制在理顺社会关系方面具有独特的优势,在服务平安社会建设大有可为。通过引入保险机制,推广和发展食品安全责任、火灾公众责任、环境污染责任、安全生产责任、医疗事故责任、校(园)方责任保险等,可以有效保障人民群众的切身利益,减少社会矛盾与摩擦,促进社会和谐稳定。

第四,依托保险机制综合优势,创新公共安全服务供给方式。通过服务采购的方式,依托保险机构的服务网络提供公共安全服务,有利于降低行政成本,提高公共服务效能。近年来,中国人保在山东临沂等地开展的治安保险,推进了社会综合治理领域的行政手段与市场机制的结合,实现了基层治安案件和群体性事件等指标的大幅下降,得到了中央综治委和保监会的高度肯定。

第五,预防化解社会矛盾纠纷,从源头上减少社会安全事件的诱因。完善党和政府主导的维护群众权益机制,加强社会矛盾源头治理,努力将矛盾纠纷化解在萌芽状态。大力开展矛盾纠纷排查化解工作,畅通群众诉求表达渠道,深入推进人民调解、行政调解和司法调解衔接配合的“大调解”工作体系。

“十二五”期间是我国全面建设小康社会的关键时期。在这一时期,我国仍处于可以大有作为的重要战略机遇期,既面临难得的历史机遇,也面临诸多可以预见和难以预见的风险挑战。这其中也包括来自自然灾害、安全事故、公共卫生和社会安全等领域的风险挑战。“十二五”期间,我国应当提升全社会的风险意识,科学把握风险发生规律,积极应对各类灾害事故风险,不断完善全社会的风险预防预警和应急处置体系,最大限度地降低灾害事故对经济社会发展的危害和冲击,为我国现代化建设的全面推进提供有效的风险保障。

作者简介:

盛和泰,经济学博士,现任中国人民保险集团股份有限公司总裁助理。

桑强、赵孟华,现供职于中国人民保险集团股份有限公司。

参考文献

[1] 吴定富:《中国风险管理报告(2010)》,法律出版社2010年版。

[2] 吴焰:《中国非寿险市场发展研究报告(2009)》,中国经济出版社2010年版。

[3] 盛和泰:"2009年中国灾害事故及风险管理概况",载《中国风险管理报告(2010)》,法律出版社2010年版。

[4] 国家减灾委、科技部抗震减灾专家组:《汶川地震灾害综合分析与评估》,科学出版社2008年版。

[5] 国家气象局:《2010年中国气候公报》,2011年版。

[6] 国家地震局:《国家防震减灾规划(2006—2020年)》,2006年版。

[7] 中国地质环境监测院:《全国地质灾害通报(2010年)》。

[8] 陈泽伟:"陈冀平:2011年社会和谐稳定新部署",载《瞭望》2011年第8期。

[9] 高庆华:"中国自然灾害的分布与分区减灾对策",载《地学前缘》2003年第10卷。

[10] 顾浩:《中国水利现代化研究》,中国水利水电出版社2004年版。

[11] 冯俏彬等:"关于玉树地震捐款使用与管理的政策建议——基于汶川地震经验",载《地方财政研究》2010年第10期。

[12] 李洪等:"保险资金在我国应急管理体系中的作用及地位重塑",载《宏观经济研究》2010年第10期。

[13] 林柏泉等:"我国煤矿安全现状及应当采取的对策分析",载《中国安全科学学报》2006年第16卷第5期。

[14] 马宗晋:《中国重大自然灾害及减灾对策(总论)》,科学出版社1994年版。

[15] 石兴:"自然灾害风险可保性研究",载《保险研究》2008年第2期。

[16] 史培军等:"全球环境变化与综合灾害风险防范研究",载《地球科学进展》2009年第4期。

[17] 孙祁祥等:"中国巨灾风险管理:再保险的角色",载《财贸经济》2004年第9期。

[18] 魏华林等:"地震灾害保险制度的法律依据和前提条件——兼评《中华人民共和国防震减灾法》第45条",载《武汉大学学报》(哲学社会科学版)2009年第6期。

[19] 许世远等:"沿海城市自然灾害风险研究",载《地理学报》2006年第61卷第2期。

[20] 姚庆海:《巨灾损失补偿机制研究——兼论政府和市场在巨灾风险管理中的作用》,中国财政经济出版社2007年版。

[21] 曾武威:"超级细菌与NDM-1",载《基础医学与临床》2010年第10期。

[22] 张继权等:"综合自然灾害风险管理——全面整合的模式与中国的战略选择",载《自然

灾害学报》2006 年第 15 卷第 1 期。

[23] AON:*Annual Global Climate and Catastrophe Report*, 2010.

[24] Swiss Re:*Natural Catastrophes and Man - made Disasters in* 2009: *Catastrophes Claim Fewer Victims*, *Insured Losses Fall*. SIGMA, No. 1/2010.

[25] The International Federation of Red Cross and Fed Crescent Societies:*World Disasters Report* 2010—*Focus on urban risk*, 2010.

[26] The International Federation of Red Cross and Fed Crescent Societies:*World Disasters Report* 2009—*Focus on early warning*, *early action*, 2010.

[27] World Economic Forum:*Global Risks* 2011, January 2011.

[28] World Economic Forum:*Global Risks* 2010, January 2010.

2010 年全球自然灾害:回顾和分析

慕尼黑再保险公司

摘　要

综观 2010 年,各种自然灾害的发生造成了巨大的社会经济损失和众多人员伤亡,尤其是一系列极具破坏性的地震,为数十年来所罕见。众多与气候相关的自然灾害的发生和全球以及区域范围内的温度资料,也都清楚地表明,气候变化正在不断演进。

本文通过回顾与分析 2010 年中国和世界其他国家所经历的自然灾害,将中国自然灾害置于全球背景下分析,试图清楚地描绘一个我们所面临的自然灾害风险的全局图,使我们对于我国的自然灾害风险在全球范围有一个定位。本文也从统计上回顾了历史自然灾害数据,并将 2010 年置于历史的背景之间,试图描绘我们所面临的自然灾害风险的纵览图,也给 2010 年自然灾害一个合理的历史定位。所有这些分析,都是努力地对我们未来面临的风险进行更客观的科学的评估,以利于我们合理规划风险管理策略,使我们面对风险时,能比较从容应对。

厘定合理且充足的自然灾害费率不仅仅是对保险业界自身的符合市场规律的保护行为,也是对公众传递正确风险信息的负责任的行为。在最后一章,本文简要介绍巨灾风险模型体系,及其在保险实务(如保险定价)中的应用以及存在的问题。

一、全球概述

(一)概览

慕尼黑再保险公司数据显示,2010 年全球共发生 960 起自然灾害,远超过过去 10 年平均水平,即年均 785 次,是自 1980 年以来灾害发生次数第二多的年份,仅次于 2007 年。2010 年共有约 29.5 万人死于自然灾害,直接经济损失超过 1500 亿美元。保险损失 370 亿美元,大体与历史持平。2010 年很幸运地没有经历重大飓风灾害,否则,2010 年的保险损失可能远高于历史平均水平(见图 1)。

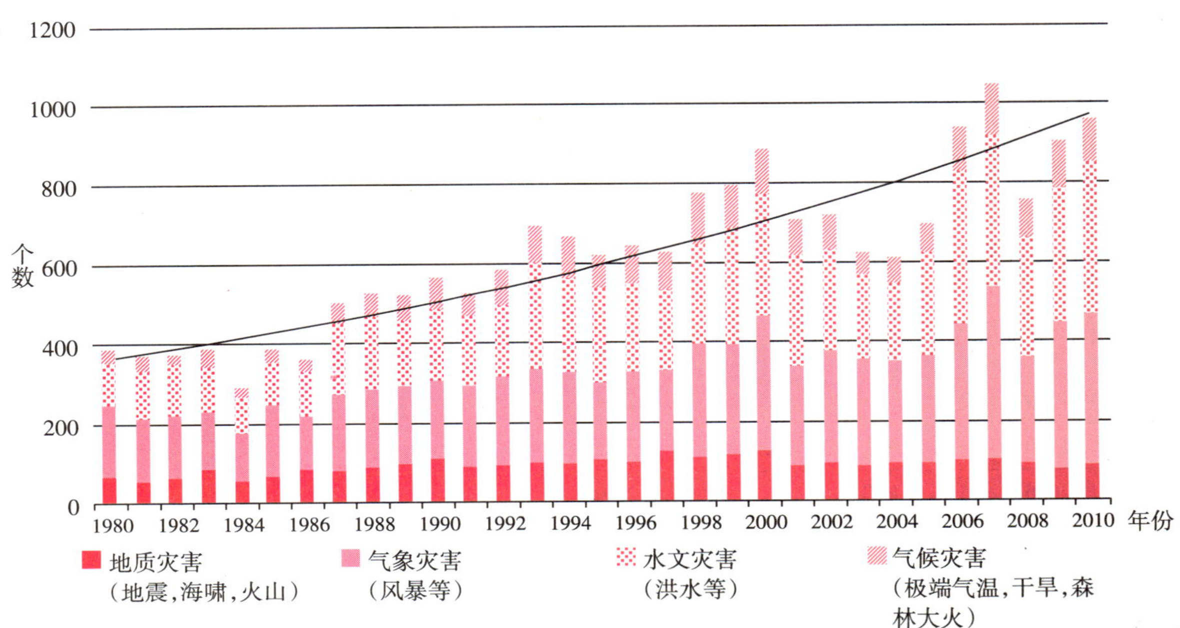

图 1 1980—2010 年全球自然灾害发生趋势(含巨灾和非巨灾)

基于联合国对于重大自然灾害的定义和分类标准，去年有五大灾难属于最高级别：海地地震（1月12日）、智利地震（2月27日）、中国地震（4月14日）、俄罗斯热浪（7月至9月）、巴基斯坦水灾（7月至9月）。这5起灾难所造成的死亡人数占据了2010年全球总死亡人数的95%以上，其导致的经济损失也占据了总损失的约一半左右。

1月12日的海地地震是过去100多年中最具破坏性的地震之一，死亡人数超过22万。海地地震造成惊人的人间悲剧，但是保险业因此而遭受的损失却微不足道，这种保险低渗透率而导致的区域性保障不足的情况在发展中国家普遍存在。

仅仅在海地地震一个多月以后，智利又发生了强烈的地震，地震释放的能量是海地地震的500倍以上。总损失高达300亿美元，保险损失为80亿美元，保险损失仅次于1994年美国加州的North Ridge地震的225亿美元（以2010年美元货币计），在自1950年以来所有由于地震而导致保险损失赔付数额中排名第二。智利是一个高度发达的国家，有严格的建筑法规，并且在制定法规之初就考虑到了地震发生时建筑物的高风险性。因此，虽然此次地震是自有记录以来第五大地震，也造成了一定的人员伤亡，但是相对而言死亡人数较少，灾民损失也较小。

表1 自1950年以来保险损失最大的巨灾事件（损失数据以2010年美元货币计量）

时间	事件	地区	保险损失（单位：百万美元，2010美元货币）
2005	飓风 Katrina	美国	69 900
1992	飓风 Andrew	美国	26 500
1994	地震 Northridge	美国	22 500
2008	飓风 Ike	美国，加勒比地区	18 700
2004	飓风 Ivan	美国，加勒比地区	16 000
2005	飓风 Wilma	美国，墨西哥	14 000
2005	飓风 Rita	美国	13 500
1991	台风 Mireille	日本	11 200
2004	飓风 Charley	美国，加勒比地区	9250
1989	飓风 Hugo	美国，加勒比地区	9000
1990	冬季风暴 Daria	欧洲	8500
2010	地震	智利	8000

4月14日发生在我国青海玉树地区的地震，是我国继2008年汶川地震之后的又一次伤亡惨重、损失巨大的地震灾害，其主震震级7.1，震源深度14公里。共有2698人被确认遇难，270人失踪，经济损失当以数百亿元人民币计。

夏季,由极端降水引起的洪涝灾害给巴基斯坦带来一系列灾难性后果。几个星期以来,高达四分之一的国土面积被淹没,无数居民失去了他们的全部财产。国家整体损失额高达95亿美元,约占巴基斯坦全年GDP的6%。

7月至9月发生在俄罗斯及其周边国家的热浪也造成了广泛的灾难。包括莫斯科在内的很多地区经历了有史以来的最高气温,俄罗斯中部一些地区历经长达两月以上的大于30°C的高温。高温导致的森林大火威胁到邻近核设施,以及被切尔诺贝利泄漏出来的辐射物所污染过的地区。至少5.6万人因为热浪和空气污染而死亡。这是俄罗斯历史上死亡人数最多的自然灾害事件。

9月4日发生在新西兰南岛Christchurch的7.2级、震源深度12公里的地震,虽然在人员伤亡方面没有带来重大损失,但其冲击到了新西兰第三大城市Christchurch,加之新西兰的地震保险投保率很高,因此造成了重大保险损失,使其成为大洋洲(含澳大利亚和新西兰)有史以来最大的保险损失事件。

另一种与之截然不同的自然灾害在2010年凸显了全球互联经济的脆弱:4月份冰岛艾雅法拉(Eyjafjallajökull)火山的爆发。由于其带来大量的粉尘遮天蔽日,北欧的空中交通数日处于瘫痪状态。尽管几乎没有带来任何直接破坏,此次火山爆发所带来的工业供应链的中断却逐步冲击到了经济领域的各个方面。航空领域更是损失惨重,当以数十亿美元计。

12月澳大利亚的洪水灾害损失数据依然在统计核实过程中,但回顾历史我们不难看出澳大利亚的洪水灾害在近些年有变频变强趋势。

表2　自1980年以来澳大利亚重大洪水灾害

澳大利亚重大洪水灾害(1980年—2010年3月)		
时间	地区	保险损失(2010年美元货币)
2008年2月	昆士兰	9亿
2008年1月	昆士兰	4.5亿
1984年11月	新南威尔士	1.9亿
2010年3月	昆士兰	1.1亿

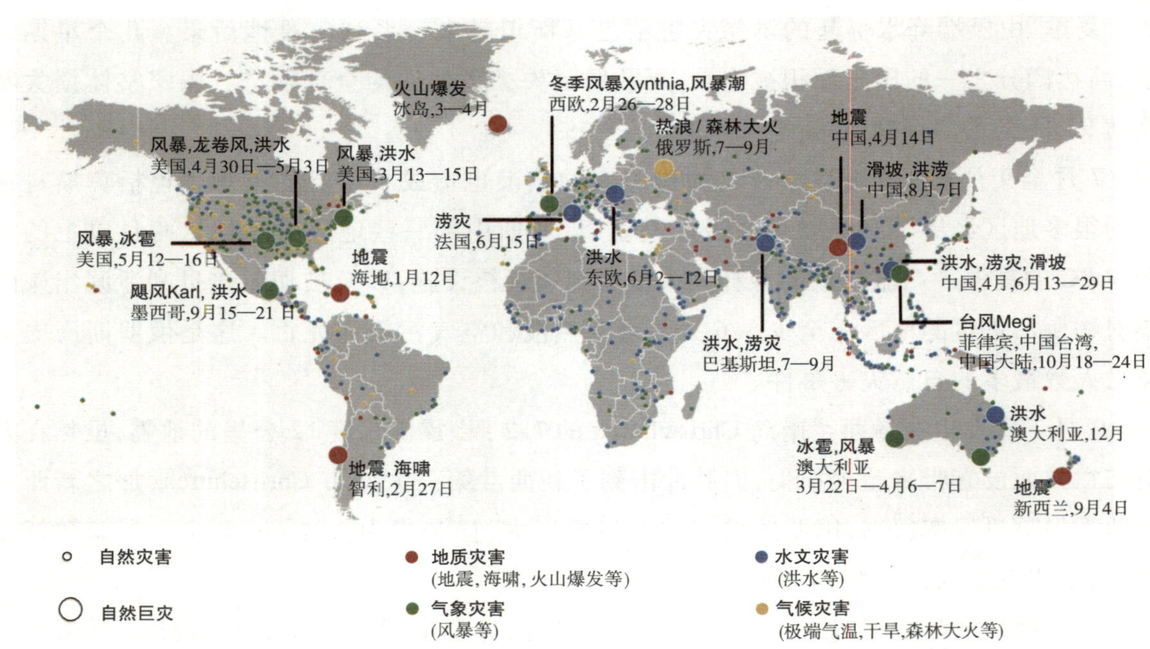

图2　2010年全球自然灾害分布

表3　截至2010年9月的重大自然灾害(未计入如2010年12月发生的澳大利亚洪水等)

时间	事件	影响区域	经济损失(美元)	保险损失(美元)	死亡人数(人)
1月12日	地震	海地(太子港地区)	80亿	2亿	大于22万
2月26—28日	冬季风暴Xynthia,风暴潮	西欧(法国、德国、西班牙)	45亿	34亿	65
2月27日	地震,海啸	智利	300亿	80亿	799
3月6—7日	冰雹,严重风暴	澳大利亚(墨尔本地区)	13.3亿	9.5亿	
3月13—15日	严重风暴,洪水	美国东北部	15亿	11.6亿	11
3月、4月	火山爆发	冰岛	约10万次航班取消		
3月22日	严重风暴,冰雹	澳大利亚(珀斯)	13.9亿	9.9亿	
4月14日	地震	中国(青海)	38亿		2698
4月30日—5月3日	严重风暴,龙卷风,洪水	美国	23.5亿	7.25亿	32
5月12—16日	严重风暴,冰雹	美国	25亿	17.5亿	3
6月2—12日	洪水	东欧(波兰、匈牙利)	35亿	2.8亿	7

续表

时间	事件	影响区域	经济损失（美元）	保险损失（美元）	死亡人数（人）
6月13—29日	洪水，滑坡	中国	61亿		260
6月15日	洪水	法国	15亿	10.7亿	25
7—9月	热浪/森林大火	俄罗斯（莫斯科地区）	4亿	2000万	5.6万
7—9月	洪水	巴基斯坦	95亿		大于1760
8月7日	滑坡，泥石流	中国(甘肃)			1501
9月4日	地震	新西兰	37亿	33亿	
9月15—21日	飓风 Karl，洪水	墨西哥	39亿		23

粗略地看起来，2010年北大西洋飓风季平淡温和，有利的气象条件使所有飓风都没能在美国登陆。除了一些飓风在墨西哥带来了严重破坏，多数飓风都在大西洋上转向东北方向，从而只扫过加勒比海的一些岛屿。然而，如果仔细分析风暴频率以及强度，看上去平淡温和的2010年，却拥有过去100年历史上最严重的飓风季。事实上，今年的风暴发生频率正如一些机构之前预期，远高于平均水平。2010年全年总共有19个命名的热带气旋，比肩1995年，并列排名第三，仅次于2005年（28个命名热带气旋）和1988年（21个命名热带气旋）。在这19个热带气旋中，12个是飓风，其中5个是超强飓风，即风速超过178公里每小时。

（二）从历史上看

自1980年以来，2010年的自然灾害次数位居第二（见图1），并且明显超过过去10年的平均水平（平均每年发生785起自然巨灾）。与此同时，2010年还是自1980年以来的保险业六大亏损年之一，经济损失高达1500亿美元，其中约有370亿美元的保险损失，行业的整体亏损水平高于过去10年的平均水平。但如果我们考察1950年以来自然巨灾数据，可以发现，2010年的自然巨灾频数（见图3）和强度，以及经济损失和保险损失（见图4），都并不算突出。自1950年至今，全球自然巨灾呈现显著上升趋势，这种上升趋势在水文灾害、气象灾害、气候灾害和地质灾害中都可以观察到。需要注意的是，慕尼黑再保险在此分析中仅包括巨灾，从而使灾害漏报对我们数据的影响降到最低。慕尼黑再保险将自然巨灾定义为受灾地区不能完全自行救助的自然灾害，即满足下面某一条件的自然灾害：

- 需要跨地区或国家的救助；
- 上千人死亡；
- 上万甚至上十万人无家可归；

- 重大经济损失；
- 重大保险损失。

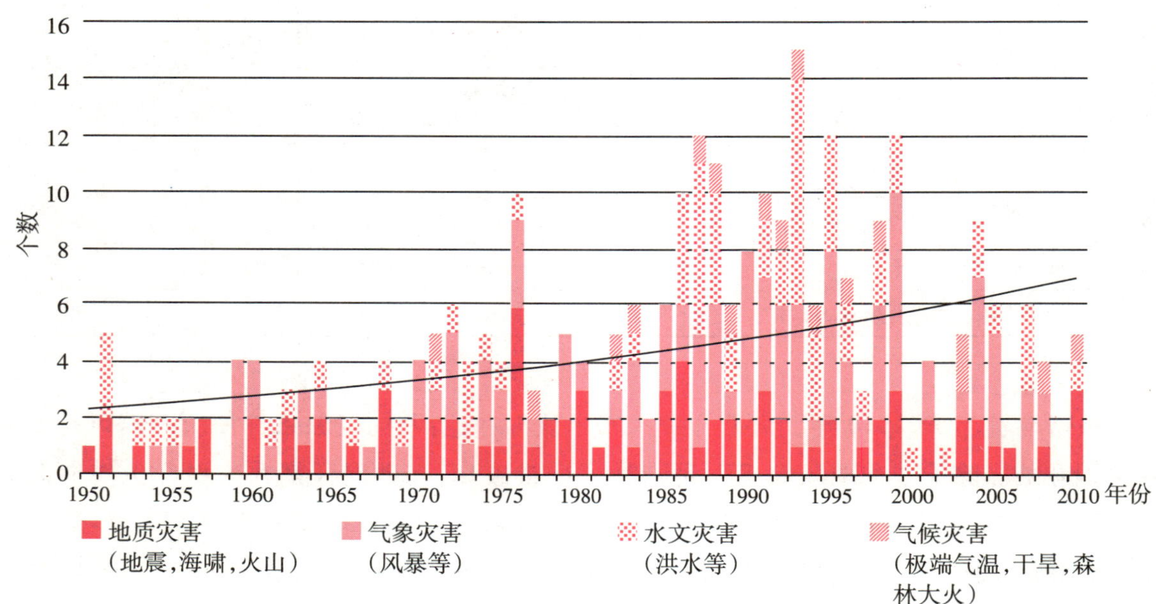

图3　1950—2010年间全球自然巨灾发生频次

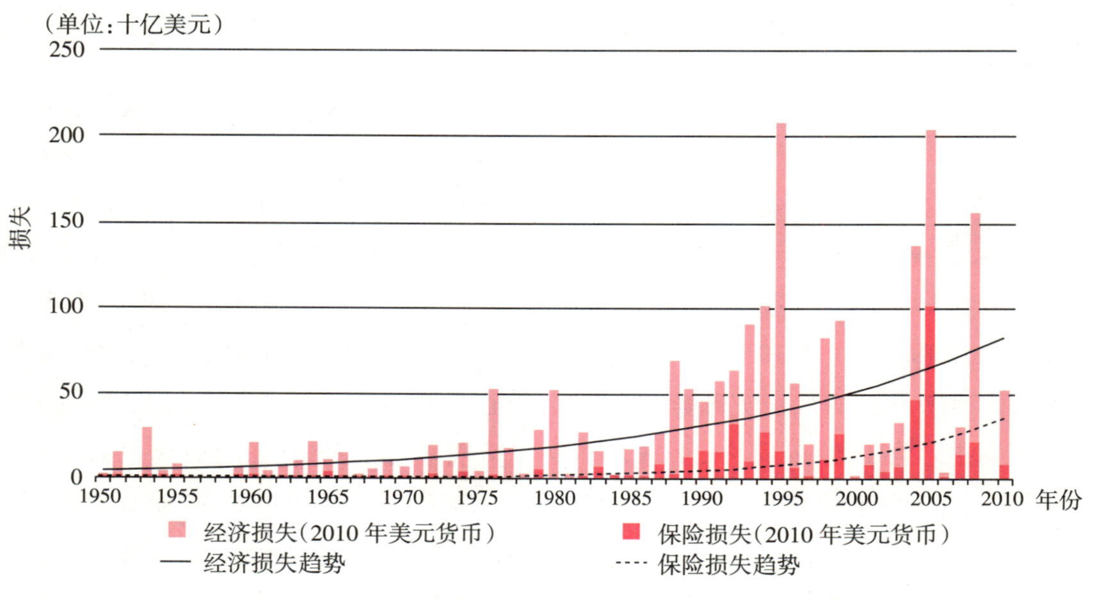

图4　1950—2010年间全球自然巨灾经济损失和保险损失

如果我们考虑从1980年以来全球所有自然灾害（巨灾和非巨灾）造成的经济和保险

损失,同样可以观察到显著的增长趋势(见图5)。2010年在过去这30年里,是损失较大的一年,但绝非最严重年份。如果考虑到灾害的增长趋势,未来发生比2010年频繁得多、严重得多的灾害的可能性不容忽视,而且这种可能性会越来越大。

关于各种自然灾害在时间上的趋势,我们在下文还会有更详细的分析。

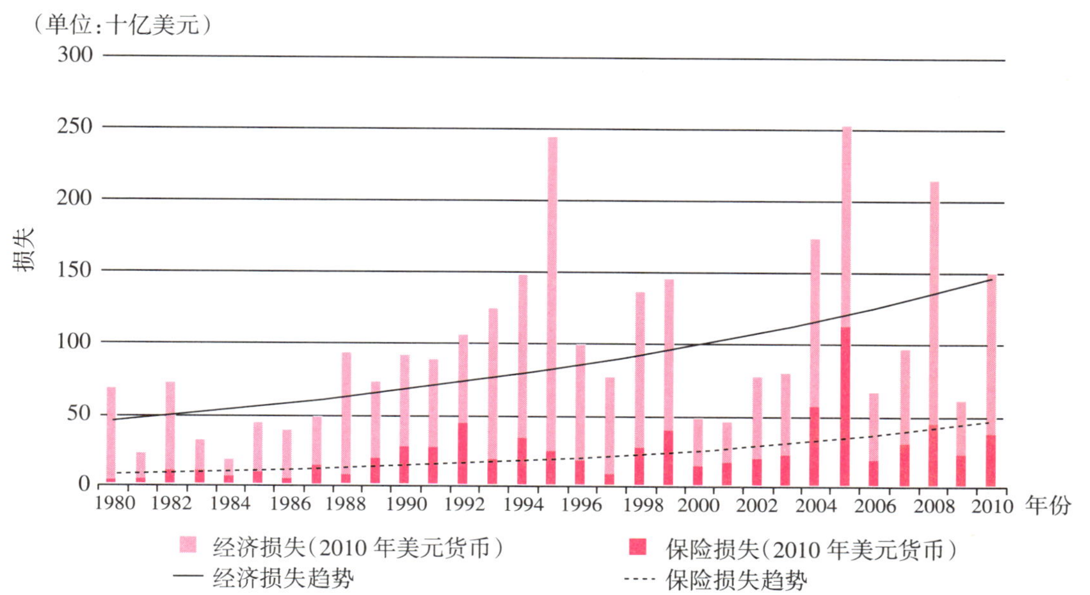

图5　1980—2010年间全球自然灾害经济损失和保险损失(含巨灾和非巨灾)

如果我们仅针对中国进行分析,这种自然灾害以及经济损失随时间增长的趋势更为明显(见图6)。因为保险数据着实有限,不能给我们提供明显的观察结论,但可以肯定的是,随着自然灾害带来的经济损失的逐渐增大以及我国保险市场在经济损失中承担的份额越来越大,保险损失的增大将是必然。

2010年我国经历的气候灾害发人深省。2010我国平均气温上升了0.7摄氏度。云南、广西和贵州等西南地区因为印度洋带来的暖湿气流通常并不缺水,但自2009冬天开始直至2010年上半年,却经历了持续的干旱,这种干旱程度,百年罕见。同时,我国北方地区又经历了漫长严冬。东北地区的气温之低导致海面结冰,内蒙古的绵羊成批冻死。这也是近40年所不曾发生过的。与此同时,新疆地区历经了历史罕见的雪灾。4月到7月的洪水淹没了众多华南、华中以及东北地区的城市和乡村。10月份已经不是传统的雨季,但海南省却经历了巨大洪水灾害,强度和持续时间都极为罕见。关于气候变化及其对我们的冲击,下文会有更详细的阐述。

2010年,自然灾害在我国共造成了超过5000亿元人民币的直接经济损失。

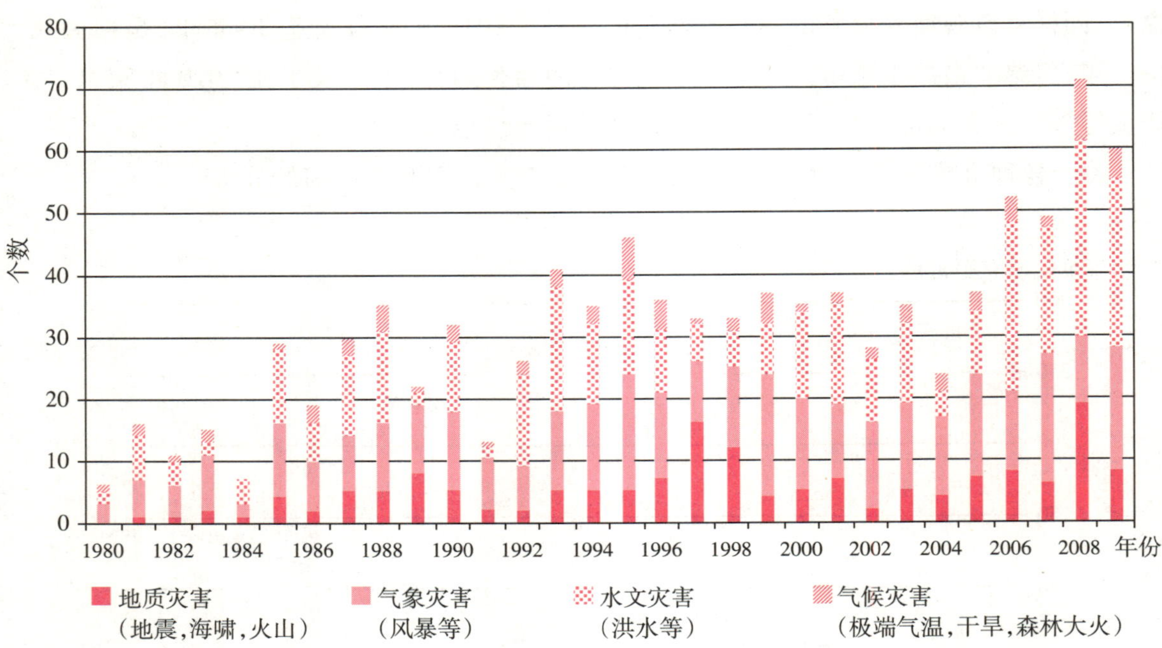

图 6　1980—2009 年中国自然灾害发生频次(含巨灾和非巨灾)

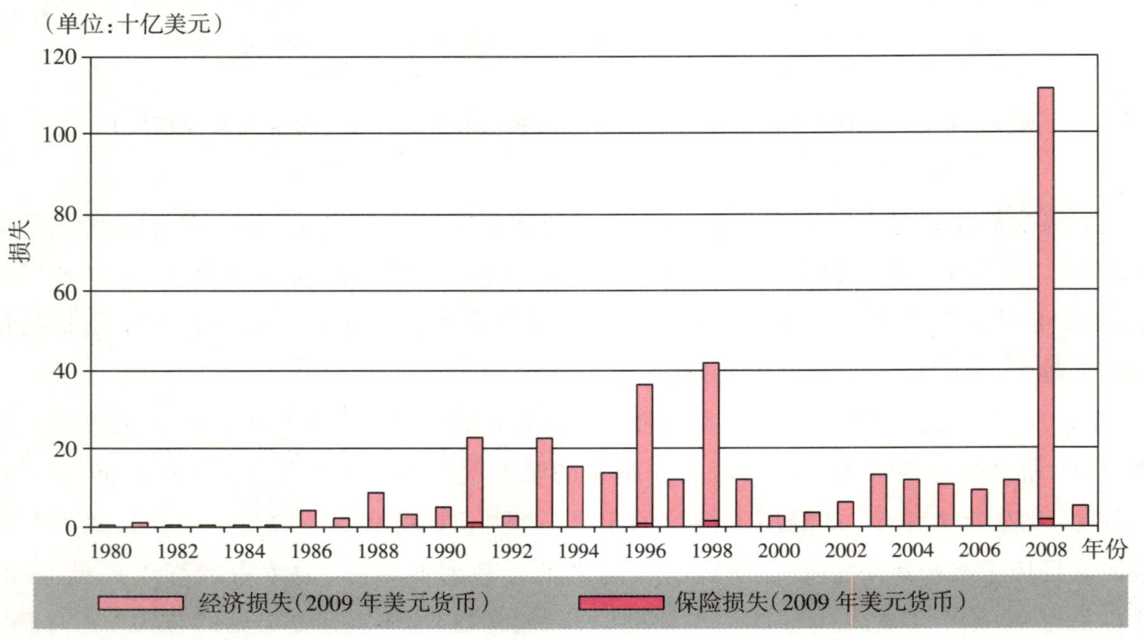

图 7　1980—2009 年中国自然灾害经济损失和保险损失(含巨灾和非巨灾)

(三)从空间上看

2010 年自然灾害在全球范围的分布与往年别无二致。多数灾害发生在美洲(365 例)

和亚洲(310 例),120 例灾害在欧洲,90 例在非洲,65 例发生在大洋洲。美洲也是保险损失最重的地区,占全球约 2/3。大约 17% 的损失发生在欧洲,其中最严重的灾害是冬季风暴 Xynthia。Xynthia 主要影响西班牙和法国,造成大约 61 亿美元的经济损失,其中保险承担约 31 亿美元。

表 4　2010 年保险损失最大的 5 次自然灾害

时间	地区	事件	死亡(人)	经济损失(百万美元)	保险损失(百万美元)
2010 年 2 月 27 日	智利	地震	520	30 000	8000
2010 年 9 月 4 日	新西兰	地震		3700	3300
2010 年 2 月 26—28 日	欧洲	冬季风暴 Xynthia	65	6100	3100
2010 年 5 月 12—16 日	美国	风暴,冰雹	3	2700	2000
2010 年 10 月 4—6 日	美国	风暴,龙卷风		2000	1450

2010 年,北美地区尽管有大量飓风在大西洋形成,但幸运的是没有飓风登陆美国,其保险损失占全球保险损失的 41%,较其往年平均水平(66%)低。南美洲和大洋洲则分别占 20% 左右,远高于往年平均水平,这主要是因为智利的地震、新西兰的地震和澳大利亚的洪水造成了大量的保险损失。欧洲 2010 年保险损失占全球 15%,低于往年的平均水平(20%),亚洲和非洲保险损失相对较小。非洲的保险损失在全球最小,这主要是因为非洲的自然灾害相对较少,加之保险水平不高。亚洲的保险损失小,则绝非自然灾害少,正如前面已经提到,亚洲是全球自然灾害最多的地区之一,其保险损失小,主要是因为保险的渗透率不高。

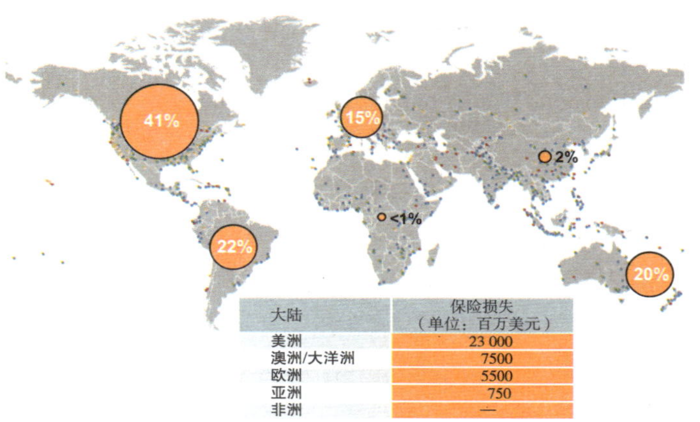

大陆	保险损失(单位:百万美元)
美洲	23 000
澳洲/大洋洲	7500
欧洲	5500
亚洲	750
非洲	—

图 8　2010 年自然灾害全球保险损失 370 亿美元在全球各大洲分布

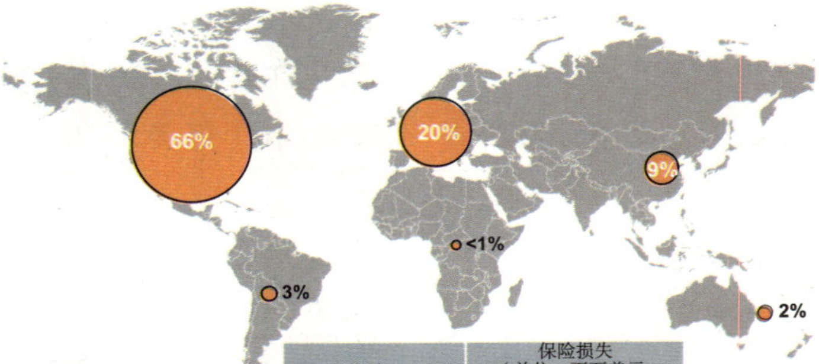

66%
20%
9%
<1%
3%
2%

大陆	保险损失（单位：百万美元，2010年美元货币）
美洲	475 000
欧洲	142 000
亚洲	66 000
澳洲/大洋洲	15 000
非洲	2 000

图 9　1980—2009 年自然灾害全球保险损失 7000 亿美元（原始数据加和）在全球各大洲分布

如果我们将人均财产保费作为财产保险渗透水平的一个指标，可以绘出如下全球财产保险渗透水平图。显而易见，我国的保险渗透水平还较低。

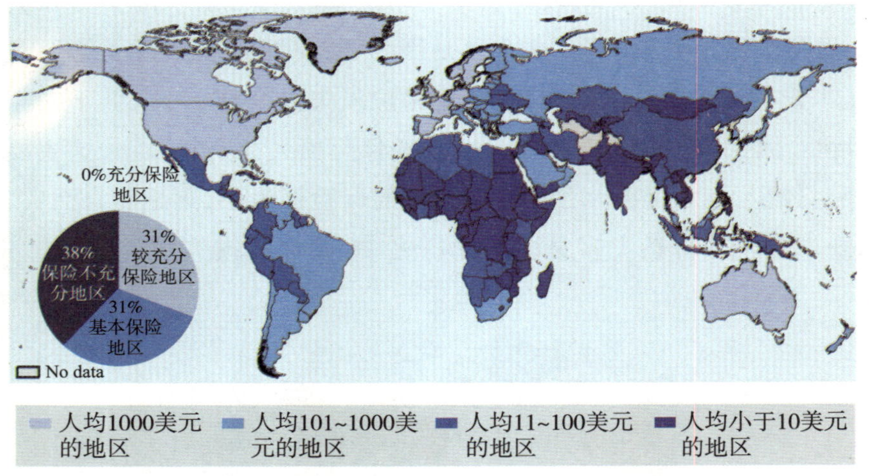

图 10　财产保险渗透水平（以人均财产保费评价，颜色由浅至深分别表示：人均大于 1000 美元，人均在 101 ~ 1000 美元，人均在 11 ~ 100 美元，人均小于 10 美元）

从图 11 可以看到，亚洲和大洋洲是过去 30 年自然灾害增加最快的地区，其次是北美洲。

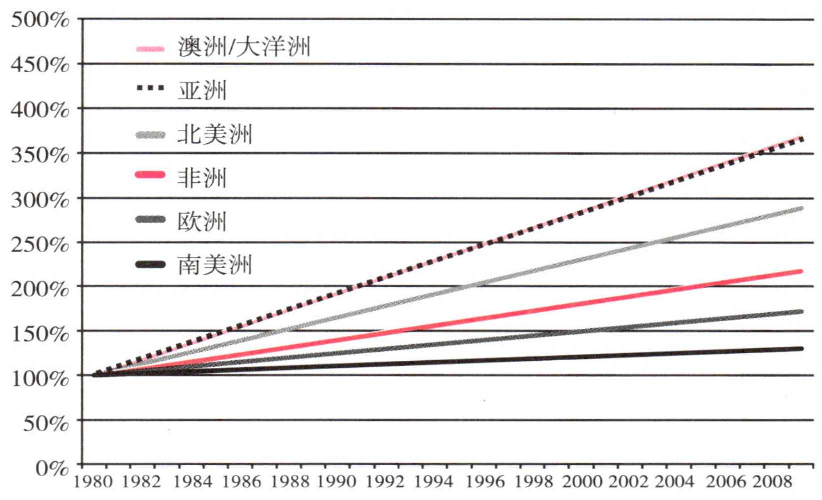

图 11　1980—2009 年自然灾害频次在各大洲的发展趋势

2010 年,大洋洲的损失占据全球约 16%。其中破坏最强的是 9 月 4 日在新西兰第三大城市 Christchurch 发生的地震,此次地震带来的损失也是数以十亿美元计。在澳大利亚,3 月份的两场冰雹分别造成了数以十亿美元计的经济损失。目前对于澳大利亚东北部的洪水定损还为时过早。从 12 月初开始,澳大利亚的很多地区都被洪水淹没,与外界隔绝,很多矿场不得不停工。强降雨在这些地区并非罕见,但 La-Nina(拉尼娜)使得今年情况尤为糟糕。

(四)从灾种上看

去年自然巨灾中十分之九与天气相关,例如,暴风雨和洪水。气候变化对此可能难脱其咎。在 2010 年飓风季开始时,北大西洋水面温度高于其长年平均水平约 2°C,远非自 1995 年开始的循环暖期可以单独所致。高水温为飓风的孕育和强度的加大提供了便利条件。从 8 月开始的如拉尼娜等空气条件也利于大西洋热带气旋的形成。这和过去 30 年的趋势是吻合的。过去 30 年,我们观察到所有洋区的温度都在上升,这种长期的趋势是仅靠自然气候震荡无法解释的。事实可能是,气候变化正在促使地球上海洋的升温。这种气候变化的影响还会变强,并会与北大西洋的暖期效应叠加,从而使未来一些年里飓风的活动性保持在一个更高的水平。2010 年最强的飓风是 Igor。飓风 Igor 在海面上风速达到了 250 km/h,但其到百慕大时风速有所减缓。经济破坏最大的飓风 Karl 在墨西哥造成了 39 亿美元的经济损失,其中保险偿付 1.5 亿美元。而所有在古巴和加勒比海岛东部的热带大西洋中部生成的飓风都在洋区北转了。

从灾种来看,水文灾害是过去 30 年增长最快的灾种,其次是气象灾害,气候灾害反而增长速度相对要慢一些,但这绝不意味着气候变化不是水文灾害和气象灾害增长的关键因素(见图 12)。

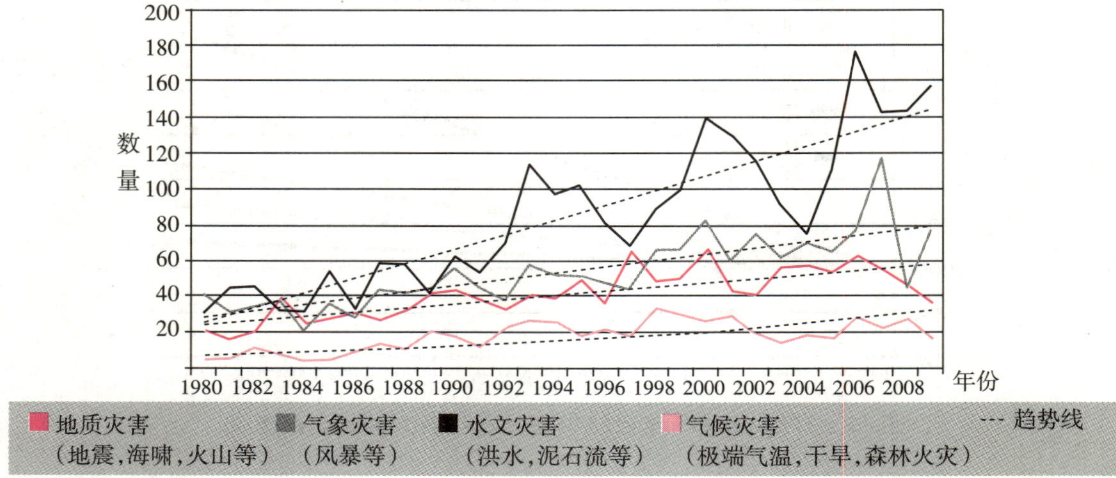

图 12　各灾种近 30 年增长趋势

2010 年不得不单独提及的现象是暑期的拉尼娜及其所带来的全球影响。众所周知,拉尼娜是太平洋洋面温度及洋流的常态的强化,热空气聚集在太平洋的西海岸,在太平洋西海岸制造大量的天气现象,尤其是带来大量的高强度的降水而引发洪水泛滥。拉尼娜的反面是 El-Nino(厄尔尼诺)现象。详细讲,厄尔尼诺对全球气候的影响主要有:

- 中、东太平洋及南美太平洋沿岸国家异常多雨,甚至引起洪涝灾害;
- 热带西太平洋降水减少,造成印度尼西亚、澳大利亚严重干旱;
- 非洲东南部和巴西东北部的干旱、加拿大西部和美国北部暖冬以及美国南部冬季潮湿多雨;
- 日本及我国东北的夏季低温、日本和我国的降水等也具有一定的相关性;
- 抑制西太平洋热带风暴生成,增加东北太平洋飓风。

厄尔尼诺对我国气候影响主要表现在:

- 厄尔尼诺年,东亚季风减弱,中国夏季主要季风雨带偏南,江淮流域多雨的可能性较大,而北方地区特别是华北到河套一带少雨干旱。拉尼娜年正好相反。
- 在厄尔尼诺年的秋冬季,北方大部分地区降水比常年减少,南方大部分地区降水比常年增多,冬季青藏高原多雪。拉尼娜年的秋冬季我国降水的分布为北多南少型。
- 在厄尔尼诺年我国常常出现暖冬凉夏,特别是我国东北地区由于夏季温度偏低,出现低温冷害的可能性较大。拉尼娜年我国则容易出现冷冬热夏。
- 在西太平洋和南海地区生成及登陆我国的台风个数,厄尔尼诺年比常年少,拉尼娜年比常年多。

拉尼娜对全球气候的影响可归纳为:

- 与厄尔尼诺大致相反,但影响程度及威力较厄尔尼诺小;
- 印度尼西亚、澳大利亚东部、巴西东北部、印度及非洲南部等地降雨偏多;
- 赤道太平洋东部和中部地区、阿根廷、赤道非洲、美国东南部等地易出现干旱。

将表征厄尔尼诺强弱的南方涛动指数(Southern Oscillation Index, SOI)的历史记录(1930—2010)绘出,可以观察到1982—1983年和1997—1998年是近80年来两次最大的厄尔尼诺年(见图13)。1982年的厄尔尼诺在全球造成了至少2000人死亡和130亿美元的经济损失。它在大洋洲、非洲和印尼地区造成了严重干旱和火灾。秘鲁遭受有史以来最大降雨,降水达到3.4米。加州也经历了大范围的强降水和滑坡。1997—1998年的厄尔尼诺使亚洲台风活动活跃,同时给印尼、马来西亚、新加坡等地带来了严重干旱。

2009年也是一次厄尔尼诺年,其于8月形成,之后台风活动频繁。如我们所知,拉尼娜通常发生在厄尔尼诺的次年,是其矫枉过正的现象。2010年夏,拉尼娜开始凸显,其影响加强了我国大范围的降水,使之饱受洪涝之苦。这和1998年的洪水很类似,也是发生在随厄尔尼诺之后的拉尼娜年。

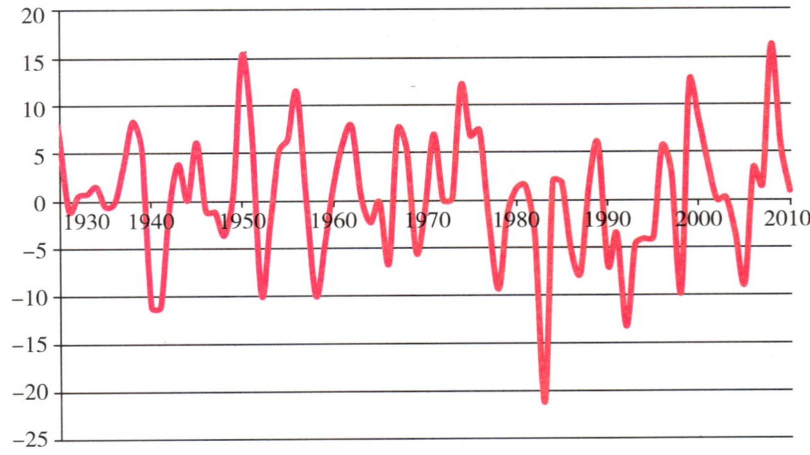

图13　涛动指数(SOI)(大溪地—达尔文):12月至次年2月

不幸的是,有研究表明,气候变化或许正使厄尔尼诺的发生越来越频繁。图14在事件轴上标出了自1900年以来的所有的厄尔尼诺年,其中1982年和1997年两个大的厄尔尼诺年被用相对大些的菱形标注。

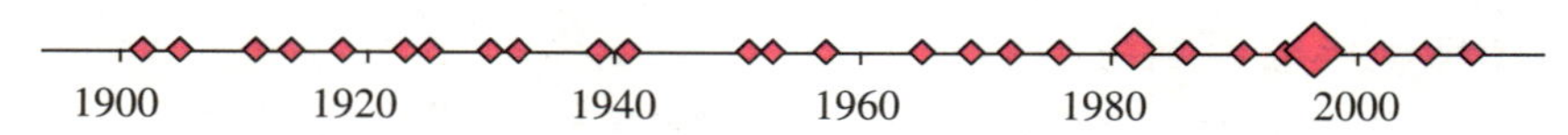

图 14　自 1900 年以来厄尔尼诺年

在 1900 年到 1980 年的 80 年间，共有 18 次厄尔尼诺现象，平均每 4.4 年发生一次。从 1980 年到 2010 年的 30 年间，厄尔尼诺现象共发生 8 次，平均每 3.7 年发生一次。而且过去 110 年里最强的两次厄尔尼诺都发生在过去 30 年里。

关于气候变化和厄尔尼诺及拉尼娜的相关性还在不断研究中，相信我们对其了解也会逐渐深入。

以上我们简略地回顾了 2010 年自然灾害在时间上和空间上的特性，接下来我们分四大灾种作更进一步的分析。

二、典型事件详细回顾及分析

研究自然灾害，不能不放眼全球，本章将分灾种（地质灾害、气象灾害、水文灾害和气候灾害）对全球 2010 年灾害回顾并分析其重点特性，发生在我国的灾害将重点分析。

（一）地质灾害

2010 年是地震灾害在我们的星球上留下浓重痕迹的一年，下文将通过回顾 1 月 12 日的海地地震、2 月 27 日的智利地震以及我国 4 月 14 日的玉树地震，对地震灾害进行分析。

1. 海地地震

2010 年 1 月 12 日 16 时 53 分，海地发生震级 7.0 级地震，震中距离海地首都太子港仅 15 公里，震深为 13 公里，且此后不断发生余震。余震展布方向呈北北东（NNE）方向，余震长轴为 95 公里，短轴长度为 40 公里，余震面积为 3800 平方公里。

从板块构造的角度看，海地地震发生在加勒比海板块和北美板块的边界处。此边界两边的板块相对移动由两部分组成：平移断层和逆断层运动。移动速度大约是每年 20 毫米。平移断层运动是指加勒比海相对北美板块的东移。1 月 12 日的海地地震发生在 Enriquillo-Plantain Garden 地震带上，此地震带在过去几十年都没有大地震发生。近来的 GPS 测量到的数据表明此地震带处的应变正以每年 8 毫米的速度累加。历史上此处在 1615、1673、1684、1691、1751、1761、1770、1860 年发生过地震，其中 1770 年的太子港地震和 2010 年的太子港地震发生在同一段地震带。不过 1770 年的太子港地震造成了更长的断裂，强度约 7.5 级。但自此次地震带就没有大地震发生。根据美国地质勘探局（United States Geological Survey，USGS）的初始中心定位数据库（Preliminary Determination of

Epicenters, PDE)记录到海地在从1973年到2009年的37年里发生了15次地震,平均震级4.5,平均震源为32.4公里,没有一次6级以上的大地震。最大的一次地震发生在1994年3月2日,震级5.4,震源较深,达59公里。但2010年1月12日发生在海地的这次地震及其后长期的密集的余震共计87次,平均震深为9.98公里,震级为4.51。

以烈度而言,首都太子港在X度烈度边缘,通常X烈度地区受损最为严重,一般建筑物会发生毁灭性破坏,太子港大量建筑物被损毁,人员伤亡严重。此次地震造成超过22万人死亡,超过30万人受伤,经济损失巨大。

此次地震灾损严重的原因主要有三点:(1)震级大(7.0级),震源较浅(13公里);(2)发生在首都太子港附近人口密集区;(3)由于海地很长一段历史上无大震,房屋抗震性普遍较差,人们的防震、逃生意识普遍较弱。

普度大学的Eric Calais博士计算了海地地震主震所带来的库仑应力(Coulomb stress)变化(见图15)。库仑应力表征板块间的积累应力,库仑应力越大,通常地震风险也越大。图15中红色表明区域库仑应力增加,从而地震风险变大。可见,太子港附近很多地区在主震后库仑应力变大,变得更不稳定。事实上也如此,主震后的多数余震都发生在红色区。

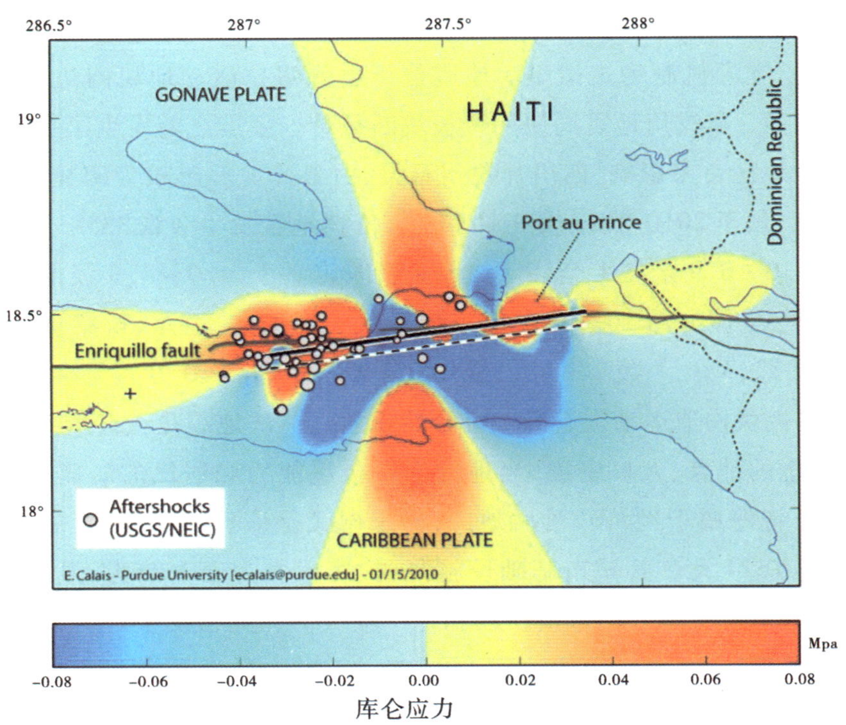

图15 海地地震主震所带来的库仑应力变化

2. 智利地震

北京时间2010年2月27日14时34分,智利的康塞普西翁发生里氏8.8级特大地震,震源位于地下55公里,为有记录以来第五大地震,有799人死亡。并且随后由地震引发了海啸,太平洋沿岸,以蒙特港为中心,南北800公里,几乎被洗劫一空。此次海啸还对太平洋东西两岸的部分国家造成了一定损失。

历史上,智利就是一个"多地震、多火山"的国家。历史上发生大于6级地震20余次,特别是其中1960年发生了20世纪震级最大的震群型地震。根据板块运动学说,板块与板块交界处地壳比较活跃,而智利位于南极洲板块和美洲板块交界处,所以导致智利经常遭受地震困扰。

智利地震是海地地震释放能量的120倍,但其造成的损失却远远小于海地地震。其原因主要有三点:一是智利的发展水平较高,有着严格的房屋质量控制体系,海地经济发展水平落后,建筑房屋甚至没有防震标准;二是智利地震的震中距离城市中心较远,而海地地震则发生在人口稠密的首都太子港附近;三是智利人关于防震、逃生知识掌握的较多,有利于争取更多存活时间。

3. 中国青海省玉树地震

2010年4月14日,青海省玉树藏族自治州玉树县(北纬33.1,东经96.7)发生7.1级特大浅表地震,震中为北纬33.1°,东经96.7°,震源深度为14公里,发生在甘孜—玉树—风火山断裂带上,震源机制为走滑型。地震位于巴颜喀拉活动地块南边界西金乌兰湖—玉树断裂带的南端,与汶川地震同属一个板块断裂带。主震之前发生了4.7级前震,此次地震对四川部分地区带来影响,四川甘孜州石渠、白玉等地震感较为明显。根据中国地震台网中心的消息,截至2010年12月3日15时,玉树地区发生余震3358个,其中3.0级以上余震41个,6.0~6.9余震1个,5.0~5.9级地震2个,4.0~4.9级地震10个,3.0~3.9级地震28个,具体见图16。此次地震带来巨大的损失,道路、桥梁遭到严重破坏,通讯中断,270人失踪,死亡人数2698人,受伤大于12 100人,10万人无家可归。

地震是地球板块构造运动引起的一种自然现象。一次地震是否会造成严重的灾害,与地震的强度、发生的地点、人口密度、当地建筑的抗震能力和居民的防震减灾意识就有十分紧密的关系。青海属于经济较落后地区,而玉树又是该省最偏僻、落后的地区之一,农牧民人均收入仅1624元。其城市基础设施薄弱,房屋多为土木结构,强震后土木结构房屋几乎全部倒塌,造成了很大的人员伤亡和财产损失。在灾害发生之后,由于此地区属于高海拔地区,以山地为主,平均海拔达到4493米,交通不便,且距离省会较远,医疗设施落后,救灾设备奇缺,给灾后的救援工作带来很大困难。

仔细回顾历史,我国西部地区在比较近的历史上发生过几次大地震,比如,2001年11月14日发生在昆仑山口西的8.1级强震,以及1950年8月15日西藏墨脱8.5级地震。

尽管这些地震发生在相对偏远地区从而未造成特别大的灾害，也因此没有给民众留下深刻印象，但显而易见，在印度洋板块和欧亚板块的挤压下的我国西部地区，尤其是西南地区，地震活动比较活跃。

在这里，特别需要强调一个观念，即地震后板块之间积蓄的能量被释放，从而使得这一区域的地震风险在中短期大大降低。地震既是一个能量释放的过程，也是一个能量转移的过程。在一次地震中，滑移断裂的地震带原先积累的能量一部分被释放，另一部分被转移。地震后有一些区域的积累应力释放从而地震风险降低，但也有些地区累计应力反而增长了，这些地区通常会变得更不稳定，地震的风险也更大。事实上，历史上有很多地震都短时间内在一个地区扎堆发生，这些地震被称为地震风暴，如公元 365 年至 380 年间在今土耳其及附近地区发生的一连串大地震造成了大范围的严重破坏和伤亡，如前述的 1770 年和 1751 年在海地发生在 Enriquillo-Plantain Garden 地震带的两次强震。又如 20 世纪同样在土耳其的沿着北 Anatolian 断裂带从东往西逐次发生的一系列著名大地震（见表 5 和图 17）。土耳其在 1999 年 Izmit 地震之后一年建立了全国范围强制性的土耳其巨灾共保体 The Turkish Catastrophe Insurance Pool（TCIP），至今运行良好。

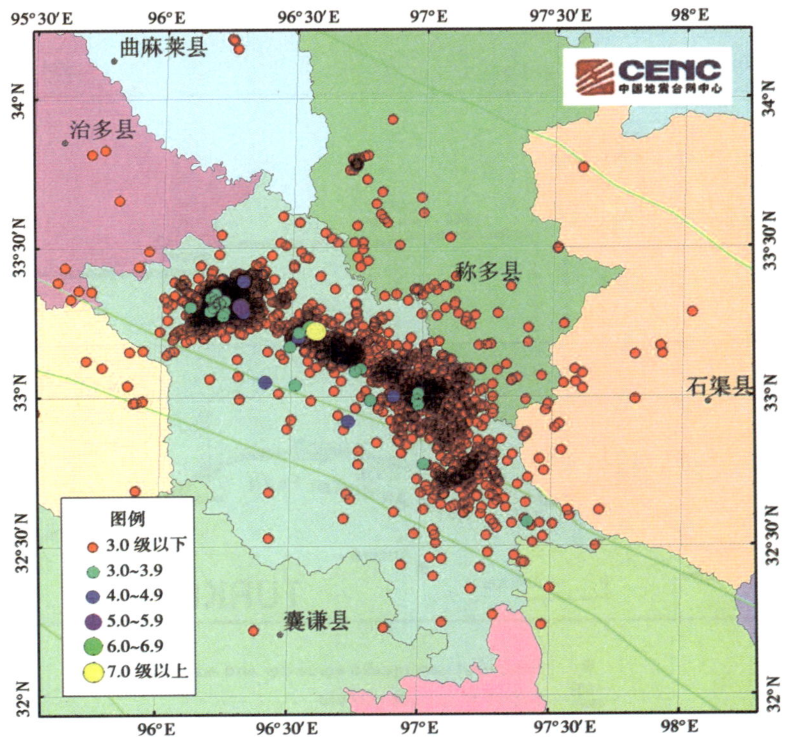

图 16　青海省玉树县 7.1 级地震余震震中分布图

（2010 年 12 月 3 日 15 时 00 分统计，中国地震台网中心）

表5 沿土耳其 Anatolian 断裂带的近代重大地震

事件	强度	伤亡
1939 Erzincan 地震	7.9	32 962 死亡
1942 Niksar-Erbaa 地震	6.9	
1943 Tosya-Ladik 地震	7.7	
1944 Bolu-Gerede 地震	7.5	
1949 Karlıova 地震	7.1	
1951 Kurşunlu 地震	6.9	50 死亡，3354 伤
1957 Abant 地震	6.8	
1966 Varto 地震	6.9	2394 死亡，1489 伤
1967 Mudurnu Valley 地震	7.1	86 死亡，332 伤
1971 Bingöl 地震	6.8	
1992 Erzincan 地震	6.5	
1999 Izmit 地震	7.4	17 480 死亡，23 781 伤
1999 Düzce 地震	7.2	894 死亡

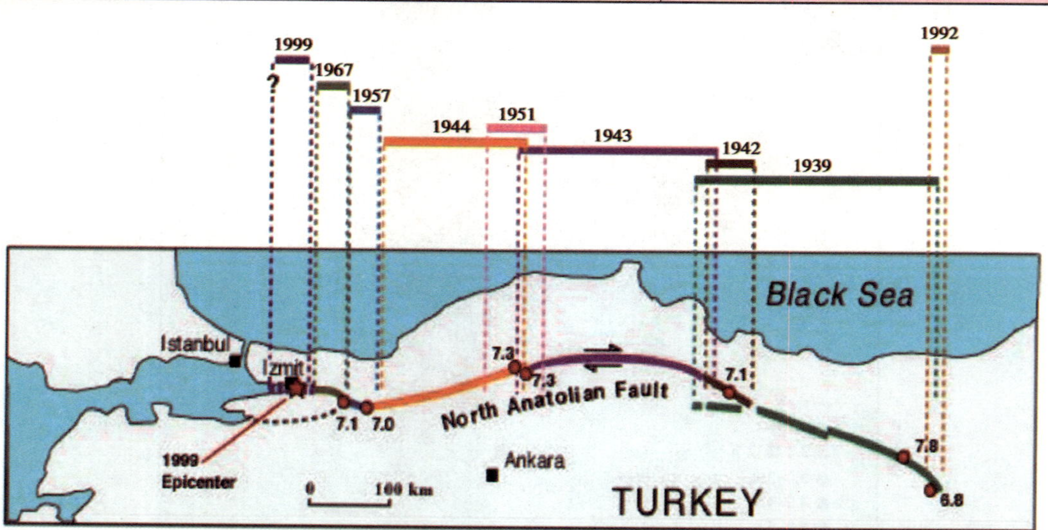

图17 土耳其在20世纪沿着北 Anatolian 断裂带(大致)从东往西的一系列地震(美国地质勘探局 USGS)

在一次地震中,多大比例能量被释放或转移,转移的部分如何影响到其他地震带,都没有统一的答案。关于玉树地震是否和汶川地震相关,以及它们在如此短时间的相邻发生是否表明我国西南地区地震的活跃,很多专家都认为这些问题的答案是肯定的,但需要更多的分析得以确证。

尽管科学家在地震风险的研究上卓有成效,但地球不是透明水晶球,对于地震还有很多未知的秘密,其中很多或许永远不被我们了解。不仅如此,地震的随机性也决定了我们关于它的很多知识只能是建立在概率空间上的,而不是确定的。作为我们风险管理人,需要充分认识到自然灾害的不确定性,这种不确定性来源于两方面:我们对事物的认知具有不确定性;事物本身具有不确定性。我们风险管理的基础是希望减少第一类不确定性,努力认识掌握第二类不确定性,并以此为依据进行风险管理布局和谋划。

(二)气候灾害

1. 俄罗斯热浪

俄罗斯在6—7月出现连续的异常高温天气,6月、7月比常年平均气温高3度至5度。尽管世界上的其他地区包括北美洲、欧洲和中国的7月的平均气温都高于正常水平,但俄罗斯表现得更为突出,通常气温的波动值大于标准差的2倍即认为是气候极端事件,但是统计结果显示莫斯科的气温波动大于四倍标准差。6月下旬以来,虽然偶降阵雨,但整个莫斯科地区的天气一直持续干燥炎热,气温接近甚至超过30℃,远超过通常7月白天正常气温,即23℃至23.5℃之间,气温突破百年的最高纪录。俄罗斯西部的持续高温和降水稀少,导致了干旱发生,农作物受到较大的损害;森林草原野火肆虐,空气质量进一步恶化,总损失高达4亿美元,死亡人数5.6万余人。

这一地区历史上在1931、1955、1981、1988、2002年7月的平均温度高于历史平均水平3℃,1950、1957、1968、1976年和1994年7月的平均温度低于历史平均水平3℃。在有记录的130年间,冷暖7月呈波浪状变化,没有明显的趋势,但是2010年7月的平均温度却远高于历史水平,较历史平均气温高5℃,因此2010年俄罗斯的热浪是远出乎大家的预料。(见图18)

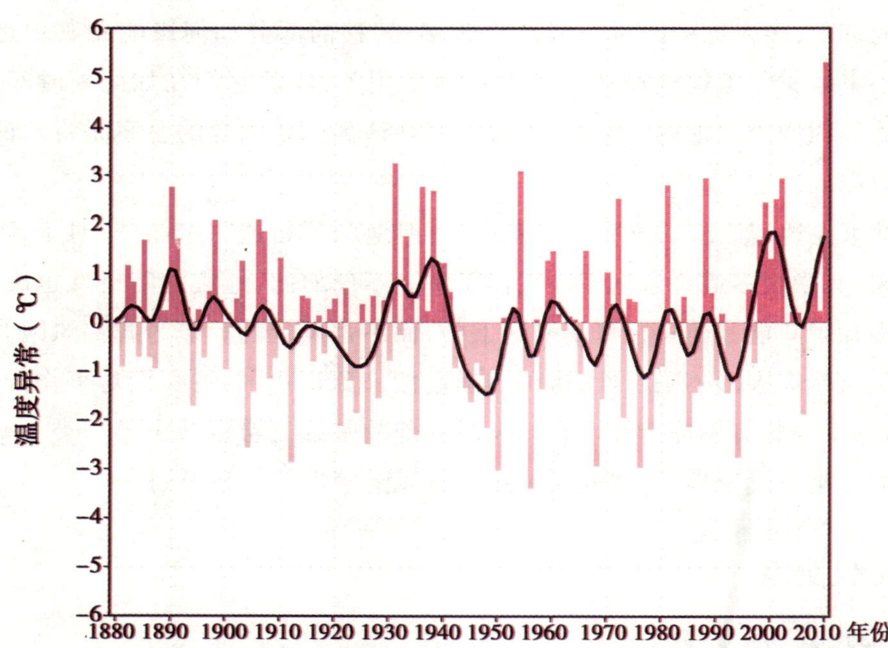

图 18　7 月地表温度相对于 1880—2010 年平均异常时间序列（北纬 50～60°，东经 35～55°）
（美国国家气候数据中心，The National Climatic Data Center，NCDC）

由美国国家科学基金委员会（National Science Foundation，NSF）提供主要资助的国家实验室美国国家大气研究中心（National Center for Atmospheric Research，NCAR）和美国环境预报中心（National Centers for Environmental Prediction，NCEP）联合推出平均再分析（Reanalysis）资料为我们了解气候变化提供了可靠的资料。

有研究显示，俄罗斯热浪的主要原因是北半球大气阻塞现象。大气阻塞现象是指北上暖空气被北方冷空气包围，形成一个单体，稳定存在一个地方数天，它的长久维持会使大范围地区的天气反常。通常这一现象在夏季是常见的，但是今年却一反常态地持久，因此有效地阻隔了俄罗斯的热力散发，使得高温天气在俄罗斯保持静态。阻塞现象可能与全球温度变化有着较为密切的关系。

2. 中国干旱

2010 年，我国西南地区发生秋冬春特大干旱，涉及云南、四川、贵州、广西西部等地。1 月，云南、贵州西部、四川南部、西藏中南部等地气象干旱持续并发展，四川北部、甘肃南部气象干旱初见端倪，影响耕地面积 848.2 万公顷。2 月，云南大部、四川中部和南部、贵州西部、广西西北部气象干旱持续；西藏东南部、甘肃南部、青海东部、贵州东部气象干旱发展，影响耕地面积约为 999.6 万公顷。直到 4 月，南方干旱才得到一定程度的缓解。我国南方旱区主要城市 2009 年 6—10 月前期降水量低于常年平均水平，2009 年 11 月至 2010 年 3 月期间温度高于常年，同期降水量较常年偏少，这是导致此次西南大旱的直接原因。

以云南省为例(见图19),云南省平均降水量为163.3毫米,比常年同期(9月1日—次年2月23日)偏少159.3毫米,为1952年以来同期最少值;全省平均气温为15.1℃,比常年同期偏高1.4℃,为1952年以来同期最高值。我国四川、云南、贵州、广西等南方省市都发生了较为严重的旱灾。

今年的南方五省市大旱,造成了严重的损失,具体的灾损情况见表6。

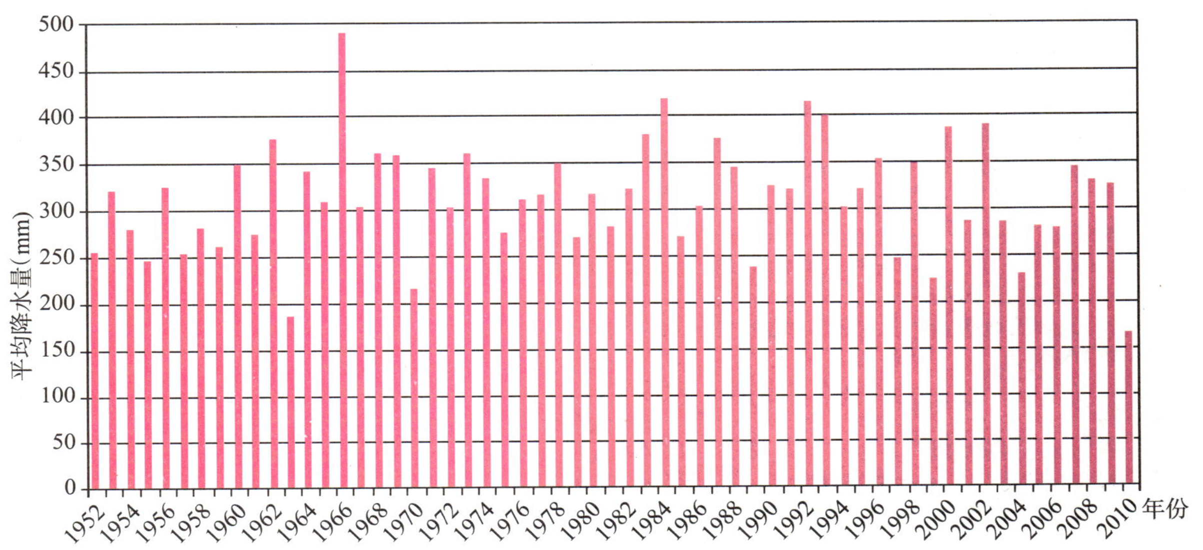

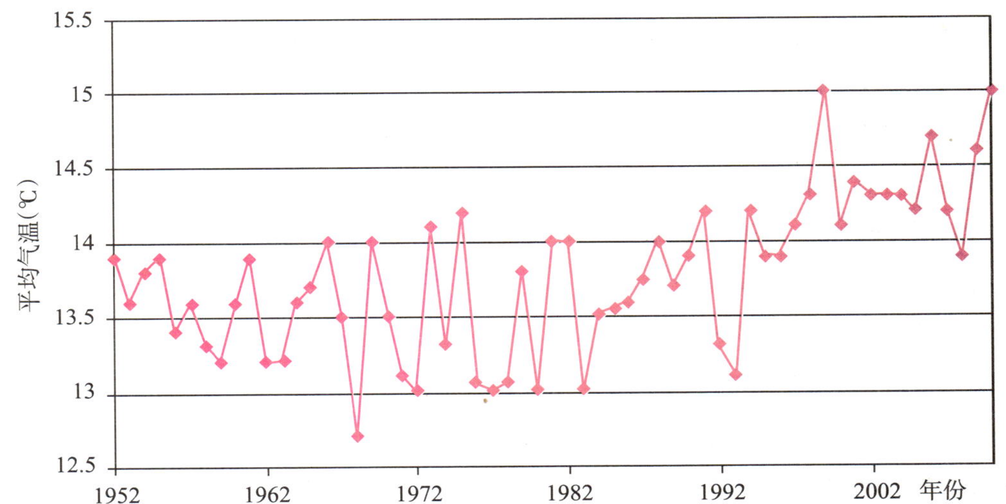

图19 (上图)本年9月1日—次年2月23日云南省平均降水量历年变化(1952—2010年)
(下图)本年9月1日—次年2月23日云南省平均气温历年变化(1952—2010年)

表 6　西南地区五省市灾情信息　　(损失单位:人民币元)

	云南	贵州	广西	四川	重庆
范围	滇中、滇东、滇西东部的大部地区旱情百年一遇。	84 县连续 226 天无雨成特重旱灾区。	广西 77 县(市)发生气象干旱,其中特旱 8 次,重旱 21 次,中旱 12 次,轻旱 36 次。	13 个市(州)71 个县、市(区)受灾。	轻旱到中旱;34 个区县出现旱情。
农业	3000 多万亩农作物受灾,小春作物基本绝收。农业部门预测,粮食产量将下降 50%,甘蔗将减产 20%。	农作物受旱面积 1244.5 万亩,占夏收农作物播种面积的 60% 左右,其中重旱 434.2 万亩,干枯 177.5 万亩。267 万头大牲畜饮水困难。	农作物受旱面积 1126.38 万亩,其中轻旱 733.84 万亩,重旱 358.52 万亩,干枯 34.02 万亩;水田缺水 227.65 万亩,旱地缺墒 508.17 万亩。111.17 万头大牲畜饮水困难。	222.9 万头大牲畜饮水困难;农作物受灾面积 51.1 万公顷,成灾面积 24.8 公顷,绝收面积 5.7 万公顷。	农作物受害 270 万亩,其中重旱 65 万亩、干枯 9 万亩;水田缺水 230 万亩、旱地缺墒 150 万亩,42 万牲畜临时饮水困难。
生活	742 万人饮水困难,缺粮人数也达到 700 多万。	受灾总人口 1728 万人,有 557 万人饮水困难;需要口粮救济的人口为 312.9 万人。	218.12 万人饮水困难,需要送水才能解决生活饮水的人数为 31.86 万人,其中百色市 18.89 万人,河池市 12.97 万人。	受灾人口 828.8 万人,184.9 万人饮水困难,全省 138.2 万群众需救济。	94 万人出现饮水困难。
损失	直接经济损失超过 200 亿元。	直接经济损失 28.77 亿元。	因旱农业经济损失 4.66 亿元。	直接经济损失 13.8 亿元。	

2000 年干旱严重,北方受灾严重,南方较轻;2001 年属于特大旱年,我国大部分地区降水偏少,温度偏高,出现了大范围干旱;2002 年干旱中等偏重,降水总量多于常年,但地域分布不均;2003 年江南、华南和西南部分地区遭受干旱;2004 年南方遭受 53 年来罕见干旱;2005 年华南南部、云南秋冬春连旱;2006 年重庆旱灾百年一遇;2007 年全国 22 个省受旱;2008 年云南连续三个月干旱;2009 年我国华北、黄淮、西北、江淮等 15 个省市连续 3 个多月未见有效降水;2010 年西南五省市干旱。

据王静爱、史培军、王平和王瑛编著的《中国自然灾害时空格局》(科学出版社 2006 年版),按照旱灾灾频的计算结果,1949—1965 年中国县域旱灾格局(见图 20)总体呈东西差异,从西到东有 4 个梯度带,分别为西部低旱灾频率带、中西部较高旱灾频率带、中东部高旱灾频率带和东部沿海较低旱灾频率带。其中,灾频大于 0.20 的高值县有 115 个,约占全国县域总数的 5%。呈分散分布,在北方相对集中分布在黑龙江西部、内蒙古中部、河北北部和宁夏;在南方主要分布在中部 5 省(安徽、湖北、湖南、江西和河南)和四川东部、贵州北部和云南。灾频大于 0.08 的县域有 480 个,约占全国县域总数的 22%。1978—2000 年中国县域旱灾格局(见图 20)仍呈现东西分异。重灾区在北方变化不大,高值区仍在黑龙江西部、内蒙古中部、河北北部和宁夏,其中华北平原有所减少;在南方重灾区变化较大,其中中部五省区(安徽、湖北、湖南、江西和河南)整体旱灾频率减小;贵州则明显增大。全国灾频大于0.20的高值县有64个,约占全国总县数的2.8%,较1949—1965年减少一半;灾频大于0.08的县域有693个,约占全国总县数的34%,较1949—1965年增加12个百分点。对比两个时段的旱灾格局,主要有3个特征:

• 全国县域旱灾空间格局总体呈东西分异,这与前时段的研究结果基本一致;在后一时段,北方旱灾频率高于南方。旱灾灾频有明显的沿一定走向的地带变化,这种分异可能是阶梯地势、降水带空间摆动和承灾体综合作用的结果。北方旱灾高值区的展布可能与东南季风影响和农牧交错带生态环境退化直接相关。

• 后一时段与前一时段相比,全国发生旱灾的范围整体扩大,前一时段发生旱灾的县数占全国总县数的83%,后者约为94%;旱灾区域向西扩散,重旱灾区域向东北和西南推进这主要体现了人类活动,特别是旱地开垦的扩展方向。

• 从承灾体土地利用类型看,旱灾高值中心在牧区较稳定,大体都在内蒙中东部附近;在农区变化较大;高值中心大体由南向北转移;由单中心向双中心发展。

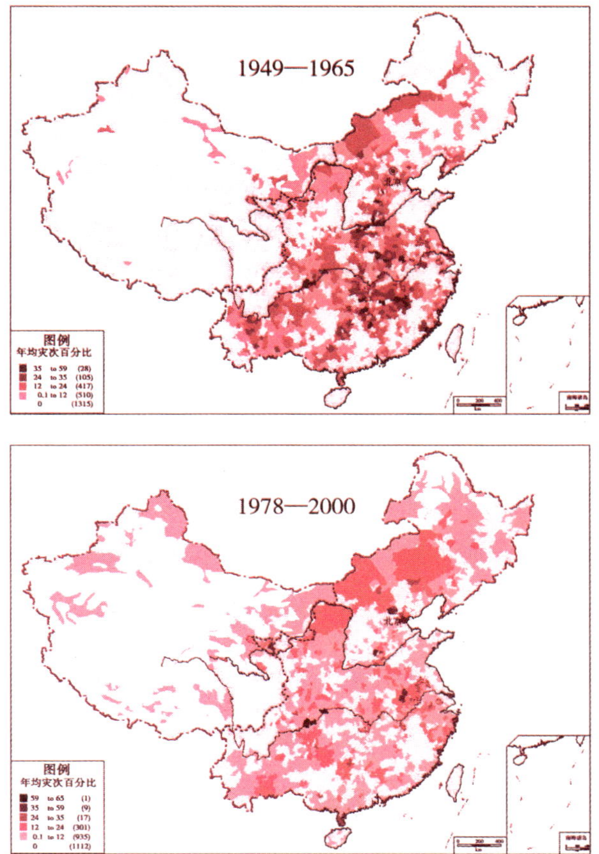

图20　1978—2000年中国县域年均旱灾次百分比图(灰色越深表明越易受旱灾影响)

(王静爱、史培军、王平、王瑛,《中国自然灾害时空格局》)

(三)水文灾害

1. 巴基斯坦的水灾

巴基斯坦境内最长的印度河源自中国西藏，自东北流向西南贯穿该国。在印度河平原，其河床高于平原，易洪水泛滥成灾。巴基斯坦每年平均降水量不到250毫米，雨季集中在7月至8月，降水通常是由来自印度洋的季风暖湿气流向北推进到南亚地区北部，与自北而来翻越帕米尔高原的冷空气相遇形成的。

今年7月以来，由于东欧平原上空形成了一个强大的向北伸展的暖高压并稳定持续着，导致高压东侧的偏北气流不断引导极地干冷气流南下翻越帕米尔高原进入巴基斯坦，与季风暖湿气流在巴基斯坦至阿富汗中南部地区不断交汇，从而形成该地区持续出现强降水。7月21日—9月14日，巴基斯坦大面积连降暴雨，引发了严重的洪涝灾害。约16万平方公里的地区受灾，124万栋房屋被破坏，其中40万栋被完全摧毁，5600座学校和200多所医院受到破坏，1万多座电力设施遭到破坏，通信线缆，供水设施也都受到严重破坏，数以百计的桥梁和道路被破坏，约7万平方公里的农田受灾，约20万头农畜死亡。纺织工业等领域严重受灾。共约2000万民众受灾，近2000人丧生。直接经济损失约95亿美元，保险损失约2500万美元。

2. 中国洪涝灾害

3月初至5月初，我国南方遭遇暴雨袭击，包括江西、福建、湖南、广西、重庆等省市。5月初至5月底，暴雨范围进一步扩大，湖南、江西、云南、贵州等地普降大雨。7月中旬至8月初，三大流域普发洪水。8月初，各地突发地质灾害，特别是8月7日舟曲暴发特大泥石流，9月和10月我国还有局部省区遭受洪涝灾害，具体见表7。

表7　2010年中国洪水情况

时间	地区	受影响人数	死亡或者失踪人数	受影响的农田(公顷)
4月(2次降雨事件)	南方地区(江西、湖南、湖北、广西)	350万	15	23万
5月5日至6月2日(7轮高强度降雨)	南方地区(湖南、江西、广东、广西、福建)	2000万	68	93.8万
6月2日至9日	新疆和天山地区南部			
6月6日至9日	黄淮及其以南地区(湖北、湖南、广东、广西、四川、重庆、贵州、安徽、江西)	800万	60	50万
6月13日至6月29日(三轮降水)	南方地区(江西、福建、湖南、广东、广西、重庆、贵州、四川、浙江、江西)	3600万	多于24人死亡，多于110人失踪	

续表

时间	地区	受影响人数	死亡或者失踪人数	受影响的农田(公顷)
7月1日至15日	长江流域地区(湖北、广西、重庆、贵州、四川、浙江、云南)	2860万	107人死亡,59人失踪	189.9万
7月15日至31日	四川、陕西、甘肃、辽宁、吉林、河南、山东、湖北		207人死亡、268人失踪	
7月28日至8月10日	吉林、辽宁、山东、四川、河南、陕西		多于20人死亡	
8月12日至24日	四川	950万	34人死亡、80人失踪	33.7万
8月25日至9月15日	东北东南地区、江淮、江汉等	470万	2人死亡	46.3万
9月6日至12日	江苏	145万		11.3万
9月5日至11日	山东		4人死亡	
10月1日至8日	海南	133万	1人死亡,3人失踪	5.2万

以一次暴雨事件(见图26)为例,江西福建部分地区6月17日至20日普降暴雨,部分地区达到200毫米以上,超过或者达到历史同期最高水平。强降雨导致赣江、抚河、信江干流出现超警戒,洪水造成部分县城被淹,公路、铁路、供电、供水中断。

2010年,我国多省市出现的洪涝灾害,主要是以下几个原因:

- “北极震荡”致冷空气持续南下。
- 拉尼娜现象,赤道太平洋东部和中部海面温度持续异常偏冷的现象,太平洋西部水温偏暖,带来更多的降水。
- “雨岛效应”导致城市温度高,郊区温度较低,城市上空气流上升,城市空气中凝结核较多,促进暖云降水,城市下垫面粗糙,减缓降水雨系速度,延长城区降水时间。

3. 中国甘肃舟曲泥石流

2010年8月7日晚,中国甘肃舟曲发生强降雨,约8日凌晨0时,土体在强降雨的作用下形成泥石流,冲入舟曲县城,县城由北向南5公里长、500米宽区域被夷为平地。4000多间房屋受损,电力线、通信线中断,桥梁道路被毁,近2000人死亡或失踪,5万人受灾,经济损失达5亿美元。

舟曲泥石流的发生主要有多方面的原因,包括:

- 地质原因:舟曲县城附近地质构造疏松,风化严重,山体不稳定。

• 舟曲距离汶川地震的震中仅200公里,是汶川地震的重灾区之一。2年前的汶川地震导致的舟曲县城附近山体更加疏松和不稳定,还远未得到完全消除,这也是舟曲泥石流的重要诱因之一。

• 自2009年第4季度开始至2010年上半年,舟曲经历了持续的干旱,部分山体岩土爆裂解体,雨水极易侵入,这也是对舟曲最终发生泥石流的一个雪上加霜的因素。

• 当然,最直接的因素还是8月7日夜晚突如其来的持续约40分钟的强降雨,降雨量达90毫米。

尽管没有直接证据表明人类活动是重要诱发原因,但也没有绝对的证据表明相反论点。作为对我们自身人类负责任的行为,尊重自然规律,加强植树造林,而非无节制的砍伐;保守度量人类活动潜在风险,谨慎规划水利建设,而非无度开发,是永远需要遵从的。

(四)气象灾害

广义地讲,洪水灾害、高温热浪等都是气象灾害,但在本文中我们定义的气象灾害是狭义的,主要指台风、亚热带风暴等,以区分于水文灾害(洪水等)和气候灾害(高温热浪等)。

2010年西北太平洋生成热带气旋14个,其中7个气旋登陆我国。具体如下:

- 台风“康泰”7月16日19时50分在海南三亚登陆
- 台风“灿都”7月22日13时45分在广东吴川登陆
- 台风“狮子山”9月2日650分前后在福建漳浦县沿海登陆
- 强热带风暴“南川”8月31日23时50分在福建惠安登陆
- 热带风暴“莫兰蒂”9月10日03时30分在福建石狮登陆
- 台风“凡比亚”9月20日7时在福建漳浦再次登陆
- 超强台风“鲶鱼”10月23日12时55分登陆福建漳浦县沿海

台风“鲇鱼”是近20年同期西北太平洋和南海上最强的台风,也是今年全球最强热带气旋,其路径见图21。其发展史为:10月13日20时在西北太平洋洋面生成;14日晚在西北太平洋洋面加强为强热带风暴;15日05时加强为台风;16日晚加强为强台风;17日08时加强为超强台风;18日12时在菲律宾吕宋岛东北部沿海登陆,减弱为强台风,随后进入南海东部,加强为超强台风;21日减弱为强台风;22日减弱为台风;23日12时登陆我国福建省,登陆中心附近最大风力13级,38m/s风速,最低气压970百帕,登陆后速度迅速减弱。

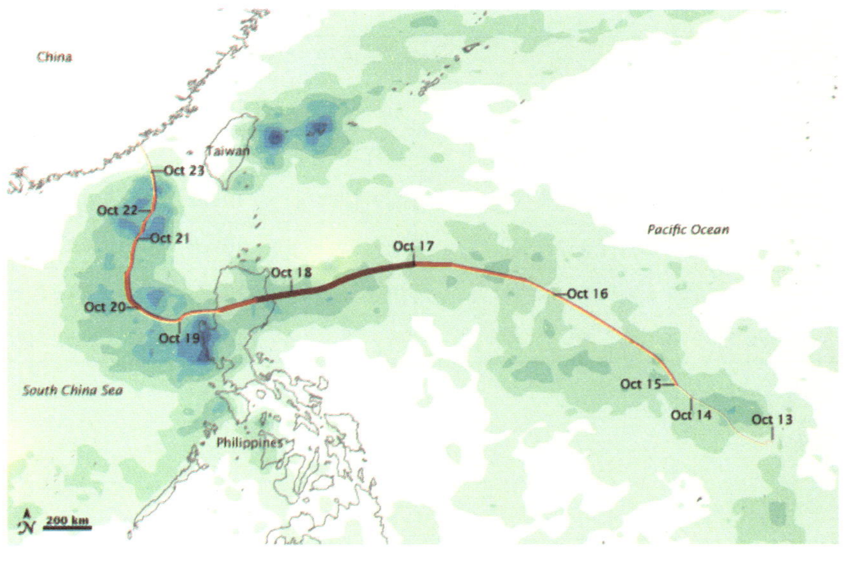

图 21　台风"鲇鱼"路径和降雨,最大降雨以深蓝表示,约 600 毫米,浅绿色代表最小降雨量,小于 75 毫米
(美国国家航空航天局,The National Aeronautics and Space Administration, NASA)

根据表 8 的统计结果,1949 年至 2009 年之间有 13 个台风在 10 月中下旬登陆我国,登陆地点大多数在海南东部到雷州半岛一带,其中 5 个台风的极值强度达到超强台风,3 个为强台风,4 个为台风。历史纪录显示,近 50 年 10 月中下旬没有台风登陆福建省,台风"鲇鱼"是 1949 年以来登陆福建最晚的一个台风。台风"鲇鱼"带来巨大的损失,福建全省有 73 万人受灾,倒塌房屋 530 间,紧急转移 31.32 万人,农作物受灾面积 3.6 万公顷,停工企业 253 个,公路中断 12 条次,损坏堤防 19.53 公里。台风"鲇鱼"对我国的广东、浙江、香港和江西也都有较大影响。台湾有 60 余所学校受灾,至少造成 5800 万新台币的损失。

表 8　1949—2009 年 10 月 15 日至 31 日登陆我国的台风一览表

年份	台风编号名称	极值强度	登陆地点	登陆时间	登陆强度
1957	无编号	1000 百帕, 20 米/秒	广东台山	10.15	1000 百帕, 12 米/秒
1967	6718 Carla	900 百帕, 80 米/秒	广东徐闻	10.19	995 百帕, 23 米/秒
1970	7013 Joan	901 百帕, 71 米/秒	海南琼海—文昌 广东徐闻	10.17 10.17	963 百帕, 50 米/秒 986 百帕, 23 米/秒
1973	7318 Ruth	960 百帕, 40 米/秒	海南崖县	10.18	973 百帕, 35 米/秒
1974	7423 Della	958 百帕, 50 米/秒	海南万宁	10.26	975 百帕, 35 米/秒
1975	7515 Flossie	970 百帕, 35 米/秒	广东吴川	10.23	980 百帕, 30 米/秒
1985	8512 Dot	897 百帕, 70 米/秒	海南崖县	10.21	970 百帕, 40 米/秒

续表

年份	台风编号名称	极值强度	登陆地点	登陆时间	登陆强度
1986	8621 Ellen	960 百帕，40 米/秒	广东湛江	10.19	992 百帕，20 米/秒
1987	8719 Lynn	910 百帕，70 米/秒	广东珠海	10.28	1007 百帕，12 米/秒
1988	8823 Pat	980 百帕，35 米/秒	海南万宁	10.22	982 百帕，33 米/秒
1988	8824 Rudy	960 百帕，45 米/秒	海南万宁	10.28	980 百帕，25 米/秒
1989	8929 Elsie	930 百帕，55 米/秒	海南三亚	10.21	985 百帕，27 米/秒
2004	0425 Nock-ten	950 百帕，45 米/秒	台湾宜兰	10.25	960 百帕，43 米/秒

三、统计分析

前一章节就2010年的巨灾事件逐次作了回顾和分析，但从我们风险管理的角度而言，更关心全局状况，以期从中评价未来，帮助我们有的放矢地规划风险管理。因此，本章将从统计角度对各灾种进行分析。

（一）地震

以美国地质勘探局USGS的PDE记录和自1973年以来所记录到的全球地震信息，包括震源、震级、深度等作为根据进行分析。PDE在2010年共记录到全球19639起地震；其中大于或等于5级的地震共2054起，大于或等于6级的地震共170起。将2010年全球所有地震绘制出来，我们可以清楚地看到地震大体集中于全球14个板块交界处，见图22。

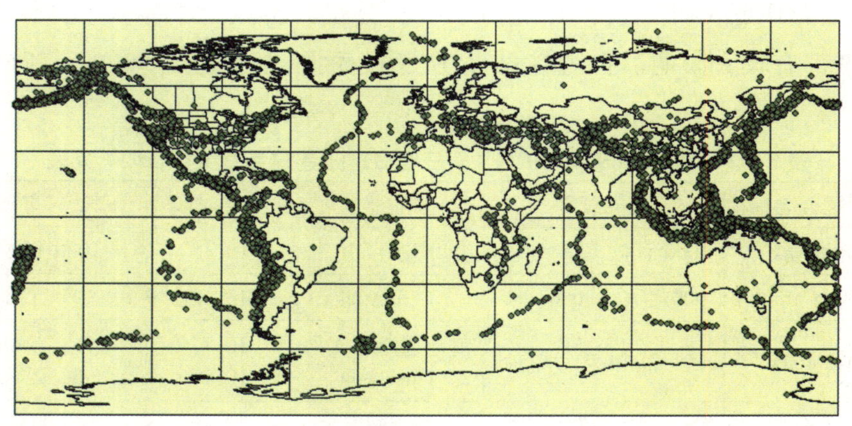

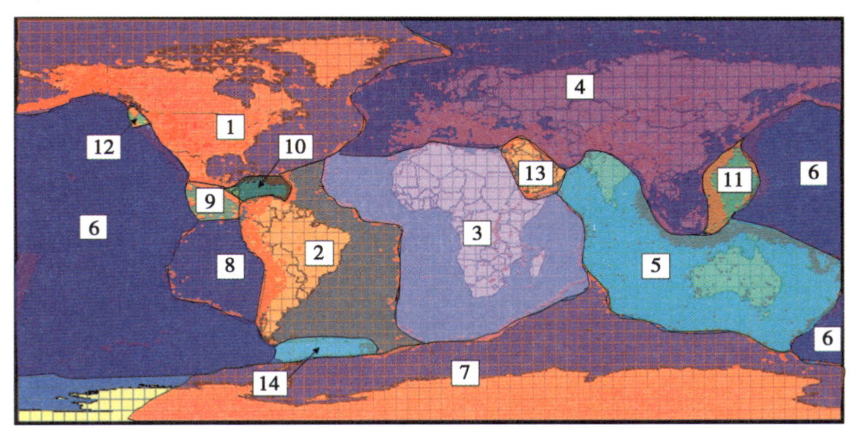

1 – 北美板块　　8 – 纳斯卡板块
2 – 南美板块　　9 – 科科斯板块
3 – 非洲板块　　10 – 加勒比海板块
4 – 欧亚板块　　11 – 菲律宾海板块
5 – 印度—澳洲板块　　12 – 胡安·德富卡板块
6 – 太平洋板块　　13 – 阿拉伯板块
7 – 南极洲板块　　14 – 斯科舍板块

图 22　（上图）2010 年 PDE 记录到的全球地震
（下图）全球 14 大板块

PDE1973—2010 年在中国共记录到 8954 次地震，其中台湾地区 722 起。

中国 1973—2010 年大于等于 5 级的地震共发生 1210 起，大于等于 6 级的地震共发生 116 起。2010 年中国共发生 211 起地震，其中大于等于 6 级的地震有 3 次，2 次在青海、1 次在台湾地区（图中亮蓝色点），见图 23。

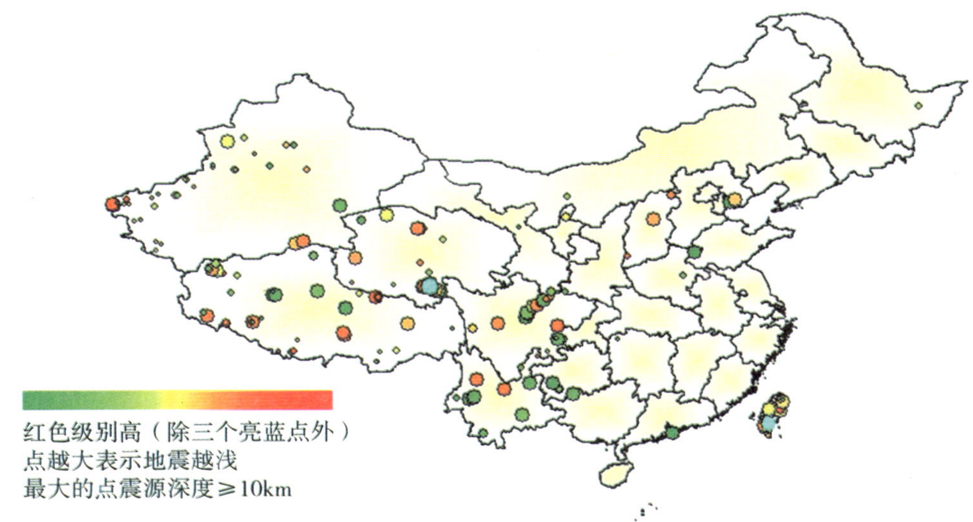

图 23　PDE 记录的在中国的地震（2010）

如果对中国自1973年以来每年大于6级以上的地震统计,可以清楚地看到我国的地震在这些年里是有一个上升趋势的。(见图24)

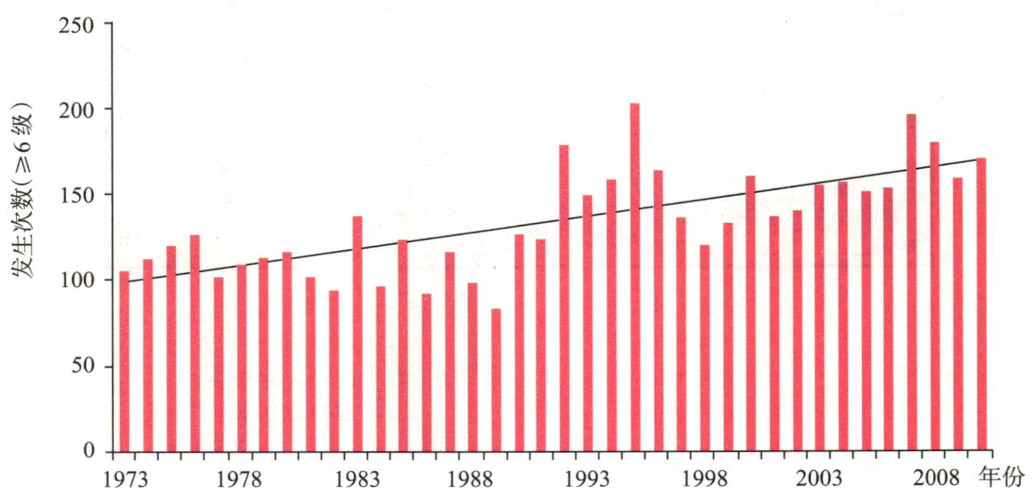

图24 PDE记录的在中国的大于6级的地震频数趋势

对震源深度统计分析清楚地表明(见图25):相对全球平均水平而言,我国地震深度偏浅。在10~20公里的地震和20~50公里的地震所占比例明显高于全球平均水平。

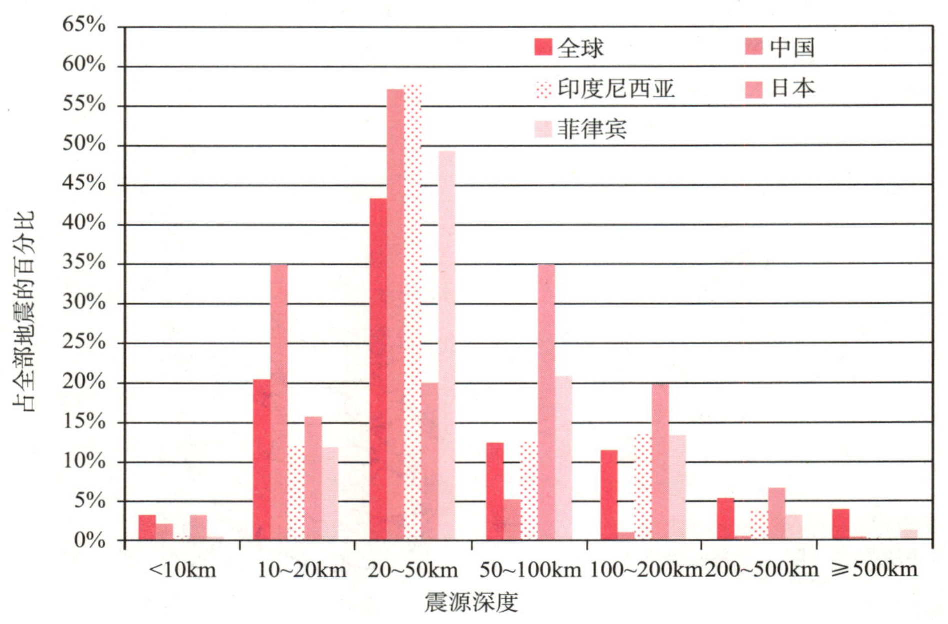

图25 PDE记录的不同国家的地震深度

(二)台风

根据美国和日本联合台风警报中心(Joint Typhoon Warning Center,JTWC)的数据,登陆我国台风的数量在20世纪70年代中期以来没有显著的变化,在此之前,登陆我国的台风频次要相对小一些。这可能是因为70年代中期以前卫星没有被广泛应用于台风检测,一小部分较弱的台风可能被漏报了。

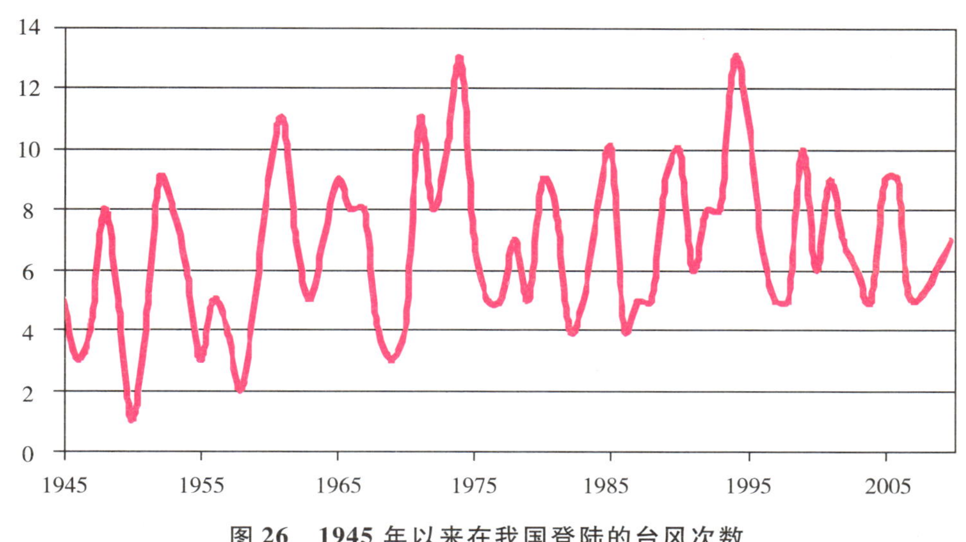

图26　1945年以来在我国登陆的台风次数

70年代中期以来登陆我国的台风频次没有显著的变化并不意味着台风的破坏能量没有发生变化,图27源自Webster等在2005年9月的《科学》(*Science*)上发表的文章,可以看到,从1990年到2004年的15年间,相比于1975年至1989年的15年,不论在哪个洋区(北冰洋除外),我们都观察到了更多的强热带气旋(3级到5级)。值得注意的是,此图只包括强热带气旋,所以数据缺失的可能性很小,除此之外,自20世纪70年代中期开始,卫星被用于发现和定位热带气旋,数据的质量比之前有大幅度提高。Webster的观察辅证了热带气旋加强从而导致强气旋增多的趋势。

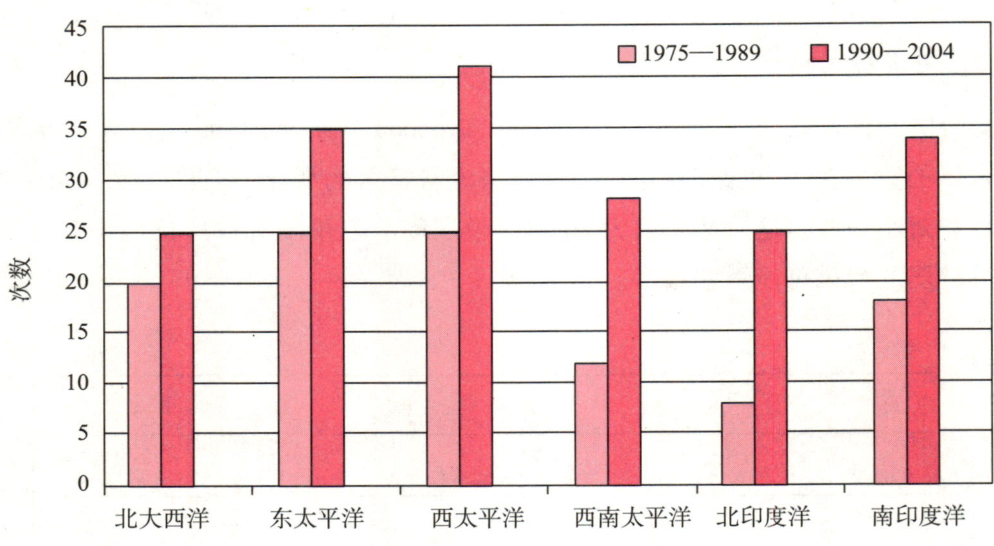

图 27　各洋区强热带气旋(SS 3－5 级)次数

图 28 源自麻省理工学院(Massachusetts Institute of Technology, MIT)气象系研究热带气旋的著名科学家 Kerry Emanuel 教授于 2005 年 8 月发表在《自然》(*Nature*)上的通信稿"Increasing destructiveness of tropical cyclones over the past 30 years"("过去 30 年不断增长的热带气旋的破坏性")一文。图中实线是每年大西洋海面平均温度,虚线是每年所有大西洋飓风所蕴含的潜在破坏能量,从此图可以非常清楚地看到,这两者之间有非常强的相关性。换言之,如果我们同意全球主流科学家的观点,气候变化将使海面温度升高,那么,我们可以预期,将有更多的热带气旋灾害光顾我们的家园。

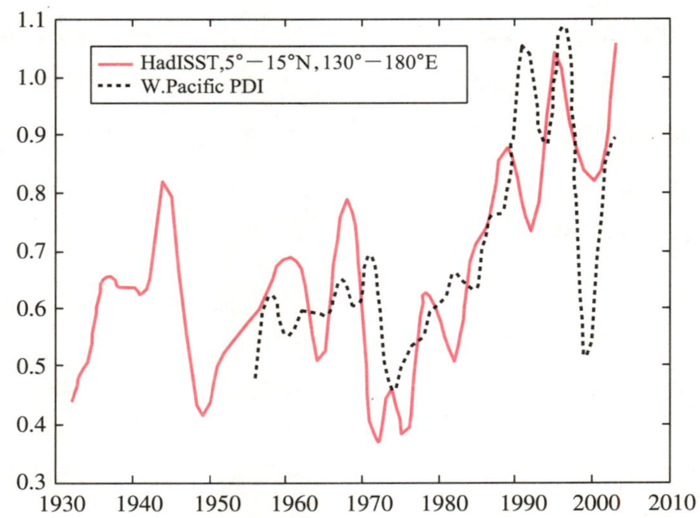

图 28　每年所有大西洋飓风所蕴含的潜在破坏能量与大西洋海面平均温度的相关性

从空间上看,广东省是我国被台风造访最多的省份,每年平均大于 2.5 次,其次是台湾,每年 1.7 次,福建 1.5 次,海南 1.3 次,浙江 0.7 次,广西只有不到 0.1 次(见图 29)。值得注意的是,登陆不是造成破坏的必要条件,台风的风带尤其是雨带可以跨越上千甚至几千公里,比如,在福建登陆的台风或许在浙江带来大量降雨。正如 2009 年的台风莫拉克,登陆福建但在浙江南部苍南等地区却带来了超强降雨,造成严重破坏。

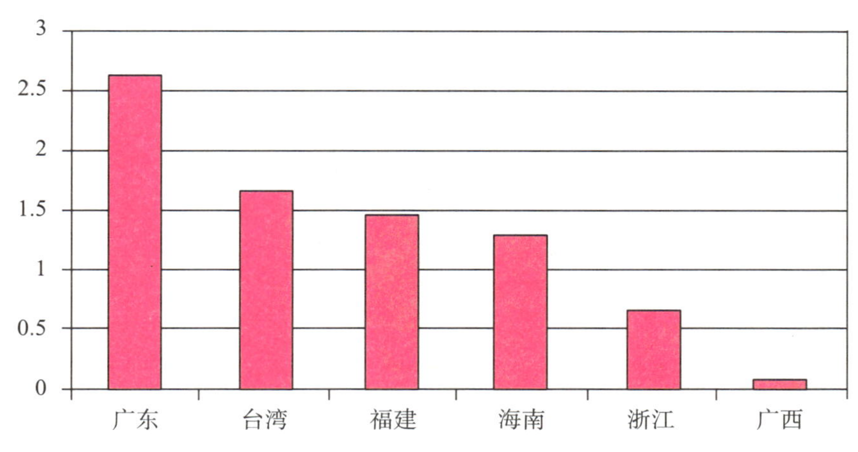

图 29　热带气旋在我国各省份年均登陆频次(1975—2010)

将过去 30 年在各观测站所观测到的气温平均值绘出,可以清楚地看到我国气温分布情况,即相对高温地区集中于地势较低的华南、华中、华东及四川盆地等地区(见图 30)。

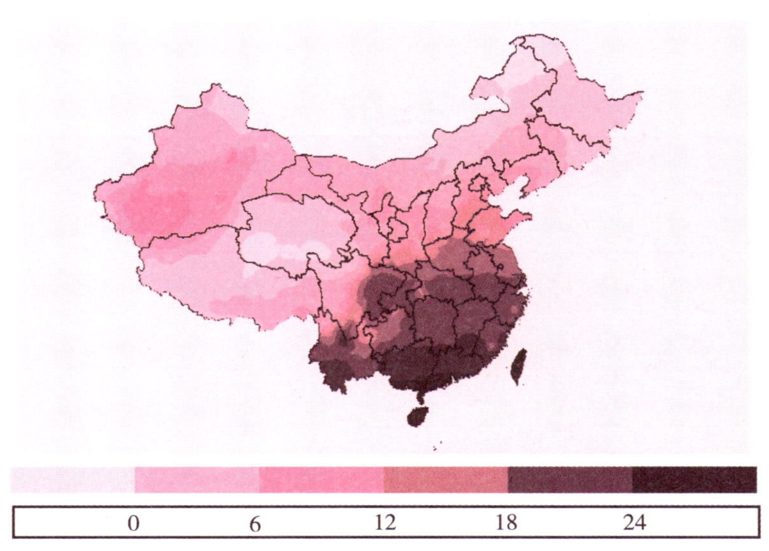

图 30　1980—2009 年日均温度(℃)

将过去30年在各观测站所观测到的降雨平均值绘出，可以清楚地看到我国降雨分布情况，即相对降雨高的地区集中于地势较低的华南、华中、华东、东北及四川盆地等地区（见图31）。

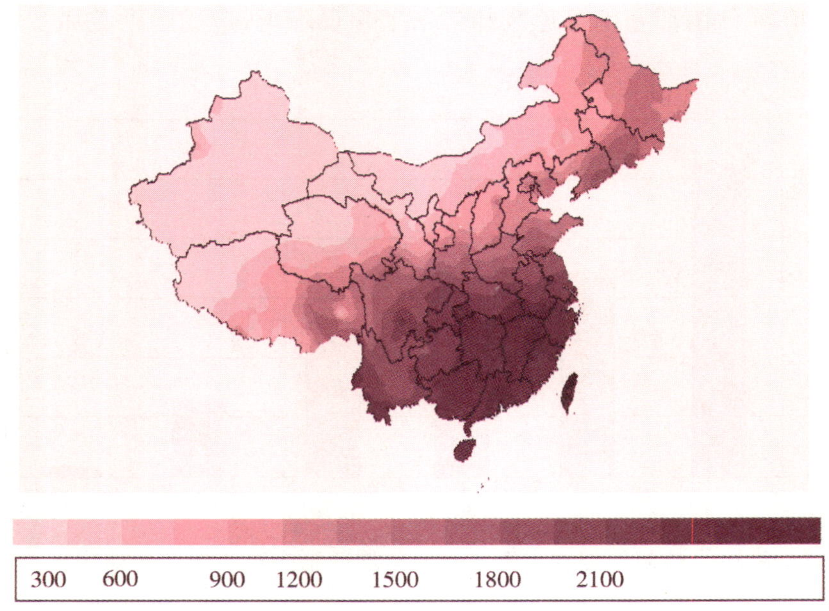

图31　1980—2009年年均降水量(mm)

在全国范围选取一些城市：北京、长春、西安、西宁、昆明和上海，将他们气温和降水的历史记录绘出，可以观察到一些明显趋势（见表9和图32）。

表9　选取的6个站点

名称	省份	纬度	经度	平均年降水(mm)	年均气温(℃)
北　京	北京	39.5	116.3	527.4	12.8
长　春	吉林	43.5	125.1	568.8	6.1
西　安	陕西	34.2	108.6	563.0	14.1
西宁	青海	36.4	101.5	393.7	6.1
昆明	云南	25.0	102.4	980.2	15.5
上海(龙华)	上海	31.1	121.3	1220.4	16.5

单位:℃
单位:mm
14.5
14
13.5
13
12.5
12
11.5
11
10.5
10
1600
1400
1200
1000
800
600
400
200
0
1950
1960
1970
1980
1990
2000
2010
日均温度
年均降水

北京

单位:℃
单位:mm
8
7
6
5
4
3
2
1000
800
600
400
200
1950
1960
1970
1980
1990
2000
2010
日均温度
年均降水

长春

单位:℃
单位:mm
17
15
13
11
1000
800
600
400
200
1950
1960
1970
1980
1990
2000
2010
日均温度
年均降水

西安

单位:℃
单位:mm
7.5
7
6.5
6
5.5
5
4.5
4
600
500
400
300
200
100
1950
1960
1970
1980
1990
2000
2010
日均温度
年均降水

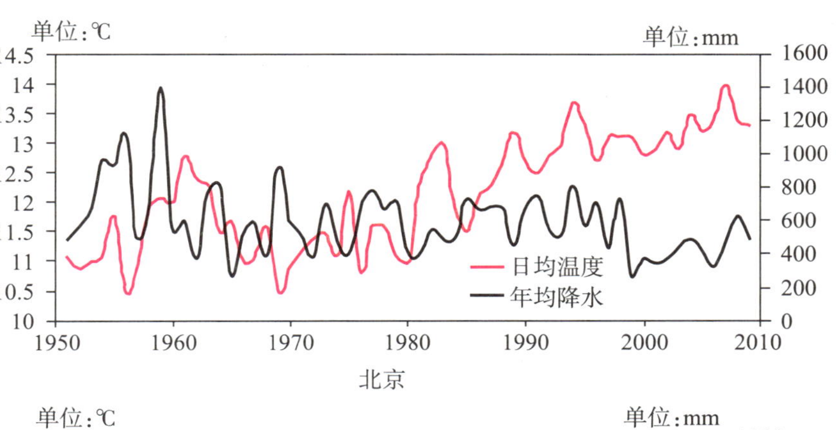

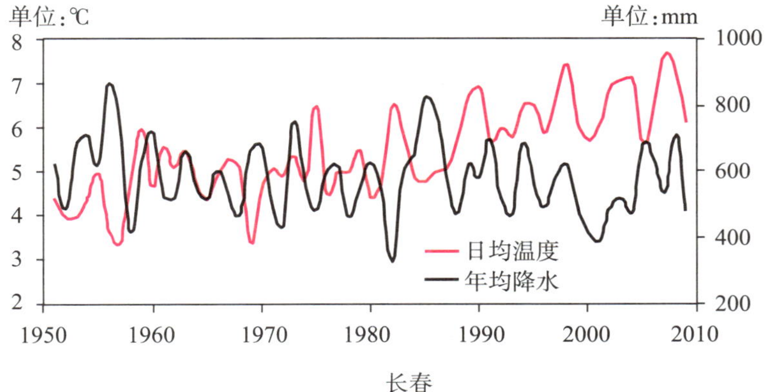

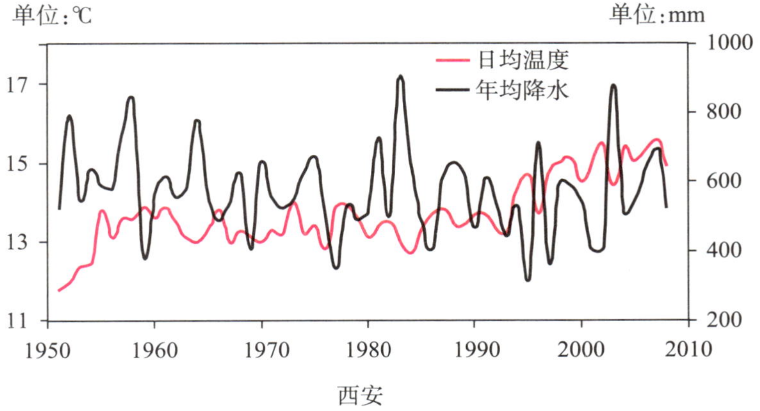

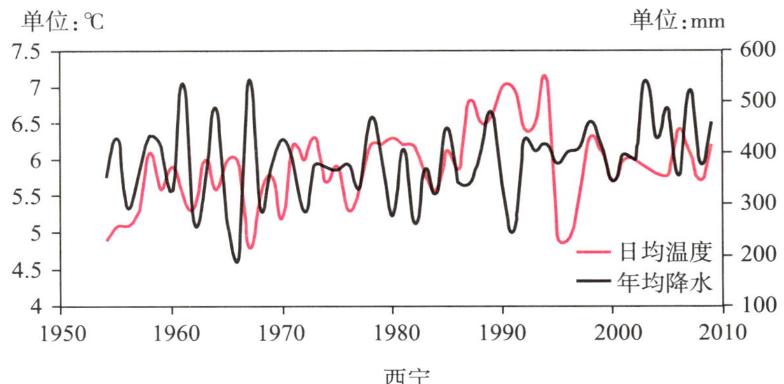

西宁

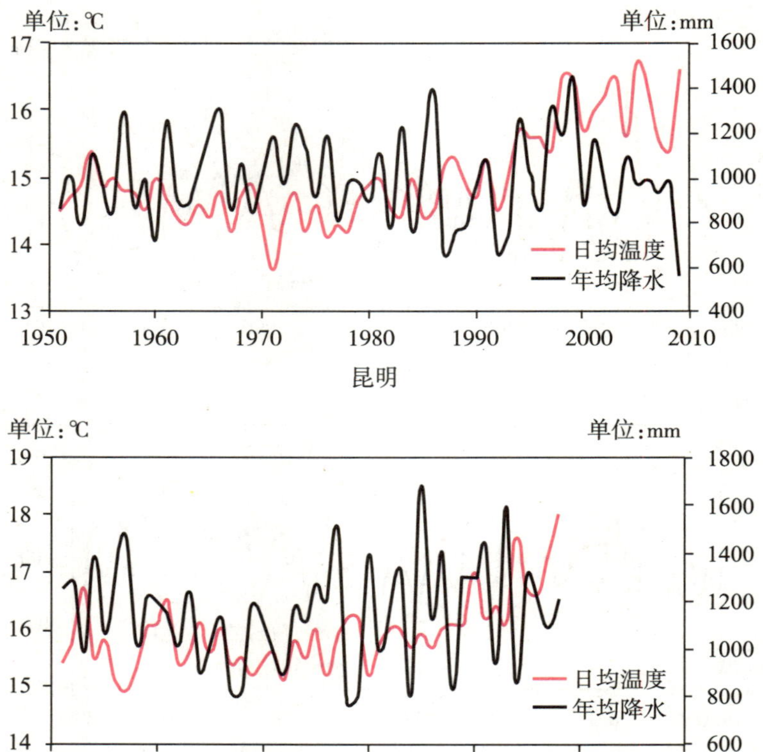

图 32　典型城市的气温和降水历史记录

从图 32 可以观察到，在过去 60 年里，北京的日均气温有明显上升趋势，降水却在明显下降；长春和西安的日均气温有明显上升趋势，降水变化趋势不明显；西宁的日均气温和降水都有微弱上升趋势；昆明的日均气温有相当大的上升，降水却呈下降趋势；上海的日均气温有相当大的上升，降水变化趋势不显著。

需要说明的是，以上的观察都是基于过去 60 年的观察，尽管这些观察可以给我们提供一些中短期风险评估的依据，但在更大尺度上，这种趋势性是否成立，是否会延续，都还需研究。

四、保险风险管理

相对于其他风险，自然巨灾具有其自身的特点，即不常发生，但可能带来巨大损失（概率分布的长尾性）。保险界应该将巨灾与其他灾种区分开来对待，科学合理厘定巨灾费率。过度的市场竞争导致巨灾费率过低，绝不仅仅是对业界不利，它破坏了保险长期服务社会的机制，向公众传递了错误的风险信息，使大众产生不切实际的风险认识和漠然的防范意识，从长远来讲对被保险人乃至社会公众也并非好事。负责任的保险人应该是在坚持合理定价原则，保护健康的保险机制，维持保险业充足的风险保费的同时，服务大众的减灾救灾需求。

（一）尊重自然巨灾概率分布的长尾性，不把风险管理建立在短期历史经验上

1994 年发生在美国加州的 Northridge 地震给美国保险界上了生动一课。Northridge 地震造成了约 125 亿美元的损失，超过了整个保险界之前半个世纪在此地区积累的地震保费。

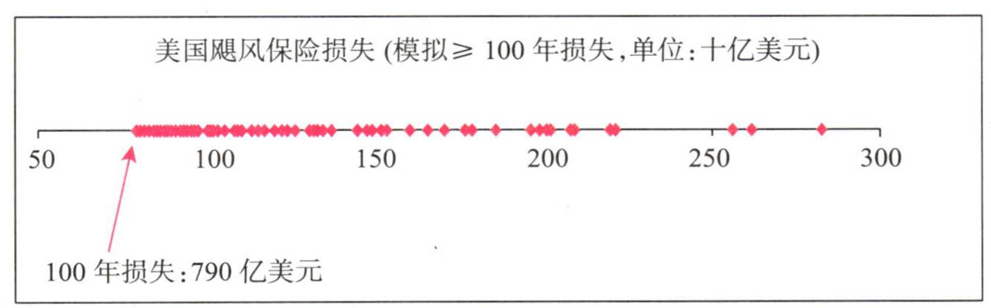

图 33　美国飓风保险损失（AIR-Worldwide 模型模拟）

如果对 AIR-Worldwide 模拟的美国保险飓风损失的数字做一分析（图 33），可以发现：美国飓风平均 100 年一遇的保险损失为 790 亿美元。但是一旦超过百年一遇的飓风发生，平均期望保险损失将是 1230 亿美元，远大于百年一遇的损失值 790 亿美元，用公式表示，即为：

$$E[\text{损失}|100\text{ 年损失事件发生}] = 1230\text{ 亿美元} >> 790\text{ 亿美元}$$

这清楚反映了巨灾在概率空间分布上的长尾性，即：巨灾不常发生，但一旦发生，可以造成巨大的损失。巨灾保险正是应对这种风险的产品，几年或十几年的无灾记录或少灾记录，不能作为未来高枕无忧的理由。我国保险历史不久，保险渗透率也不高，积累的损失数据历史很短，一定要尊重自然巨灾的长尾性这种内在规律，千万不能将我们的巨灾风险管理完全建立在过去的历史经验上，否则我们一定会在未来感到惶恐和后悔。

（二）重视长期数据积累和分析，充分利用已有的数据

毫无疑问，对于了解自然巨灾这种复杂但不常发生的风险而言，长期的数据积累以及对于这些数据的挖掘分析至关重要。数据主要包括三大类：

- 灾害数据（包括气象灾害、地质灾害、水文灾害、气候灾害数据）

国际上一些权威机构会实时公布灾害数据，比如说美国的国家飓风中心 National Hurricane Center（隶属于国家海洋和大气管理署 National Oceanic and Atmospheric Administration 下的国家气象服务局 National Weather Service）对公众提供自 1851 年至今的大西洋和东太平洋飓风路径等数据（HURDAT）。美国和日本联合台风警报中心 Joint Typhoon Warning Center（JTWC）对公众提供自 1945 年至今的西太平洋台风路径等数据。美国国家气候数据中心 National Climatic Data Center（NCDC）提供世界气象组织 World Meteorological Organization（WMO）在全球收集到的约 8000 个气象站点数据（气温、湿度等），包括中国向 WMO 提交的 200 个站点气象数据。如前文提及，美国地质勘探局（United States Geological Survey，USGS）的 Preliminary Determination of Epicenters（PDE）Bulletin 向公众提供自 1973 年以来全球记录到的地震数据。除了如这些国外或国际机构，国内很少有机构系统地向公众开放数据。

显而易见，灾害数据的历史通常可以回溯到几十年甚至上百年，比我国保险界的损失记录要长得多。

- 风险标的数据

在保险定价上有两大类方案供选择：基于历史损失经验的定价方案和基于风险标的的定价方案。因为巨灾的不经常发生，以及我国巨灾保险历史不长，我们所记录的历史灾害较少，基于历史损失经验的定价方案通常不能提供可靠的风险评估。在此情况下，基于风险标的的定价方案应该成为我们的首选。风险标的数据的采集应该注意几点：(1) 空间解析度应尽可能高。众所周知，风险的地区差异性，包括灾害和风险易损性在地区之间的差异性，可能会对最终灾害损失产生极大影响。尤其对像洪水这类在空间上分布极不均匀的灾种，就更为突出了。如果能将风险定位到具体位置，比如说经纬度，将是我们保险业的一个很大的提升。(2) 风险需细分。我们可以将风险特性大体归为两类：第一类包括那些对风险影响非常大的风险特征，比如，建筑结构类别（钢结构、混凝土结构、砖混结构、木结构等）、建筑使用性质（工业建筑、商业建筑、民用建筑等）、建筑层数、建造年代等；第二类包括那些更细的风险特征，比如，建筑物面形状和构造、外墙构造等。(3) 风险的保险条款清晰。落实到保险的定价，我们最终关心的问题是保险赔付，所以在风险标的数据里，应清楚记录风险各自适用的保险条款。

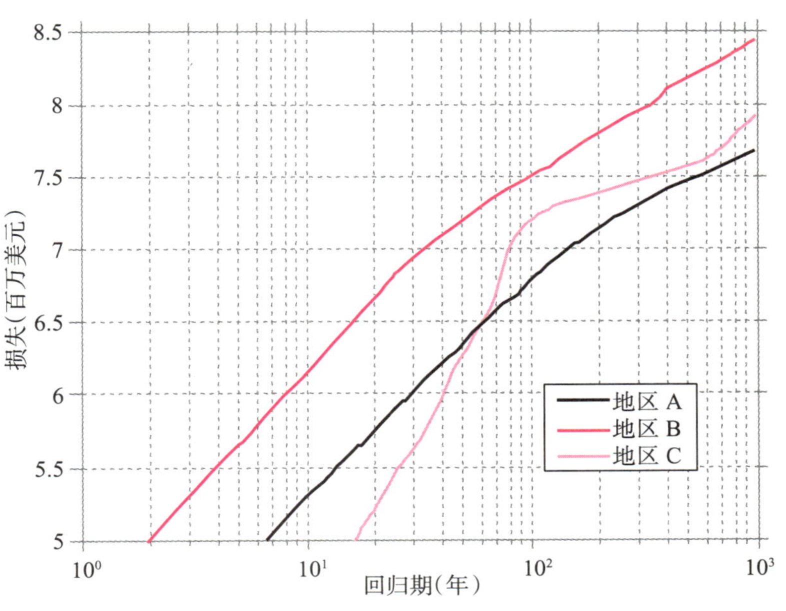

图 34　不同地区的不同风险曲线

图 34 是一个说明风险地域性差异的例子,将同一风险从地区 A 搬移到地区 B 然后再到地区 C,次风险的风险曲线(在不同回归期的损失预期)发生了很大变化。比如,地区 C 在低回归期的损失小于地区 A,但在高回归期的损失就高于地区 A。换言之,相对地区 A 而言,地区 C 的灾害就更长尾,灾害不频发,但一旦发生,通常损失比较高。

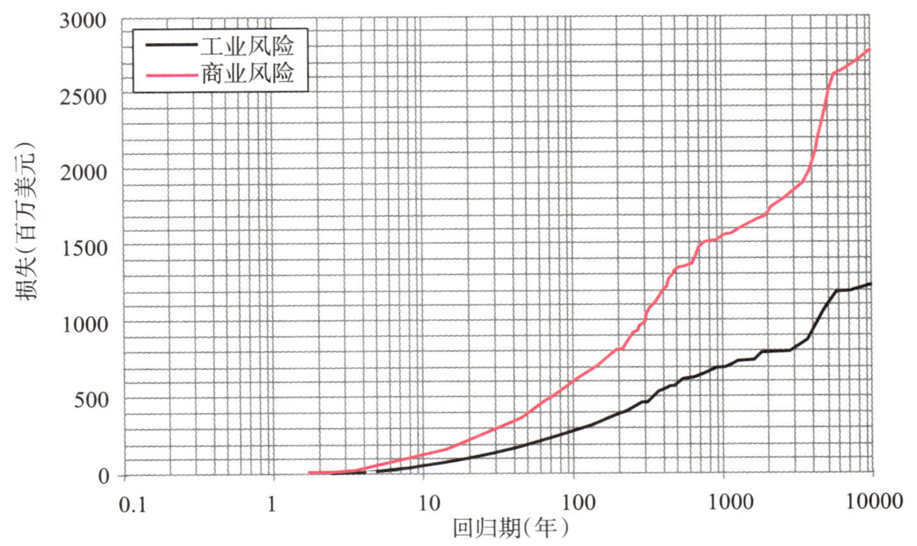

图 35　不同行业的不同风险曲线

图 35 是一个说明风险使用性质差异的例子,我们可以清楚地看到位于同一地区的工业建筑和商业建筑,他们的灾害风险也可能会大不相同。需要注意的是,图示的这种差异性不能被推而广之,还有很多其他影响因素。比如,我们如果观察另一地区,或者另一时期建造的建筑,这种灾害风险的差异性可能会以不一样的形态呈现。

- 损失数据

尽管我们总是希望有长期的数据供我们使用,因而不对已有的少量数据(尤其是风险标的和损失数据)加以重视;也常常因为体会不到日积月累的数据收集工作所带来的好处而丧失信心,但事实上并没有这么糟糕。我们并非完全不能利用在不长的保险历史中积累的有限数据,获取有用的风险信息。通常,我国大多数保险公司的历史巨灾损失数据不超过十多年,有些公司甚至只有几年的损失数据。但幸运的是,我们通过如前所述的一些公开信息,可以获得较长历史的灾害数据。比如,对台风而言,我们可以获得约 60 年的路径和风速等数据,我们可以经过合理分析,将不长的损失记录外推到较长的灾害历史上去。如果灾害的历史数据在数量和质量上都足以让我们做一个合理的长期模拟,比如说 1 万年或 10 万年,我们甚至就可以将我们已有的几年或十几年的损失数据外推到 1 万年或 10 万年。这其实也是巨灾风险建模的基本思想。

每家公司都有自己不同的风险组合、风险特性以及风险管理需求,我们除了需要清楚地了解和合理地使用模型,还应对于我们已有数据进行充分的分析。盲目而仓促地追求模型化,而忽视对已有数据的深度挖掘,不是可取的风险管理策略。

(三)理解和应用模型

理解模型是应用模型的基础,图 36 即为慕尼黑再保险关于巨灾风险模型的基本结构。巨灾风险模型的输入通常由几个部分组成:灾害分析(即模拟)、风险标的以及易损性函数建模。巨灾风险模型内置算法将此三部分置于模拟事件库中进行计算,从而输出风险曲线(即在不同回归期的损失期望)。风险曲线给我们最终的核保定价提供基础。

下文将简要阐述在再保合约和临分业务定价中如何利用风险曲线,保险人与被保险人之间的原始合同定价与此毫无二致。

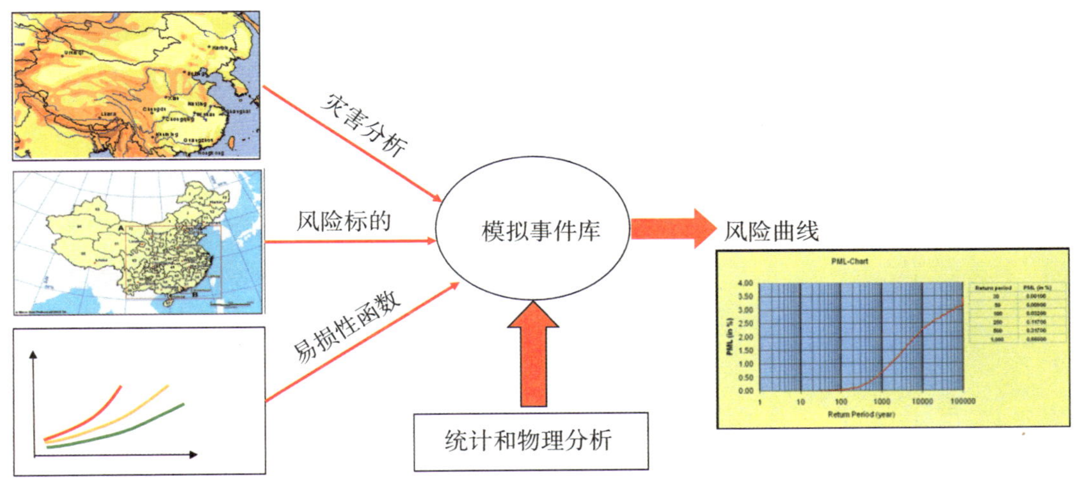

图 36 慕尼黑再保险公司的巨灾模型构架

1. 风险曲线在比例和非比例(超赔)合约中的应用

对于一个比例合约,我们可以利用模型或非模型的手段,计算出再保人承担的保额所对应的风险曲线。图 37 是这种风险曲线的一种常见形式,其横坐标是损失超越概率,纵坐标是损失。不难理解,这条风险曲线下的从免赔额到保额的阴影部分,即是再保险人承担的年均损失预期(如果我们考虑的是直保人的保额,则是直保人承担的年均损失预期)。

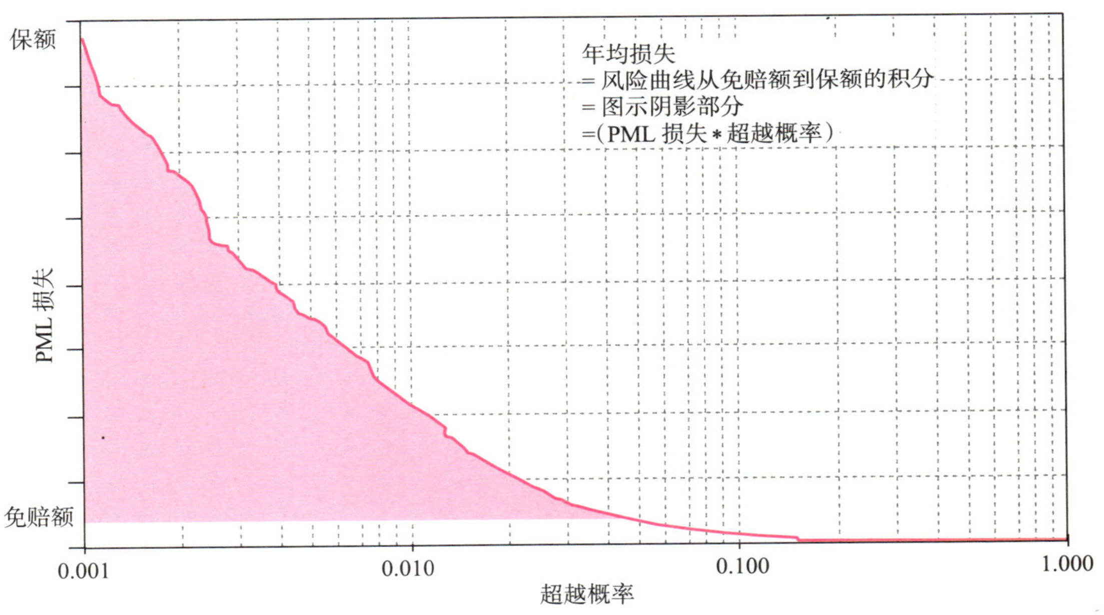

图 37 风险曲线在比例合约订价中的应用

对于一个非比例即分层合约,我们同样可以利用模型或非模型的手段,计算出总保额所对应的风险曲线。这条风险曲线下的从各层起赔点到赔付上限的阴影部分,即是各层被保险人承担的年均损失预期。

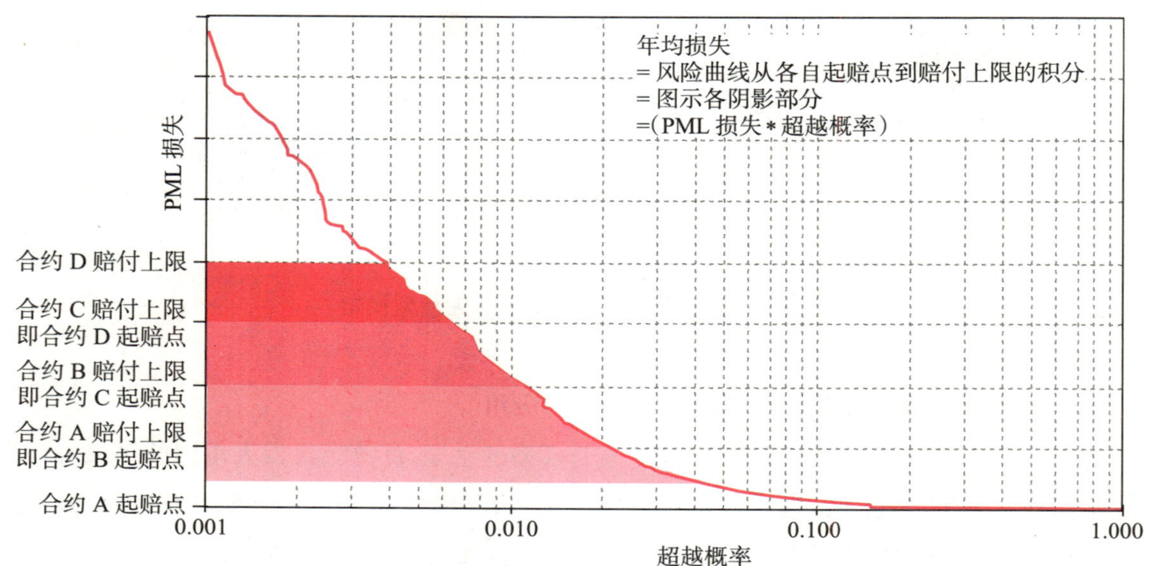

图 38　风险曲线在非比例(超赔)合约定价中的应用

2. 临分业务风险分析

临分业务通常是对一些大型的单个风险进行风险分出,这是有异于对风险业务组合进行风险分担的合约业务的。单个风险相对于风险业务组合而言,最大的特点就是大数定律对其不能适用,从而其风险的不确定性更强。

以易损性曲线来看(图 39 中红线),其所代表的是在不同灾害强度下的平均损失率,真实的损失率会围绕着此平均损失率波动。换言之,对相同的灾害强度而言,真实损失率是一个随机变量,具有其不确定性。对合约业务,这种波动性或随机性,因为大数定律的作用而减小,但对临分业务而言,这种大数定律的作用却没有。

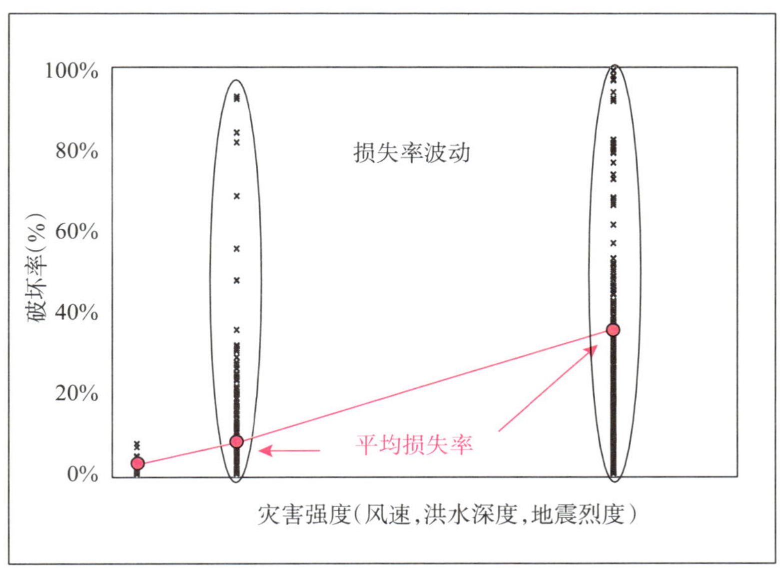

图 39　易损性曲线中的不确定性

这种“大数定律的缺失”带来的不良后果就是,临分业务中的单个风险,相对于由同样风险组合成的合约中的风险组合,更易有大的灾害(损失率)发生。好的方面是在低回归期,其发生损失的可能性也要小。如图 40 所示风险曲线反映。从风险承担人的角度讲,可能不得不为承担单个风险的大波动性计入附加费用。

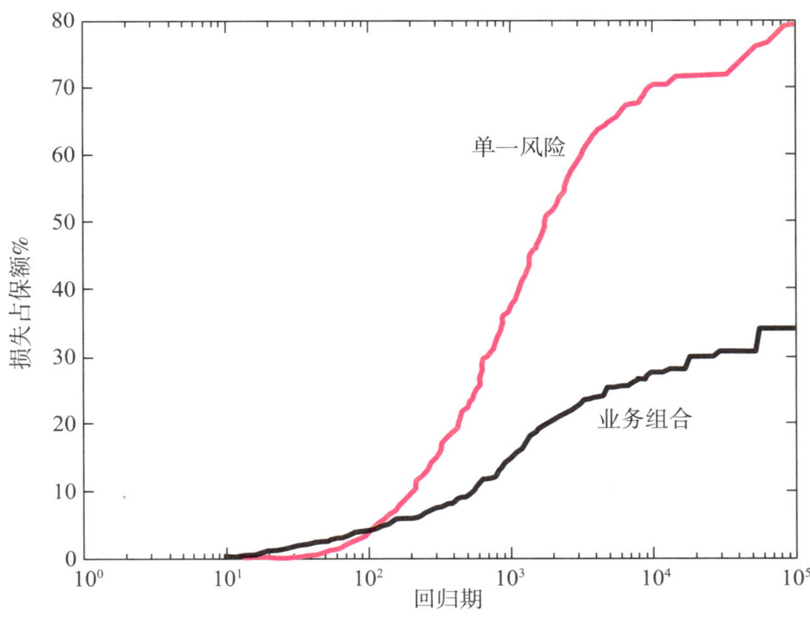

图 40　单一风险相对业务组合风险曲线更陡峭(假定业务组合由同样单一风险组成)

从好的方面讲,单个风险使我们更可能去有针对性地分析其特性,从而更好地就个案估计其风险,从而降低"大数定律缺失"所带来的不确定性。灾害分析也应更有针对性地进行,比如,评估建筑物的地震风险,在条件允许的情况下测量其自振周期、弹性系数等参数,从而了解建筑物实际情况。如评估建筑物的台风风险情况,则要考察其自身和邻近建筑物的屋面构造,以及外墙玻璃布置及构造,了解他们防风能力以及抗防外物击打冲击能力,也需要观察地下室的财产价值及防洪情况等。慕尼黑再保险的地球风险部门和其临分业务部门的科学家和工程师长期以来都在此领域紧密合作,积累了大量经验。但总的来讲,目前全世界在对于单一风险的巨灾损失分析上,仍然有大量的工作需要做。

(四)提前考量趋势变化

正如我们在前文多次提到的,自然灾害是有其时间性的,这种时间性主要由两部分组成:周期性和趋势性。周期性来源于比如正常情况下的厄尔尼诺现象,趋势性来源于如气候变化带来的长期的气候趋暖及其导致的一系列非常态现象,如更多的台风和飓风等。

我们的历史记录不能完全囊括这种自然灾害的时间性,因为历史反映未来但不等于未来。如何在我们的风险管理中考虑它,是一个很重要但同时具有挑战性的问题。对于自然灾害的时间性的分析,除了需要保险业务知识外,也需要各领域的专业知识,比如气象、地质、水文等。

美国几个著名的巨灾风险模型公司在对美国飓风模型分析时所采用的方案是:提供两个风险模型,一个是完全基于历史数据的标准模型(standard model),另一个考虑飓风在近期增强增多的中短期模型(near-term model)。然而,目前还没有商业模型系统考虑我国的中短期自然灾害风险的周期性和趋势性。

未来是未知的,我们所处的风险环境越来越复杂,风险管理的难度随之越来越大。因此,我们需要采取主动的、预见性的、不断调整的、对具体风险具体分析的、保守的风险管理策略,来应对未来一定会发生的各种常见的、罕见的甚至前所未见的自然灾害风险。我们不能等到科学家完全确证风险的那一天再做打算,因为我们能确证的那一天,只能是灾害光顾我们的时刻。

作者简介:

何华,博士,慕尼黑再保险公司北京分公司自然巨灾风险顾问。

关注

2010年洪水灾害风险管理报告*

魏华林　洪文婷　向　飞

摘　要

洪水灾害是导致经济损失最为严重的一种自然灾害,2010年中国的洪水灾害损失尤为严重,持续时间之久,发生区域之广,险情出现之多,受灾损失之重,历史罕见。在洪水灾害的应对过程中,政府起了决定性的主导作用。通过科学合理调度水利工程,紧急转移安置受灾群众,加强灾区雨量预警预报,下拨灾民救助专项资金等,将各项财产损失和群众伤亡减到了最低。今年洪水灾害风险管理也再一次暴露了其存在的问题,包括部分中小河流防洪标准偏低,小型病险水库除险加固率低,山洪灾害防治措施投入偏少,局部地区水情预报能力不足,灾害损失补偿机制不够完善等。兴水利、除水害,事关人类生存、经济发展、社会进步,历来是治国安邦的大事。国际理论研究表明,对具有复杂性特征的自然灾害实施综合灾害风险管理,效果更为显著。本报告认为,采取洪水灾害风险综合防范模式,通过"安全设防、救灾救济、应急管理与风险转移"四项措施,构建洪水灾害风险综合防范工程,对洪水风险实施全面的监控,在此基础上,建立洪水灾害风险转移机制,将洪水灾害政府救济和保险补偿有机结合起来,使防洪减灾效益得到最充分的发挥,是我国下阶段洪水风险管理的努力方向。

* 本报告受教育部哲学社会科学研究重大课题攻关项目"巨灾风险管理制度创新研究"(09JZD0028)、武汉大学"211工程"三期重点学科建设项目"开放条件下的中国金融安全与金融发展研究"以及中国博士后科学基金资助项目"巨灾保险制度绩效评估研究"(20100480424)资助。

一、当年洪水灾害风险描述

(一)洪水灾害风险的发生过程

2010年,在中国洪涝灾害史上,是一个不大平凡的年份。从年初2月下旬新疆伊犁地区发生融雪性洪水开始,直至年末10月份上、中旬海南遭遇暴雨袭击,全国七大流域几乎都发生了强度不一的洪水灾害,30个省、自治区、直辖市普遍遭受了程度不同的洪涝损失。5—8月,长江上游干流、汉江支流、鄱阳湖、吉林第二松花江、辽宁浑江等多条河流发生超历史纪录洪水,灾害损失巨大;8月8日甘肃舟曲发生特大山洪泥石流灾害,是新中国成立以来最为严重的山洪泥石流灾害;9月,台风"凡亚比"重创广东,导致严重的人员伤亡;10月,海南接连遭受两次严重暴雨洪涝灾害,台风"鲇鱼"登陆福建并造成严重影响(见表1)。在一定意义上说,今年的洪涝灾害,持续时间之久、发生区域之广、险情出现之多、受灾损失之重,达到了新世纪以来洪涝灾害损失的极值。

表1 2010年洪涝灾害全程回顾

3月初—5月初 中国南方遭遇暴雨袭击			
3月初,赣东北地区连续遭受大到暴雨袭击,部分水库开闸泄洪,一些地方出现洪涝灾情。30余家农户被洪水围困。	4月中旬,福建中西部发生暴雨,闽江流域出现入汛以来的第一场洪水,部分支流出现超警戒水位洪水。23位村民在河心孤岛上遭洪水围困18小时后获救。	4月中下旬,湖南大部发生高强度降雨,湘江中下游水位猛涨。广西漓江4月20日突发洪水,游览航线全线封航。桂林因灾死亡2人。	5月3日,重庆12个区县(自治县)遭受了大风、冰雹、暴雨灾害,全市因灾死亡31人、失踪1人。

续表

5月初—5月底 暴雨范围继续扩大			
5月5日,贵州乡镇发生山体滑坡,9人失踪,农田、电力设施等损毁严重。湖北山体滑坡、泥石流和崩塌达1620余处。	5月6日,江西省61个县市遭遇特大暴雨袭击,部分县山体滑坡频发,公路中断,学校被淹。	5月16日,受高空槽影响,粤北、粤东地区出现强降水,4市6个县(市、区)62个乡(镇)遭受洪涝灾害。	5月20日—30日,江淮、江南和华南北部普遍降雨40~80mm,湖南北部和江西北部的部分地区降雨超过100mm。
7月中旬—8月初 三大流域普发洪水			
7月20日—28日,黄河流域发生洪灾,陕豫蒙甘不同程度遭灾。	7月20日—28日辽河流域发生洪水险情,辽宁吉林受灾严重。	8月1日—8月4日三峡水库水位缓落,长江中下游干流水位回落。	
8月初—8月底 各地突发地质灾害			
8月7日22时许,甘南藏族自治州舟曲县突然强降雨,县城北面的罗家峪、三眼峪泥石流下泄,由北向南冲向县城,造成沿河房屋被冲毁,泥石流阻断白龙江、形成堰塞湖。	8月13日,都江堰的龙池、汶川映秀、绵竹清平三个地震重灾区乡镇暴发泥石流。在清平乡沿绵远河近3公里之内,有10余条山沟同时暴发山洪泥石流。最终,清平乡附近山洪泥石流冲出量达600万立方米,被认为是国内近几十年以来规模最大的一次山洪泥石流灾害。	9月1日晚,云南省保山市隆阳区瓦马乡大石房村民小组发生特大型山体滑坡自然灾害,总长约300米、宽约35米、厚度4米多、总量约4万方的滑坡体将坐落在河谷地带山坡一侧的村庄瞬间掩埋。	
10月 海南暴雨洪水			
9月30日—10月18日,海南省连续出现两次大范围持续性强降雨天气。9月30日—10月9日海南大部地区降暴雨到大暴雨,东部、东北部降特大暴雨,局部出现稀遇特大暴雨。此段时间内海南全省累积面平均雨量691.2mm,为1961年以来同期最大值。			

(二)洪水灾害风险的雨量分布

今年的洪水灾害始于2月份,止于10月份,每一场洪水灾害的诱发因素和降雨量都不无关系。本报告中,我们仅分析降雨量最为集中的6—9月份的全国各流域、各地区的雨量分布情况。

6月份,我国南方暴雨洪水频发,北方多阵雨天气,全国有150多条河流发生超警以上洪水。其中长江流域鄱阳湖水系赣江、信江、抚河相继发生超历史纪录特大洪水,洞庭湖水系湘江发生历史第三高水位洪水,鄱阳湖湖区及长江干流九江段发生2003年以来超警洪水;闽江发生大洪水;珠江流域西江干流两次超警。月降雨量分布如下:华南大部、江南中部和南部、贵州东部南部、云南东北部和西部南部200~400mm,其中福建西部北部、江西中东部、广东中部和南部、广西东部北部400~700mm;江南北部、江淮西部、贵州重庆四川大部、青海东南部、西藏东部及山东西南部100~200mm;东北大部、华北大部、黄淮大部、江淮大部、西北东部、云南中部、西藏中部东部、新疆西北部30~100mm;内蒙古大部、甘肃中部、新疆北部10~30mm;内蒙古西部、甘肃西部、新疆南部、西藏西部不足10mm(见图1)。

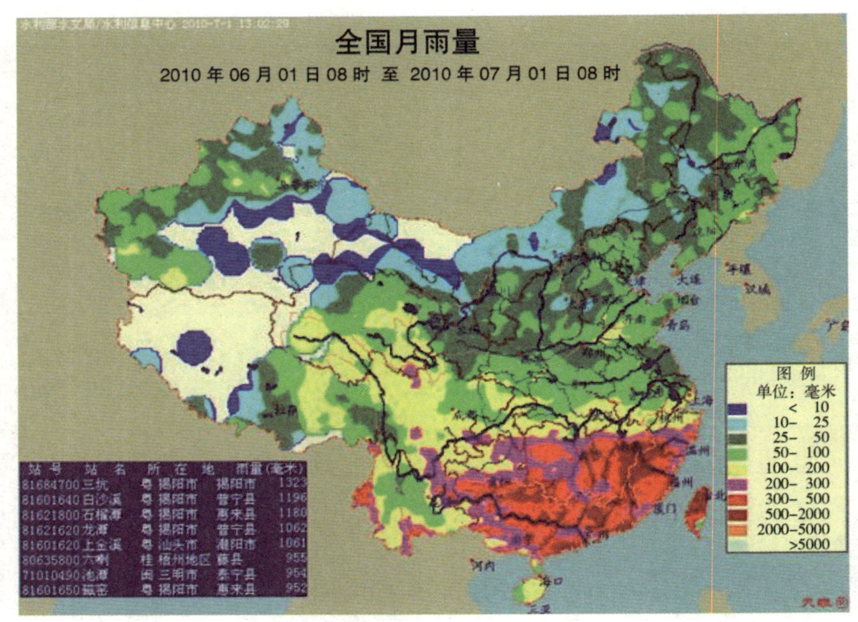

图 1　6 月份全国各流域降雨量分布

资料来源:国家防汛抗旱总指挥部办公室。

7 月份,受冷空气频繁活动影响,长江、淮河、黄河泾洛渭河、辽河和第二松花江等流域出现了强降雨天气过程;长江中下游、淮河上游、东辽河、第二松花江等流域降雨明显偏多,黄河流域大部及内蒙古降雨明显偏少。月降雨量分布如下:长江、淮河流域南部、太湖、黄河泾洛渭河、辽河、第二松花江、浙闽东部及广东广西沿海、云南西部南部、贵州南部等地 200 ~ 300mm,其中长江两湖北部地区和嘉陵江汉江上游、黄河泾洛渭河、淮河上游、辽河干流及东辽河、第二松花江 300 ~ 600mm(见图 2);与历史同期相比,长江中下游、黄河泾洛渭河、淮河流域南部、太湖、浙闽大部、辽河干流及东辽河、第二松花江及青海大部、新疆西部雨量偏多 3 成 ~ 1 倍,其中湖北东部、安徽南部、青海西北部及新疆西部雨量偏多 1 ~ 2 倍;海河,淮河南四湖地区、沂沭泗,广东中部东部,广西北部,湖南江西南部,福建南部,内蒙古,宁夏,甘肃及新疆南部雨量偏少 3 ~ 8 成,其他地区接近常年(见图 3)。

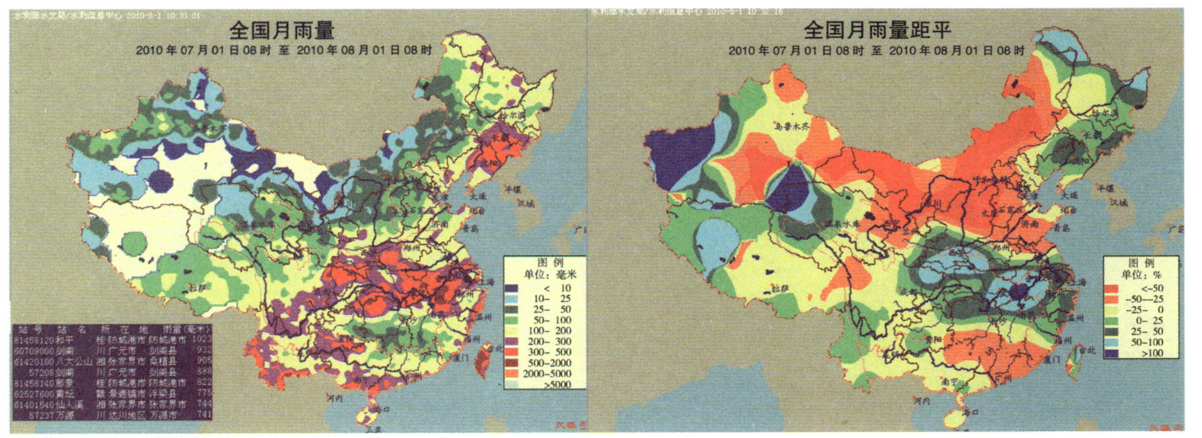

图2　7月份全国各流域降雨量分布　　　　图3　7月份全国各流域降雨距平图

资料来源：国家防汛抗旱总指挥部办公室。

说明：距平图一般用于气候预测，距平是指气候要素值与多年平均值的偏差。高于平均为正距平，低于平均为负距平。

8月份，松辽流域第二松花江、辽河、浑河、太子河、鸭绿江，长江上游、汉江，黄河渭河、汾河，海河徒骇河、马颊河等河流相继发生暴雨洪水，吉林、辽宁、山西、陕西、甘肃、河南、山东、四川、西藏、新疆等22个省（市、区）共计140余条河流发生了超警以上洪水，其中鸭绿江发生了大洪水，海河徒骇河发生了1964年以来的最大洪水，长江三峡水库和汉江丹江口水库出现今年以来第三次入库洪峰，辽河干流发生两次超警洪水，甘肃东川河、四川乔庄河、辽宁苏子河、吉林饮马河等20余条河流发生了超历史洪水，辽宁、吉林大部、山东大部、海南和广西沿海、广东西部沿海、四川中部、陕西南部、云南西南部、河北东部南部等地雨量为200～300mm（见图4）。与历史同期相比，汉江上游、黄河泾洛渭下游、淮河流域北部、海河流域南部、辽河浑太河、鸭绿江降雨偏多5成～1倍，其中辽宁东部偏多1～2倍；浙江东部、珠江流域大部、内蒙古、宁夏、甘肃及新疆偏少3～8成，其他地区接近常年（见图5）。

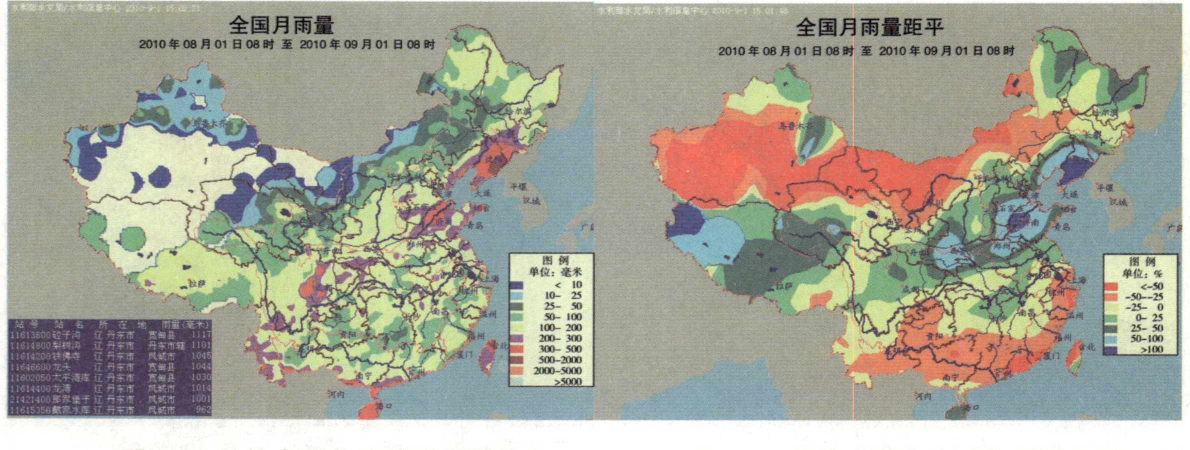

图4　8月份全国各流域降雨量分布　　　图5　8月份全国各流域降雨距平图

资料来源:国家防汛抗旱总指挥部办公室。

9月份,西北中部和东北部、华北、黄淮、江淮、江南西部、华南中东部等地降雨明显偏多,东北中部北部、西南、江南东部及新疆北部降雨明显偏少。月降雨量分布如下:广东大部、广西东部南部、海南中东部、福建中东部、浙江东南部、江苏北部及安徽、河南、四川、云南部分地区200~300mm,其中广东南部、广西沿海、海南东南部及福建漳州300~800mm;华北北部、西南大部、江南大部、华南、江淮、黄淮中西部及辽宁东部100~200mm(见图6)。与历史同期相比,西北大部、华北、黄淮、江淮、江南西部、华南中东部等地降雨多8成~2倍,其中内蒙古中部西部、甘肃青海北部偏多2倍以上;东北中部北部、西南大部及浙江、海南、新疆北部偏少1~4成,其中黑龙江、吉林偏少4~6成,其他地区接近常年(见图7)。

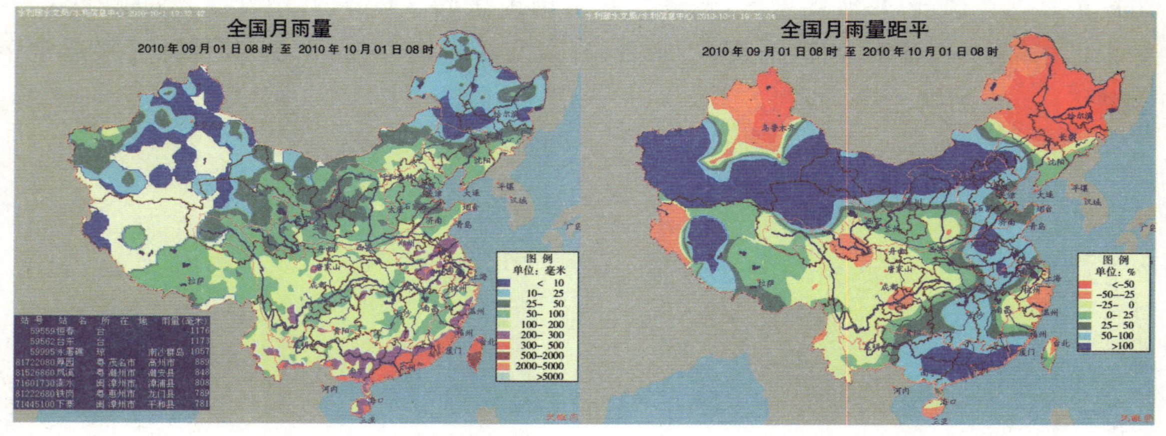

图6　9月份全国各流域降雨量分布　　　图7　9月份全国各流域降雨距平图

资料来源:国家防汛抗旱总指挥部办公室。

(三)洪水灾害风险发生的行政区域

1. 南方洪涝灾害

自古以来,南方多洪涝,今年也不例外。从5月初到6月中下旬,南方共发生了11场强降雨,多地区、省市降水量超历史纪录,导致了不同程度的洪涝灾害。

5月5日—7日,四川、重庆、贵州、江西、浙江、福建、广东等部分省份相继遭受暴雨袭击,重庆、贵州同时伴随大风冰雹天气。其中5月6日8时—7日8时,广东连平、增城降雨量分别达203.1mm、175.3mm,均突破当地5月单日降水量的历史极值;增城、东莞小时最大降雨量分别达126.4mm和107.4mm,均为历史之最;广州降雨量达213.0mm,接近5月份日降水量历史极值,其中1小时和3小时最大雨量分别达99.1mm和199.5mm,均破历史纪录(见图8)。

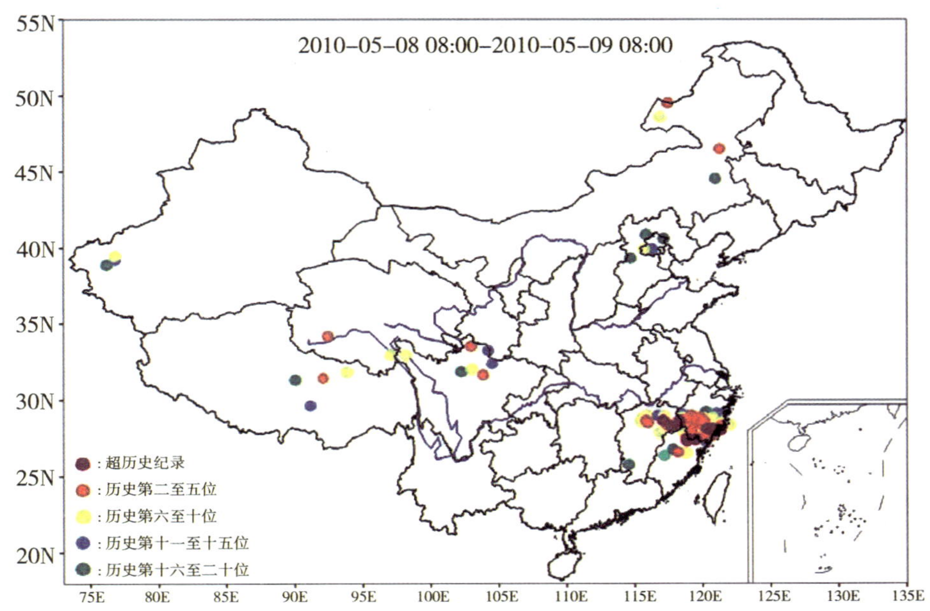

图8 洪涝灾区地区降水量历史纪录

资料来源:国家气象中心。

5月8日—10日,重庆、湖南、江西、福建、广东、广西6个省(区、市)发生降雨,造成严重影响,降水集中在8—9日,其中江西中北部、福建北部和浙江南部局地24小时降水量普遍达到60~130mm,超历史同期单日降水量记录。同时,降水过程中出现显著的短时雷雨大风、冰雹、雷电等强对流天气,9日的雷电范围覆盖整个华南地区。5月12日—14日,强降水中心位于湖南中北部、江西、福建西北部和浙江南部,湖南中东部和江西中西部局地的2天累计降水量超历史纪录。5月16日—19日,强降水涉及广西、湖南、湖北、江西、浙江、福建、安徽、广东、贵州、重庆等地。降水主要集中在18—19日,其中福建省西部和北部地区、江西中东部、广西北部局地出现暴雨,并伴有强雷电、冰雹和雷雨大风等强对流天气(见图9)。

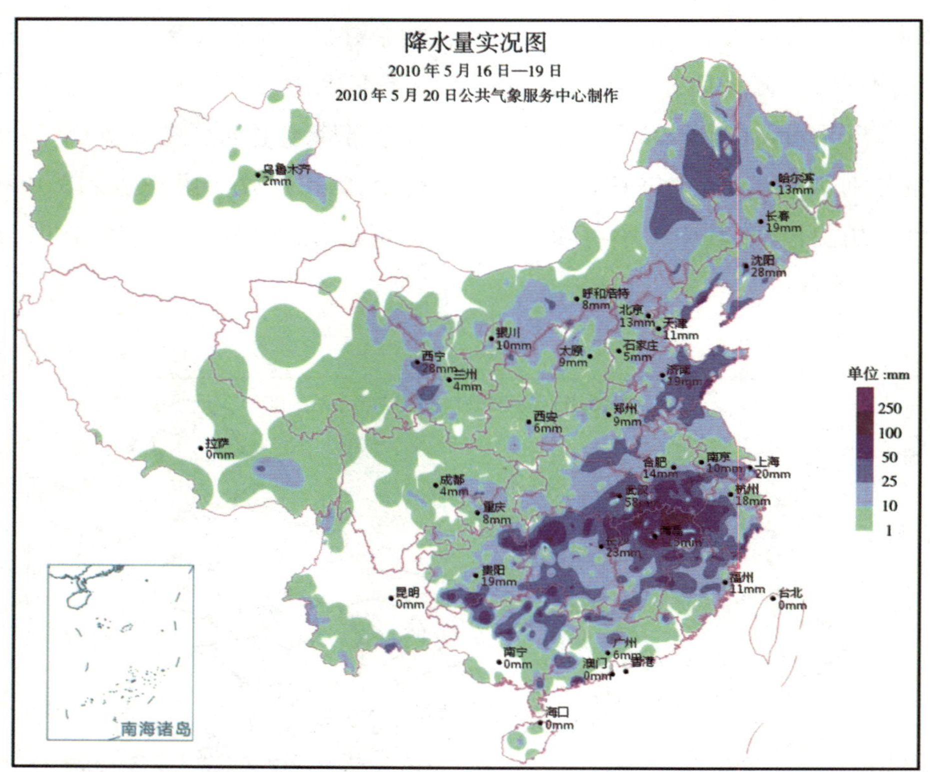

图9　南方降水量实况图

资料来源:国家气象中心。

5月20日—23日,江西、湖南、浙江、福建、广西、广东、贵州、重庆等地遭受强降水侵袭,降水集中在21—22日,其中湖南中东部、江西中西部局部地区的24小时降水量普遍达到60~140mm,超历史同期单日降水量记录。5月26日—31日,贵州、广西、广东、福建、湖北东南部、海南、云南发生大范围降雨。5月28日—29日降水强,强降雨主要集中在华南地区,过程降水量超过100mm。5月31日—6月2日,贵州、广西、广东、四川、湖南中南部、江西西部遭受降雨袭击。5月31日—6月1日降水最强,强降雨主要集中在广西、广东、贵州,其中广西中北部局地的单日降水量超过历史极值。

6月7日—9日,湖北、安徽、湖南、江西、广东、广西、福建西部、重庆、贵州东部、河南南部相继发生降雨。6月8日,降水最强。强降水中心位于湖北东南部、湖南中北部、江西中北部、安徽大部，其中安徽中西部、湖南中部的单日降水量超过历史极值。6月13日—6月16日，江西、广西、福建、湖南、浙江、四川、重庆、贵州、广东遭受强降雨侵袭。6月19日，雨势最强，强降雨区主要集中在江西、福建、广西、湖南、浙江五省，其中四川东南部、湖南南部、湖南江西交界处、江西中北部连续三天累计降水量超过同期历史纪录。6月26日8时—27日8时，江南东部、华南、西南东部等地降小到中雨，福建南部、广东中部南部、广西东南部等地降大到暴雨，广东惠州江门等地降了大暴雨。最大点雨量为广东江门上276mm、惠阳187mm，福建漳州122mm。

9月30日—10月18日，海南省连续出现两次大范围持续性强降雨天气。强降雨主要分为两个阶段：9月30日—10月10日，10月12日—18日。这两个阶段强降雨天气主要影响区域集中在海南岛的东半部地区，具有累计雨量大、降雨强度大、持续时间长、灾害损失重等特点。9月30日—10月17日，海南全省累计平均降水量达954.8mm，为常年同期的5倍多，为历史同期最多。海南岛东半部11个市县两次强降雨过程累计雨量均超过当地年降雨量的一半，其中，琼海、文昌和万宁累计降雨量接近年降雨量。9月30日—10月17日，海南省各站平均暴雨日数为5.9天，较常年同期明显偏多，为1961年以来历史同期最大值。其中，9月30日20时—10月10日8时期间，海南东部大暴雨天气持续9天，突破1951年有气象记录以来最长连续大暴雨天数。

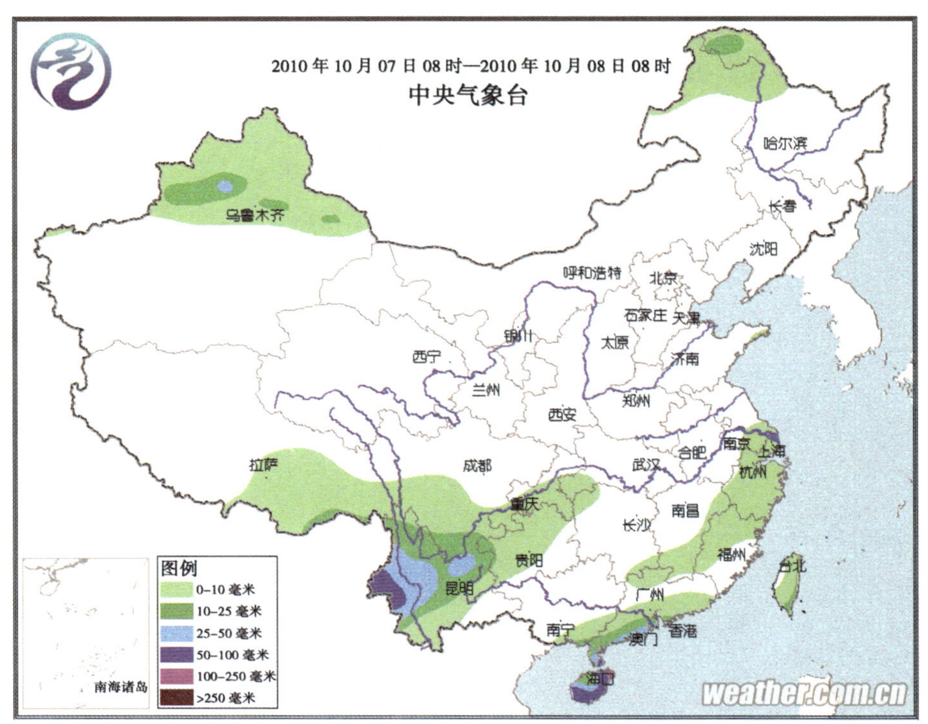

图10　全国降雨量预报图

强降雨诱发的洪涝灾害给南方各省带了严重的损失，既包括人员伤亡、房屋倒塌、农作物受灾等直接损失，也包括交通中断、供电中断、水库损毁等间接损失，洪涝灾害甚至带来一系列的衍生灾害，如地质灾害等，详情见表2。

表2　南方各省降雨所致灾害情况一览表

省份	范围	人员	房屋	农作物	交通	电力供水	水库/河流	地质灾害
广西	5市17县市、区	40.69万人受灾，紧急转移安置2.23万人；死亡1人	倒塌房屋2925间，倒塌居民住房893户2105间；损坏1219间		312条公路中断	供电中断4条次	柳江水位连续两日出现83米洪峰水位，超警戒水位0.5米；来宾一水库大坝现险情	三江境内发生大面积山体滑坡
江西	89个县（市、区）1052个乡镇	733.97万余人受灾，转移人员53.25万余人，10人死亡，4人失踪，因灾伤病3293人	倒塌房屋3.37万间，居民住房6961户2.58万间；损坏房屋19.05万间	受灾面积464.43千hm^2	鹰潭市境内交通全部中断；南昌铁路局境内多条线因水害中断	4个县城供水、供电和通信中断；近40万余户断电	抚州一河流发生垮堤；赣江、抚河、信江干流出现超警戒洪水	
湖南	60多个县市	近400万人受灾，因灾死亡2人、失踪1人，紧急转移安置21万余人	倒塌各类房屋1.2万间，波及3272户居民，损坏房屋近4万间	受灾面积28.11千hm^2，成灾面积16.31千hm^2，绝收面积2.195千hm^2，农业直接经济损失2640万元	凤凰县城通往外界的主要生命通道209国道奇梁洞路段被洪水淹没；39列旅客列车不同程度晚点			沅陵发生山体滑坡；永州塌方；湘黔铁路1477+200、1464+475等三处发生泥石流滑坡灾害
浙江	11个县（市、区）101个乡（镇）	80.8万群众受灾，共转移人口2.3万		16.28千hm^2	公路中断81条			

续表

省份	范围	人员	房屋	农作物	交通	电力供水	水库/河流	地质灾害
重庆	119个乡镇受灾	因灾死亡1人，失踪1人	倒塌房屋1912间	受灾农田面积16.28千hm^2。其中：成灾8.56千hm^2，绝收2.19千hm^2			25条河流涨水	
福建	8个设区市、60个县（市、区）、639个乡镇，南平四个县市主城区受淹	265.91万人受灾，紧急转移52.73万人，因灾死亡76人、失踪79人	倒塌房屋4.42万间；泰宁明代古建筑群受暴雨洪水侵袭损毁严重	受灾119.83千hm^2，直接经济损失95.51亿元人民币	新桥上清道路被洪水阻断；铁路73处水害险情；厦门多趟列车停运，福厦线动车组限速运行	600多条供电线路停运；南平市南山镇店口电站水库水坝部分崩塌	闽江干流发生30年一遇的大洪水	南平一大坝现多处管涌；三明宁化发生严重泥石流；顺昌县引发山洪；沙县高砂镇山体塌方
广东	7市29个县（市、区）245个乡镇	78.40万人受灾	倒塌房屋3555间	农作物受灾面积41.78千hm^2，直接经济总损失7.85亿元			西江现1号洪峰	
四川	甘孜、峨眉山、凉山等地	经核实共造成23人死亡，7人受伤，其中3人重伤			都江堰至汶川公路70米路基被大水冲毁；213国道中断			康定山体垮塌；峨眉山市九沙路7公里+200米处发生山体整体下坠，泸州山丘崩塌
贵州	49个县（市、区）340个乡镇	受灾人口119.8万人，因灾死亡12人、失踪6人	倒塌房屋1033间，损坏房屋9.04万间	农作物受灾面积44.69千hm^2	公路中断51条次	供电中断24条次、通讯中断13条次	损坏护岸33处、灌溉设施812处，冲毁塘坝9座	
海南	海口、文昌、琼海等17个市县	208.41万人受灾，紧急转移安置13.93万人	倒塌房屋1416间，损坏房屋2022间	农作物受灾面积9.8万hm^2，16.2万亩瓜菜受灾，有5万亩瓜菜绝收	东线、西线2条高速公路损坏，2条国道、8条省道、26条县道分别受损，公路损失约3.36亿元		564座水库存在安全隐患	

2. 中部洪涝灾害①

15日—18日,淮河流域西部和北部地区以及四川、重庆、陕西、湖北等地出现强降雨。河南中南部、安徽中部、山东中南部、江苏北部及四川东部、重庆西北部、陕西南部、湖北中北部降雨量有50~90mm,四川东北部、河南中部、山东西南部部分地区降雨量达120~180mm。降雨量较大的地点有:河南方城227mm、桐柏225mm,四川万源351mm、通江269mm、巴中234mm。19日—21日,23日—25日,长江及淮河流域又有两次降水过程。此次强降雨主要集中在宁夏南部、甘肃陇东地区、陕西西部、河南西部及湖北南部等地,19日8时至25日8时的累积雨量超过100mm,局地达300mm以上。截至7月20日,陕西、云南、贵州、四川、重庆、湖北、湖南7省市发生了数百起严重的山洪灾害。另外,30多个县(市)城受淹,其中四川巴中市平昌县平均受淹达10米多,洪灾损失惨重。据统计,6月份以来,长江流域农作物受灾4524千hm^2,受灾人口7804万人,因灾死亡323人,失踪208人,倒塌房屋33.84万间。

3. 东北洪涝灾害

7月19日以来,辽宁、吉林两省大部普降大到暴雨,局部地区降雨量超过300mm。造成铁岭、盘锦、沈阳、锦州、鞍山、本溪6个市的23个县(区)发生严重洪涝灾害。8月20日8时至21日8时,辽宁东部降大暴雨。其中宽甸砬子沟站最大雨量574mm、丹东市区521mm。受强降雨影响,鸭绿江干流荒沟水文站21日6时出现洪峰,超过警戒水位2.82米,列1957年有实测资料以来第4位。鸭绿江支流爱河梨树沟水文站21日1时30分出现洪峰,超过警戒水位4.36米,列1956年有实测资料以来第3位。截至8月21日16时统计,19日以来的强暴雨洪涝灾害已造成辽宁省丹东、阜新、锦州、本溪、鞍山5市17县(市、区)45.7万人受灾,4人失踪,12.7万人紧急转移安置,房屋倒塌3000间、损坏5000间,直接经济损失7.6亿元。其中,丹东市受灾较为严重。

4. 西北洪涝灾害

受到气候特征和地貌特征两个方面的影响,中国常年降水量的地区分布总体呈现出由东南沿海向西北内陆递减的趋势,相应的,洪水灾害在西北内陆发生的频率较低,程度较轻。然而,今年的情况出现了反常,西北内陆地区发生多场大洪水。

2010年第一场洪水灾害就是发生在西北地区。2009年11月至2010年2月,伊犁河流域冬季降水量和稳定积雪深度普遍大于去年同期,并接近或超过55年有观测资料以来的极值。伊犁州各地降水量较历年同期偏多40%~140%,流域绝大部分地区稳定积雪深度在20cm以上,其中,喀什河谷上游积雪甚至深达150cm以上,导致开春3—5月,伊犁、塔城、阿勒泰等地都出现大面积融雪性洪水,进入6月,高温天气引起融雪洪水叠加区间

① 这里的中部地区是指长江淮河流域附近省份,包括江苏、安徽、河南、浙江、江西、湖南、湖北、重庆、四川等省(直辖市)。

暴雨形成混合型洪水。在南疆,6月以来降水量激增,形成暴雨山洪洪水,使南疆从往年的抗旱急转至抗洪。此外,今年新疆的局地强对流天气频发,也是导致今年洪灾频发的原因。今年入汛以来,新疆共有34条河流超过或连续数十天超过警戒流量。洪水峰高、量大、持续时间长、影响范围广,给各族人民的生命财产及房屋、农田和水利、交通等设施造成了较为严重的损失。今年的洪水对于新疆水利设施的损害也是近年来最大的一次,水利设施的损失达到7.8亿元。年初至8月2日,新疆已有58个县市发生洪灾,受灾人口达97.6万人,直接经济总损失约18亿元人民币。

6月份以来,原本易发旱情的青海却"一改常态",许多地区遭受到洪涝灾害的袭击。入汛以来,往年极端干旱的格尔木地区降水量异常偏多,特别是6月份的降水偏多71%～280%。6月6日—7日降水量达到27.8mm,较历年同期偏多2.7倍,创该市6月最大日降水量历史极值。7月1日—4日、7日—9日,青海出现了中到大雨天气,局部出现暴雨天气,多条河流发生超标准洪水,格尔木河流量出现超2000年一遇洪水标准,达到789m^3/s,湟水河干流最大洪峰流量达到450m^3/s,接近百年一遇洪水标准。此次洪涝灾害涉及青海全省22个县(市、区)64个乡(镇),5.4万人受灾,因灾遇难28人、失踪3人,部分农作物受灾、牲畜死亡,部分乡村公路毁坏,24个村供电中断。

进入7月以来,陕西连续发生5次大范围强降水过程,造成陕南、关中和陕北部分地区严重洪涝灾害。安康市绝大多数乡镇出现累计50mm以上的降雨量,安康境内汉江干流18日18时出现了25 537 m^3/s的洪峰,安康城区段汉江流量在19日1时至2时维持在21 700 m^3/s,超过警戒流量一倍左右。据初步统计,截至8月18日,暴雨洪水共造成陕西省除榆林市、杨凌区之外的9市、78个县区、1374个乡镇、559万人受灾,29.8万间房屋倒塌,100多万人紧急转移,农作物受灾400万亩,绝收90万亩。因山洪滑坡泥石流死亡130人、失踪207人,直接经济总损失197亿元人民币。

8月7日22时许,甘南藏族自治州舟曲县突降强降雨,县城北面的罗家峪、三眼峪泥石流下泄,由北向南冲向县城,造成沿河房屋被冲毁,泥石流阻断白龙江,形成堰塞湖。甘肃舟曲特大山洪泥石流①受灾4496户、20 227人;水毁农田1417亩,水毁房屋307户、5508间,其中农村民房235户,城镇职工及居民住房72户;进水房屋4189户、20 945间,其中农村民房1503户,城镇民房2686户;机关单位办公楼水毁21栋,损坏车辆18辆。

(四)洪水灾害风险的特点

今年我国的洪水灾害,发生频次之高、影响范围之广、持续时间之长、人员伤亡之多、

① 8月8日甘肃舟曲特大山洪泥石流入选2010年全国"十大自然灾害事件",其他入选的洪水事件还包括:5月—7月长江中下游地区暴雨洪涝过程,7月中下旬东北洪涝过程和7月中旬陕西安康山洪泥石流。

灾害损失之重,可谓历史罕见,具体体现在以下四方面。

1. 降雨过程多

全国入汛后降雨过程多、局地强、雨量大、致灾重,许多地区日降雨量超过历史极值,全国先后出现30多次大范围强降雨过程,一些地区,如海南东部、福建中北部、浙江南部、江西东北部、辽宁、吉林南部、西藏东南部、青海中西部、甘肃中部、新疆西部南部等地,降水较常年偏多3成以上,局部地区偏多5成~1.5倍。10月上旬,海南省发生持续降雨过程,全省累积面雨量达648mm,最大点雨量琼海市1464mm,均为1961年有实测记录以来的最大值。

2. 洪水量级大

全国有437条河流发生超警洪水,长江上游渠江、鄱阳湖水系信江和抚河、第二松花江等111条河流发生了超历史记录的特大洪水。长江上游干流出现1987年以来的最大洪水,三峡水库迎来建库以来最大洪水,汉江丹江口水库出现建库以来第二大洪水,第二松花江白山水库以上发生百年一遇的特大洪水,丰满水库出现了超20年一遇的入库洪峰,福建闽江发生了超过30年一遇大洪水,浑河大伙房水库发生了20年一遇大洪水,鸭绿江发生了20年一遇大洪水,海河流域徒骇、马颊等河流发生了1964年以来的最大洪水,海南南渡江发生了1954年以来第二位大洪水,青海格尔木河发生了特大洪水,温泉水库出现了历史最高水位。

3. 洪灾损失重

我国南北方、东西部都发生了严重洪涝灾害,全国30个省、自治区、直辖市和新疆生产建设兵团受灾农田17867千hm^2,受灾人口2.1亿,因灾死亡3222人,失踪1003人(死亡失踪人数超过1998年),直接经济损失3745亿元,占当年自然灾害直接经济总损失的比例高达70%①。与2000年以来均值相比,农作物受灾面积偏多近6成,受灾人口偏多4成,死亡失踪人数偏多1.2倍,倒塌房屋偏多1倍,直接经济损失偏多2.7倍,并超过1998年长江特大洪涝灾害的经济损失②(见图11)。

① 2010年全国各类自然灾害共造成4.3亿人次受灾,因灾死亡失踪7844人,紧急转移安置1858.4万人次;农作物受灾面积3742.6万hm^2,其中绝收面积486.3万hm^2;倒塌房屋273.3万间,损坏房屋670.1万间;因灾直接经济损失5339.9亿元。

② 张志彤:"关于2010年防汛抗旱工作的报告",载中华人民共和国水利部网站 http://www.mwr.gov.cn/。

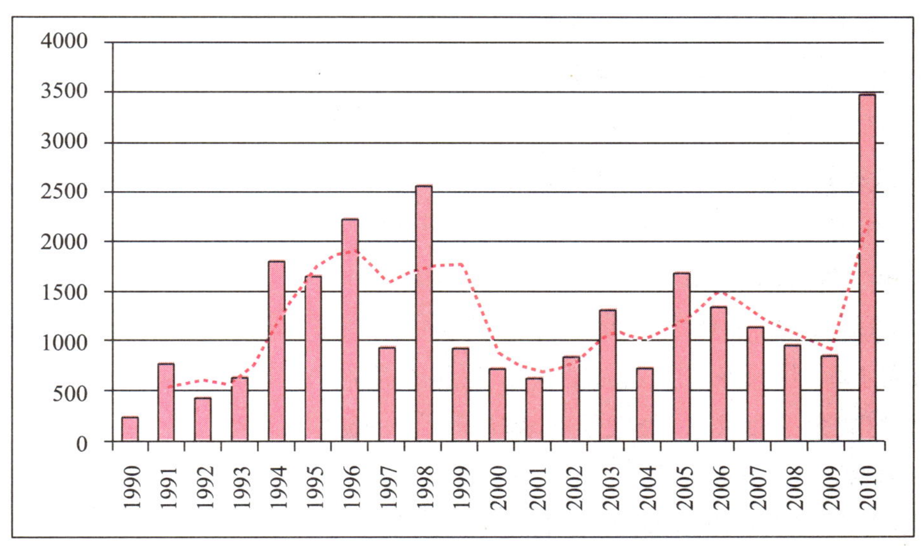

图 11　1990—2010 年洪灾直接经济损失趋势图

4. 山洪灾害多

今年全国因山洪灾害死亡失踪 3887 人,占洪涝灾害总死亡失踪人数的 92%,共发生死亡失踪人数超过 30 人的特别重大山洪灾害 19 起,死亡失踪人数在 10 人至 29 人之间的重大山洪灾害 16 起,山洪灾害发生之多、损失之重、伤亡之大十分罕见,且主要集中在甘肃、四川、陕西、云南、贵州等西部地区。其中甘肃舟曲特大山洪泥石流灾害造成 1501 人死亡、264 人失踪;陕西安康、汉中和商洛山洪灾害死亡 78 人、失踪 104 人;贵州关岭特大山体滑坡死亡 42 人、失踪 57 人;甘肃天水、陇南等地山洪泥石流灾害死亡 48 人、失踪 12 人;四川绵竹、汶川等地山洪泥石流死亡 26 人、失踪 41 人;云南贡山特大泥石流灾害死亡 39 人、失踪 53 人,巧家特大山洪泥石流死亡 19 人、失踪 26 人。四川清平乡附近山洪泥石流冲出量达 600 万 m^3,被认为是国内近几十年以来规模最大的一次山洪泥石流灾害。

二、当年洪水灾害风险管理

(一)管理措施

1. 科学合理调度水利工程

各级防汛、水利部门科学分析水情、雨情和工情,加强预测预报和会商,统筹上下游,兼顾左右岸,科学调度三峡等骨干水利工程,发挥了巨大的拦洪削峰作用。今年防汛工作中,三峡工程最高蓄水至 175 米,达到设计防洪能力,可拦洪库容达 221.5 亿立方米,相当于四个荆江分洪区的蓄洪量。这意味着长江最险处荆江河段的防洪标准从十年一遇提高到百年一遇,即使出现千年一遇的洪水,配合荆江分洪等分蓄洪工程的运用,也可避免下游江汉平原发生人口伤亡的严重灾害。有关数据显示,2010年汛期,三峡工程防洪经济效益达266.3亿元。1998年长江全流域大洪水给荆州造成直接经济损失173.2亿元,而2010年汛期,灾害直接经济损失仅37.68亿元,主要是因暴雨洪涝造成的损失,长江干支流地方安然无恙,这与三峡水利工程的科学合理调度是分不开的。除三峡工程外,其他水利工程也发挥了巨大的作用。运用丹江口水库削减入库最大洪峰82%,避免了长江干流与汉江洪水遭遇,避免了杜家台分洪区分洪,确保了汉江中下游防洪安全。科学调度白山、丰满两大水库,将松花江上游超百年一遇洪水削减为20年一遇洪水,丰满水库将20年一遇洪水削减为一般洪水,最大限度减轻了下游的防洪压力。

2. 紧急转移安置受灾群众

在2010年的防洪救灾过程中,各地防汛部门坚持以人为本,及时紧急转移群众805万人次,最大程度地减少了人员伤亡。虽然有6座小Ⅱ型水库因超标准洪水垮坝,但是由于组织下游群众转移及时,无一人伤亡。在2号热带风暴"康森"防御工作中,及时转移群众21万余人,6.4万艘船只回港避风;在舟曲抗险救援中,第一时间紧急调集1万多救援人员、携带专业救援设备赶赴灾区,逐村、逐户开展拉网式搜救,营救被困人员1243人,紧急转移安置群众2万人;迅速向灾区派出65支医疗队和防疫队,所有伤病群众都得到及时救治;全力抢通水电路等基础设施,有效处置堰塞湖险情,抓紧开展河道清淤疏通,在较短时间内恢复了灾区的生产生活秩序,确保了灾区人心安定、社会稳定。

3. 加强灾区雨量预警预报

国家防总、水利部密切监视汛情险情灾情变化,提前于3月开始全天候应急值守,及时准确全面掌握分析防汛抗洪形势,各级水文、气象、海洋等部门滚动监测预报,及时向各级防洪指挥单位送相关信息并向社会发布暴雨、台风、海浪预警,编发防汛抗旱简报297期,气象灾害预警信息77期,水情汇报121期,水情预测预报信息96期。各级防汛抗旱指挥单位科学分析研判,作出防汛工作部署,统筹上下游,兼顾左右岸,充分发挥水利工程的防灾减灾作用,合理运用拦、分、蓄、滞、排等措施,科学调配水量,实现了对洪水及水资源的有效管理、科学调度。根据汛情灾情发展,国家防总先后启动15次防汛应急响应,其中根据江南、华南等地的严重汛情,6月21日启动国家防总防汛Ⅱ级应急响应[①],7月16日启动国家防总Ⅰ级应急响应。

4. 下拨灾民救助专项资金

洪涝灾害发生后,中央相关部门及时下拨救灾资金,用于帮助灾区做好受灾群众紧急转移安置、遇难人员亲属抚慰和灾区倒塌房屋恢复重建等工作。紧急为江西、广西、青海、

① 国家防汛应急响应级别共为四级,Ⅰ级为最高级别。

安徽、湖北、吉林、辽宁、甘肃、四川、海南等省区调拨防汛物资42批次、总价值8472.37万元;紧急协调空军出动运输机29架次,调用火车抢险专列2列,动用公路大型运输车200多辆,为舟曲等地抢险救灾提供重要物资保障。并新增了6个中央防汛物资储备仓库,中央防汛物资储备总价值增至2亿元。8月31日,财政部、民政部向遭受严重洪涝灾害的辽宁、吉林、山东、河南、四川、云南、陕西、甘肃8省下拨20.05亿元中央救灾资金,针对海南省近期遭受的严重暴雨洪涝灾情,财政部、民政部在10月8日已安排中央救灾资金5000万元基础上,再次向海南灾区下拨6000万元中央救灾资金。并且,国家减灾委、民政部针对海南灾情先后于10月7日和18日两次紧急启动国家四级救灾应急响应,派出两个工作组赶赴灾区,指导开展抗灾救灾工作,分两批次向海南灾区紧急调运5万床棉被,帮助灾区做好转移群众安置工作。

(二)管理缺陷

虽然我国的洪水灾害风险管理水平有所提高,并在防洪救灾的实践中取得了显著的成效。但是,在洪水风险管理的工程措施与非工程措施方面尚有一些历史遗留问题亟待解决。主要包括以下五个方面。

1. 部分中小河流防洪标准偏低

与大江大河的防洪建设相比,中小河流和山洪灾害防治仍然是洪水风险管理工程体系的薄弱环节,许多中小河流防洪标准仅3~5年一遇,有的甚至不设防。目前,中小河流洪灾损失约占全国水灾损失的80%,中小河流洪水灾害和山洪灾害伤亡人数占全国水灾伤亡人数的2/3以上。但山洪多发区和中小河流存在着防洪标准不高,防洪能力比较薄弱,但又很难提高的矛盾。这主要是由两大原因造成的。首先,山区丘陵地区的中小河流保护面积小,洪水涨落幅度大,要达到较高的防洪标准,需要大量的投入,从经济效益上看,可能不合理;其次,即使经济上可行,有些地方河流保护面扩大后,形成"洪水归槽",将更多的洪水输送到下游,造成下游防洪标准相对降低,防洪压力增大。

2. 小型病险水库除险加固率低

通过近年的不懈努力,我国小型水库管理与建设工作取得显著成效,其重要的标志是小型水库溃坝率大大降低,溃坝事件逐年减少。但是,我国小型水库大多建于20世纪50—70年代,限于当时经济和技术条件,建设标准不高,再加上管理薄弱,老化失修严重,安全隐患突出。到2012年新一轮规划5400多座小Ⅰ型病险水库实施完成后,还只是解决了小Ⅰ型水库的病险问题。据初步统计,全国6.5万多座小Ⅱ型水库中约有70%~80%的水库还存在不同程度的病险问题,亟待除险加固。特别是今年入汛以来,已有多座小型水库出险,江西、广西、贵州、新疆等地先后有6座小Ⅱ型病险水库溃坝失事,更加凸显水库安全隐患问题。而且现行的小型水库管理工作尚不规范。小型水库多由乡镇或由农村集体经济组织管理，相当一部分无专门的管理机构和人员，特别是小Ⅱ型水库，一般由当地村民负责看护。水库建设及运行管理基础资料缺乏，正常维修养护经费不足，管理设施落后，甚至缺乏基本的报警通信手段，在责任落实和规范管理各方面、各环节的工作都有待进一步加强和规范。

3. 山洪灾害防治措施投入偏少

山洪灾害历来是我国防治任务最为艰巨的自然灾害。我国山地丘陵面积约占国土面积的2/3，自然条件复杂，降雨时段集中，极端天气频发。我国山洪灾害呈多发、易发、频发、重发的特点。全国29个省、自治区、直辖市，274个地级行政区，1836个县级行政区具有山洪灾害防治任务，防治区面积达到463万km^2，涉及人口5.6亿，其中重点防治区面积97万平方公里，影响人口1.3亿，7400万人受到直接威胁，防御形势十分严峻，治理任务极为艰巨。

山洪灾害破坏性强，一旦发生往往造成毁灭性灾难。近几年，我国突发性、局地性极端强降雨引发的山洪灾害频繁发生，造成死亡人数占全国洪涝灾害死亡人数的比例呈递增趋势。据统计，20世纪90年代以前，全国每年山洪灾害死亡人数约占洪涝灾害死亡总人数的2/3，新世纪以来已上升到80%左右。尤其是今年，截至11月24日统计，全国因山洪灾害已造成3887人死亡、失踪，占洪涝灾害死亡、失踪总人数的92%。山洪灾害导致大量群死群伤事件，严重破坏基础设施和生态环境，直接影响广大人民群众生产生活，迫切需要加快防治步伐。经过多年持续建设，山洪灾害防治区尚未开展全面、深入的普查和排查，大量隐患点尚未被发现；雨水情监测预报设施和预警手段严重不足，灾害预警信息传递和人员转移较为困难；基层群测群防体系还不完善，尚未建立覆盖到县乡村组户的组织体系和"纵向到底、横向到边"的预案体系；一些地方山洪灾害防治宣传教育、培训力度不够，基层干部群众防灾减灾意识淡薄，自防自救能力不足。因此，迫切需要在继续加快大江大河大湖治理的同时，进一步加大山洪灾害防治力度，尽快改变被动局面，整体提升我国洪涝灾害防御能力。

4. 局部地区水情预报能力不足

水文情报预报工作主要包括洪水监测、洪水预报与预测分析等，在今年汛期的防洪减灾中发挥了重要作用：一是洪水预报的预见期大大延长，为防洪抢险赢得了宝贵的时间。利用先进的洪水预报技术，可以大大延长洪水预报的预见期。根据及时准确的洪水预报与预测分析，地方政府预先组织群众加强堤防防守，提前转移可能受灾地区的群众，保障了人民生命财产的安全，最大程度地减少洪涝灾害损失。二是洪水预报的精度大大提高，提高防洪抢险指挥决策的科学性。利用先进的洪水预报技术，可以大大提高洪水预报的精度。根据及时准确的洪水预报与预测分析，可以事先对防洪工程（水库、闸坝、蓄滞洪区等）进行合理调度，及时拦洪、泄洪、削减洪峰、与下游区间洪水错峰，有效地调控洪水，减轻下游河段的防洪压力，也可以有计划地运用分蓄洪区拦蓄超额洪水，牺牲局部、保护全局，提升了抗御洪涝灾害的能力，充分发挥水利工程的减灾效益，最大程度地减少洪涝灾害损失。

我国洪水预报系统建设项目现已基本建成，大大强化了信息采集、传输、处理的及时性、准确性、可靠性，提高了决策的科学性、主动性，全面提升了我国水文情报预报的整体水平，使得我国水文情报预报的水平在世界上发展中国家处于领先地位，特别是在大江大河的洪水预报的技术上可与发达国家媲美，但在中小河流的洪水预警与预报中还存在一定的差距，特别是在边远山区，暴雨、山洪、滑坡、泥石流等灾害呈现多发频发趋势，由于监测和预警能力偏低，信息发布不够及时，预案体系不够完善，群众防灾意识不强，往往造成人员伤亡和经济损失。

5. 灾害损失补偿机制不够完善

中国的洪水灾害的损失补偿方式，目前主要有三种：一是由国家财政提供的政府援助，包括国家财政部门专门设立的特大防汛抗旱补助费、水利建设专用基金等；二是由社会公众或机构提供的社会救助；三是由商业保险公司提供的损失补偿。但是，目前的损失补偿方式各自都还存在一些问题，并且三者之间没有通过制度设计将其有效地整合起来。

首先，政府救助存在补偿额度低、持续性差的问题。政府救助的目的既不在于使灾民生活恢复到原有水平，也不在于使灾民获得永久性或持久性的生活来源，而仅在于保障灾民灾后渡过暂时性的困难，获得短时期的生活保障。抢救生命财产、物质财产等是临时性的，许多医疗救助行为也是临时性的，食物、衣服、救济款等的无偿给予一般也是临时性或一次性的。政府救助这种保障方式只限于灾民最基本的生活保障，救助标准至多只是满足灾民低层次的生存需要，灾民并不能通过政府救助的方式使生活恢复到受灾前的水平。

其次，社会捐赠存在透明度低、随意性强的问题。当前社会捐赠立法存在空白。法律作为调整社会行为的规范应当与社会发展保持同步。丧失这种同步性，就会因法律调整的缺失而引发相关问题。就社会捐赠而言，虽然我国目前出台有《中华人民共和国公益事业捐赠法》等法律，对公益性质的捐赠行为进行了一定的规范，但在社会捐赠的具体操作层面，仍有许多“空白点”，造成目前社会捐赠的随意性。同时，社会捐赠的运作不够透明、缺乏监督，使得有的捐赠款物未能及时转达受助人，甚至被侵占、挪用或截留，使受助人不能得到有效的救助。而且，社会捐赠的金额具有随意性。这种随意性与捐赠人的主观意愿有着内在的关系。这样一来，使得损失补偿的程度带有比较大的不确定性。

最后，我国目前尚未开展专门的洪水保险。虽然保险补偿相对于政府援助和社会捐赠具有足额补偿、透明度高、及时性强等优点，但是在我国，现阶段涵盖洪水风险的险种无法满足人们保障洪水风险所致损失的需要。目前市场上的保险产品存在种类少、保障范围小、保额低等问题。虽然洪水风险责任一般在人身险、家财险、车损险、企财险、政策性农业保险和农房保险中都有涵盖,这意味着由洪水灾害导致的人身伤亡、家庭财产损失、车辆损失、企业财产损失、农业损失和农房损毁,都可以相应地依据保险合同的条款得到部分或全部的赔偿。然而,这些险种存在着购买门槛高或保障范围小的不足。通常情况下,普通财产险对家庭财产实行有选择性的承保,如承保范围包括房屋、房屋附属物、房屋装修、家具、家用电器和文化娱乐用品等,而金银、珠宝、钻石及制品,玉器、首饰等珍贵财物则不在承保范围内。如果发生洪灾,这些珍贵财物受损将无法获得赔付。在投保家财险时,虽然可以通过选择承保对象,将存放于院内、室内的非机动农机具、农用工具以及存放于室内的粮食及农副产品纳入保障范围,但需要相应增加部分保费。家庭自用汽车损失保险其中有一则免责条款,“发动机进水后导致的发动机损坏除外”,但在实际中,以往遭受暴雨受损的车辆,有很大一部分就是因为发动机遇水熄火后车主强行打火而导致发动机受损的。虽然车主也可以通过购买“发动机特别损失险”或者附加险,来对因二次打火导致发动机受损进行投保,但是据了解,该险种根据车辆价格不同而进行调整,一年大约几百元。这就导致并不是所有洪水灾害导致的损失都能通过保险手段获得补偿。以今年海南省的洪涝灾害为例,相对洪涝灾害直接经济损失 91.4 亿元而言,报损金额仅 1.6 亿元,即使保险公司全部进行赔偿,保险赔付比例也不足 2%。作为受自然风险影响最大的行业,全省农作物直接经济损失 6.39 亿元,报损金额近 130 万元。保险的损失补偿功能和社会管理功能完全无法凸显。

三、未来洪水灾害风险防范

在风险管理研究领域,洪水作为风险的一种客观存在,其内容包括三个部分:洪水风险因素、洪水风险事件和洪水风险损失。风险因素、风险事件、风险损失三者之间既相互独立,又相互联系,共同构成洪水风险的全部。洪水风险具有复杂性特征,具体体现在以下两方面:

第一,洪水风险三个组成部分的关系之间存在复杂性。在通常情况下,洪水风险因素引发洪水风险事件;洪水风险事件导致洪水风险损失。在特定情况下,洪水既可以被视为风险因素,也可以被视为风险事件。以暴风雨为例,如果因暴风雨而导致房屋、农作物等财物被毁坏,那么,暴风雨就是导致损失的洪水风险事故;如果因暴风雨引起水库的水位上涨,水位上涨引起水库溃坝,水库溃坝导致人员伤亡和财产损失,那么,暴风雨只是导致损失的洪水风险因素,水库溃坝才是导致损失的洪水风险事件。

第二,洪水风险因素、洪水风险事件和洪水风险损失各自具有自身的复杂性。首先,从洪水风险因素来看,不同类型的洪水有着不同的发生原因,导致洪水灾害发生的因素包括暴雨、冰雪融水、溃坝、泥石流等,纷繁复杂。其次,从洪水风险事件来看,不同洪水成因导致的洪水类型不同,包括雨洪水、山洪、泥石流、融雪洪水、冰凌洪水、溃坝洪水等各类洪水风险事件,而且,洪水风险事件的等级及其划分也错综复杂,迄今为止,仍缺乏类似于里氏震级等级或蒲福风力等级的、能表征洪水风险及其灾情大小的最简单和最形象的统一指标。最后,从洪水风险损失来看,洪水风险损失可分为经济损失和非经济损失两类。进一步地,洪水灾害经济损失又包括直接经济损失和间接经济损失,非经济损失又包括受灾人口、受灾面积、灾害的社会影响、灾害的生态环境影响等。洪水风险损失的评估也是一个复杂的问题,洪水灾情的大小不仅取决于绝对水平,而且还与整个经济社会水平相关。通常我们对"小灾大害"和"大灾小害"的描述就充分反映了这一点。社会经济发达,人口、城镇密集,工业化程度高的区域,承灾体数量多、密度大、价值高,洪水灾害的危害范围广,破坏几率高,造成的人口伤亡和经济损失大;但这些地区经济发达,防灾抗灾能力和灾后恢复能力强。社会经济比较落后的区域则与此相反。因此,可以看出洪水风险损失既受自然因素,还受人为因素的影响。

针对自然灾害的复杂性特征,国际科学联盟高度关注灾害风险的综合研究。奥地利国际应用系统分析研究所与日本京都大学防灾研究所共同组织发起综合灾害风险管理论坛(IASA-DPRI),从2001年起就关注综合灾害风险管理的集成研究,相继召开了8届国际论坛,试图建立综合灾害管理体系,提出了综合灾害管理的"塔"模式和"行动—规划—再行动—再规划"的减灾响应模式。[①] 国际风险防范理事会(IRGC)高度重视综合风险防范的制度设计和关注巨灾风险的综合应对,提出了一套新的风险分类、评价的体系和综合风险防范模式。[②] 在此基础上,北京师范大学史培军教授结合中国抗灾抢险的实践,提出了"安全设防、救灾救济、应急管理与风险转移"四位一体的综合灾害风险防范的"结构优化模式",把防、抗、救灾体系整合为一体,也即把备灾、应急与恢复和重建整合为一体。[③] 洪水灾害过程错综复杂,仅仅运用单一的手段进行风险管理是不够的;洪水灾害造成的损失是巨大的,仅仅运用政府救助和社会捐赠进行事后的补偿也是不够的,需要在灾前、灾中、灾后的各个环节,对洪水灾害风险进行评估、预防、预警、预测,构建洪水灾害风险综合防范工程,对洪水风险实施全面的监控,在此基础上,建立洪水灾害风险转移机制,将洪水灾害政府救济和保险补偿有机结合起来,使防洪减灾效益得到最充分的发挥(见图12)。

---

① Okada N. Conference road map [R]. 3rd International Symposium on Integrated Disaster Risk Management (IDRM ~ 2003). Kyoto, Japan: Kyoto International Conference Hall. July 3 – 5, 2003.

② Ortwin R. Risk Governance: Cop ing with uncertainty in a comp lex world[M]. London. Sterling, VA: Earthscan, 2008.

③ 史培军:"四论灾害系统研究的理论与实践",载《自然灾害学报》2005年第14卷第6期,第1~7页。

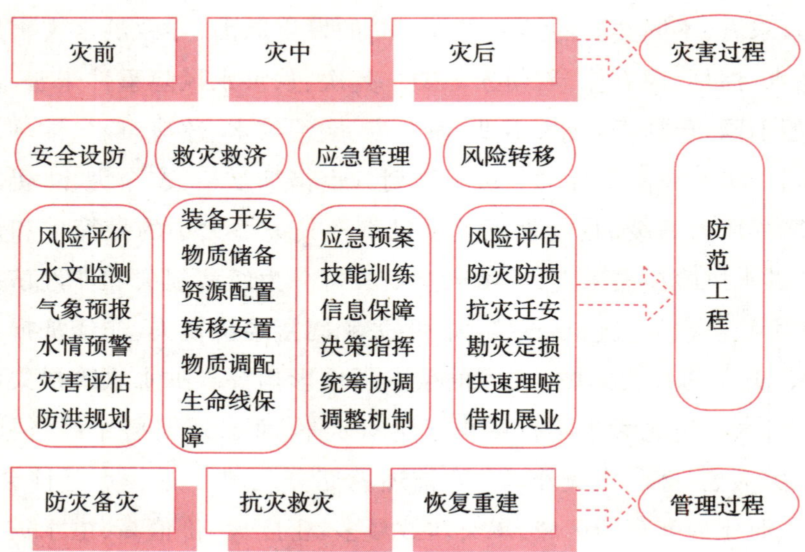

图 12　洪水风险综合防范体系示意图

(一)安全设防

安全设防,即我们传统意义上所说的防洪工程建设,包括在上游山区兴修控制性的水库,拦蓄洪水,削减洪峰;在中下游平原进行河道整治,加固堤防,开辟蓄洪区等。这是我国最主要的洪水风险管理方式之一,始于战国时期的“以堤防洪”,迄今已有 2500 年的历史。具体地说,提高洪水风险防范能力,在安全设防方面应结合 2011 年中央一号文件,做好以下工作:加快病险水库除险加固步伐,争取 2012 年年底前全面完成现有小Ⅰ型病险水库除险加固,2015 年年底前完成小Ⅱ型病险水库除险加固,尽快消除水库安全隐患,恢复防洪库容,增强水资源调控能力;加快实施全国重点地区中小河流近期治理建设规划,优先安排洪涝灾害易发、保护区人口密集、保护对象重要的河流及河段,加固堤岸,清淤疏浚,使治理河段基本达到国家防洪标准,力争 2015 年年底前基本完成有重要防洪任务的中小河流治理;加强重点蓄滞洪区建设,保证发生大洪水时洪水分得进、蓄得住、退得出;修订完善城市防洪规划,加强城市防洪排涝工程建设,提高城市整体防洪排涝能力;加强海堤达标建设,提高沿海地区抗御台风和风暴潮能力。

(二)救灾救济

救灾救济是指灾害形成以后所必须做的一切善后救援工作的总称,即抢救灾民生命财产、安排灾民生活、恢复生产、灾区重建等。目前,我国的政府救灾体系其实质是一种由上而下的政府对受灾地区灾民的救济行为,这种依靠政府力量、国家财政的救灾行为在特定的历史条件或特定的地区具有其独特的优越性,可以使有限的财力、物力更集中地使用到最困难的人群身上,从而在有限的层次上体现社会救济的效率。然而,随着社会经济的快速发展,人口与社会财富不断地向洪水风险区集中,洪水灾害一旦发生,造成的损失往往是巨大的。国家救灾资金支出的增长远远低于灾害损失的增长。截至12月30日,民政部商财政部,全年分79批次安排中央救灾资金113.44亿元,民政部本级共接收各类救灾捐款30.4亿元,即使将所有的救灾资金和捐款都用于洪涝灾害的损失补偿,也不及损失的4%。救灾支出是民政事业费支出的一部分,随着我国经济的发展,国内生产总值(GDP)不断上升,民政事业费支出也得到提高,但是从整体上看,民政事业费占GDP的比例不足0.5%,救灾支出占民政事业费支出的比例不足20%,个别年份仅为7%(见表3)。不难看出,国家在救灾支出的比例投入不足,救灾支出相对洪涝灾害的损失而言,实在是杯水车薪。因此,国家应提高民政事业费支出,并相应提高其中的救灾支出比例,使民政救济能够达到保障灾民灾后渡过暂时性的困难,获得短时期的生活保障临时的目的。

表3 救灾支出、民政事业费支出情况

年份	救灾支出(亿元)	民政事业费支出(亿元)	GDP(亿元)	救灾支出占民政事业费支出的比例(%)	民政事业费占GDP的比例(%)
1990	13.3	51.9	18667.82	25.63	0.28
1991	27.75	62.5	21781.5	44.40	0.29
1992	11.3	63.4	26923.5	17.82	0.24
1993	14.9	69.6	35333.9	21.41	0.20
1994	18	87.1	48197.9	20.67	0.18
1995	23.5	103.5	60793.7	22.71	0.17
1996	30.8	121	71176.6	25.45	0.17
1997	28.7	133.5	78973	21.50	0.17
1998	83.3	161.8	84402.3	51.48	0.19
1999	35.6	346.4	89677.1	10.28	0.39
2000	47.5	383.8	99214.6	12.38	0.39
2001	41	426.2	109655.2	9.62	0.39
2002	55.5	354.5	120332.7	15.66	0.29
2003	52.9	471.5	135822.8	11.22	0.35
2004	40	539.1	159878.3	7.42	0.34
2005	43.1	656.8	183217.4	6.56	0.36
2006	59.3	782.3	211923.5	7.58	0.37
2007	79.8	1057	257305.6	7.55	0.41
2008	303.8	1712.3	300670	17.74	0.57
2009	140.4	1868.7	335353	7.51	0.56
平均	57.5	472.6	122465	18.23	0.31

资料来源:民政事业统计公报(1990—2009)。

(三)应急管理

应急管理是指政府、群众和各种非政府组织,为了应对突发事件而进行的一系列有计划、有组织的管理活动的总和,包括迅速判断事件危险等级、果断排除威胁、减轻事件损失,以及为恢复社会秩序、查清事件原因、追究相关部门与工作人员的应急处置责任、制定并实施新的风险防范措施等。具体地说,提高洪水风险防范能力,在应急管理方面需要做好下面两件事情:

1. 进一步强化监测预报预警

政府相关部门应该加强雨情、水情的监测预报工作,完善监测网络,强化应急机动监测能力建设,争取形成一套驻测、巡测、调查、应急监测和卫星遥感监测相结合的多方式、多层次的监测体系。并进一步完善优化洪水预报,加强技术研究,提高预报精度,延长预见期,加快预警系统和设施建设,完善预警信息发布机制。同时,加强山洪灾害的监测预警工作,使得全国山洪灾害防治县级非工程措施建设能够早日完成,加强台风监测预报,并深入研究台风致灾规律,努力提高台风防御工作的针对性。

2. 进一步增强应急管理能力

政府相关部门应该进一步加强防汛救灾指挥组织机构建设,并将江西、湖南、福建、浙江、广东等省的经验在各地进行大力推广,在洪涝灾害严重的地区建立乡镇、社区等基层防汛救灾组织。在此基础上,还需要做好以下四方面工作:完善各类防汛救灾预案,提高预案的可操作性、实用性和针对性;完善防汛救灾物资储备制度,增大投入,调整布局,完善功能,健全调拨机制;健全防汛救灾信息报送和发布制度,及时汇集、分析、报告水旱灾害突发事件,做好特大突发洪涝灾害事件及敏感事件的信息发布和舆论引导工作;加强防汛抢险队伍和抗洪服务组织建设,发挥抗洪抢险和救助减灾主力军作用。

(四)风险转移

保险作为社会活动风险管理的基本方式,作为自然灾害风险转移的典型手段,在综合自然灾害风险转移中占据主导地位。在某种意义上说,研究综合自然灾害的风险转移,就是研究保险的功能和作用。保险的基本功能是对承保标的因灾害事故而遭受的经济损失进行补偿。保险补偿的基本原则是填平原则。如果投保人对自己的财产购买了足额保险,那么,因灾造成的损失可以得到足额的补偿,使之恢复到灾前状态。从这种意义上说,保险对损失的补偿具有一定的确定性。与其他损失补偿制度相比,保险制度尤其是巨灾保险制度更具优越性。未来中国在洪水保险制度构建方面应重点做好下述四个方面的工作:

1. 加快洪水保险的相关立法

国家应制定《洪水保险法》,确立使用者付费原则,变“无偿获得”为“先交后得”,调整灾后重建工作中中央政府与地方政府之间的财政关系,选择洪水保险作为国家实施防洪减灾战略的主要手段。通过引入保险方式,依据风险大小确定费率的高低,高风险对应高保费,从而形成合理的洪水风险管理机制。并且,按照保险方式管理资金,使得防灾救灾资金可以滚动、积累、调剂使用,从而形成防洪资金的可持续发展机制。

2. 积累洪水保险基金

财政可以为洪水保险基金提供启动资金,在基金尚无一定的积累就遭遇特大洪涝灾害年份时,允许国库向基金提供一定限额的借款,轻灾年份分期偿还;基金有节余时,允许购买国债等安全性较高的金融产品,但不得用于经营性的投资。在洪水保险基金增长到一定规模后,基金自身的投资收益,也可以成为基金规模发展的重要力量。

3. 建立洪水风险数据库

数据主要包括社会经济信息数据、洪水损失数据、地理空间分布数据三类。社会经济信息数据库详细记载居民户口与住宅的信息,甚至包括机动车辆登记资料,因为机动车辆的损失也是洪水保险补偿的一部分。洪水损失数据库详细记载历年各地区的洪水损失记录报告。地理空间分布数据库包括土地使用分区图、行政区划图、洪泛区的预期分析图等。洪水风险数据库的建立有助于洪水保险制度的推行,也可以把相关信息提供给防灾工作人员、洪泛区居民供其在平时开展防灾救灾资源配置时参考,提升我国防灾救灾机制的效率。

4. 建立洪涝灾害风险评估机制

洪涝灾害的风险评估是合理确定保费的基础。保险费率必须与灾害风险相挂钩。保险费率的确定可以采用两条途径。一条途径是通过科学的分析和计算,绘制出洪水风险图,作为确定保险费率的依据,同时可以供核赔参考。另一条途径是在初始阶段先统一采用标准的费率,在实际运用中再根据灾情轻重逐年调整。核赔工作需要提高科技含量,将遥感、地理信息系统、洪水模拟与损失评估等技术结合起来,建立一套宏观的核赔方法。

作者简介:

魏华林,教授,博士生导师,武汉大学经济与管理学院保险经济研究所所长。

洪文婷,武汉大学经济与管理学院保险与精算学系博士研究生。

向飞,供职于中国再保险(集团)股份有限公司博士后工作站,中国再保险(集团)股份有限公司和西南财经大学联合培养博士后研究人员。

2010年干旱灾害风险管理报告*

魏华林　龙梦洁　李　芳

摘　要

2010年,除新疆、浙江等地以外,中国大部分地区出现了程度不同的干旱灾害风险。西南地区发生的秋、冬、春三季连旱和华北、黄淮一带发生的冬麦区大旱,尤为严重。其旱情等级之高、持续时间之长、影响范围之广、经济损失之重,均属历史罕见,对经济、社会和生态环境造成了严重的负面影响。旱灾风险发生的主要原因是大气环流异常引起的降水偏少、气温偏高。从历史上看,尽管干旱灾害在人类发展中是一种比较常见的自然灾害,但这种传统的自然灾害近年来随着地球生态的变化,出现了高频率、重等级、广范围的新趋势。干旱灾害的风险管理日益成为国家自然灾害管理乃至社会管理的一项重要内容。在干旱灾害的风险管理问题上,包括中国在内的一些国家大都采用"危机管理"模式,重视灾后救济、恢复和重建,疏于灾前的风险转移和损失预防。"危机管理"模式的运用实践,不仅没有减轻干旱灾害风险,而且增加了社会的脆弱性。中国在2010年干旱灾害风险管理中,由政府出面,统筹安排有关职能部门统一行动,以工程性措施为基础,动员社会力量,组织抗旱救灾。这些措施虽然取得了一定的成效,但也暴露出抗击旱灾风险体系中的一些问题,应对有余,防范不足。干旱灾害等自然灾害的风险管理,应从单一的"危机管理"模式向"综合风险防范"模式转变,既要发挥应急管理和救灾救济的社会作用,又要做好安全设防和风险转移的制度安排。"防"、"救"结合,以"防"为主,建立完善的风险管理体系,将是干旱灾害风险管理的目标和方向。

* 本报告受教育部哲学社会科学研究重大课题攻关项目"巨灾风险管理制度创新研究"(09JZD0028)和武汉大学"211工程"三期重点学科建设项目"开放条件下的中国金融安全与金融发展研究"资助。

一、当年干旱灾情描述

2010年,全国各地发生共计155次气象干旱①,频率仅次于洪涝、风雹和低温冷冻②。频繁的干旱导致全年总体偏旱,旱情主要发生于西南地区、西北地区和华北、黄淮一带的北方冬麦区,持续时间长。2009年9月入秋以后,西南地区发生了有气象记录以来最为严重的秋、冬、春三季连旱,以云南、广西、贵州、四川和重庆五省(市、区)旱情最为严重;2010年6月入夏以后,内蒙古地区发生伏旱,农牧区严重受旱;2010年10月以来,受大气环流影响,华北、黄淮一带降水稀少,引发冬麦区持续至今③的秋冬连旱,以山东、河南、安徽和江苏灾情最重。长时间无有效降水,引发土壤缺墒、江河塘库蓄水不足,对农作物播种及后期生长、人畜饮水安全以及生态环境造成较大影响。2010年,干旱灾害所致人畜饮水困难问题尤为突出,因旱直接经济损失为2006年以来最高值。

(一)干旱灾害的发生特点

1. 受灾范围广

干旱灾害共分布于全国22个省的148市、892县,耕地累计受旱面积达26 533千公顷,因旱农作物受灾面积13 266千公顷,其中成灾9000千公顷,绝收2672千公顷,约1.3亿人受灾,造成直接经济损失1509亿元。与其他自然灾害损失相比,干旱灾害造成的农作物受灾面积、绝收面积、受灾人口及直接经济损失占各类自然灾害总损失的比重分别为35.4%、54.9%、30.2%和19.8%(见图1)。

① 这里的气象干旱包括干旱气候和干旱灾害。

② 数据来源于国家测绘局和民政部救灾司合作下全国灾情地理信息平台。

③ 本文成稿于2011年2月。

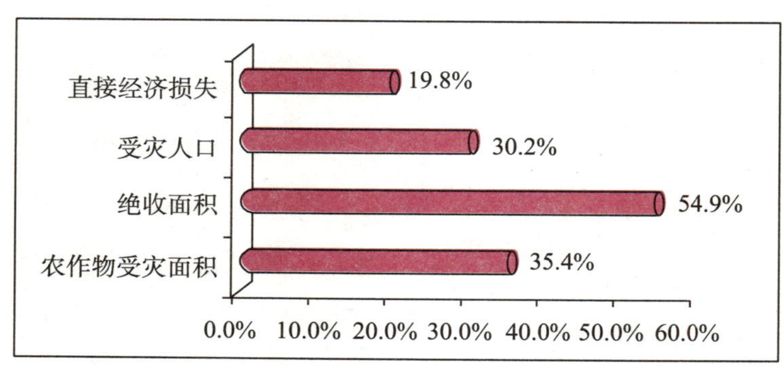

图 1　旱灾损失在各类自然灾害总损失中的比重

资料来源：中国民政部：《民政部发布 2010 年全国自然灾害损失情况》，2011 年 1 月 14 日；张志彤：《关于 2010 年防汛抗旱工作的报告》，2010 年 12 月 7 日，http://sfdh.chinawater.com.cn。

2. 持续时间长

持续时间是干旱灾害区别于其他自然灾害的重要特征。一般来说，干旱灾害的持续时间较长，可长达数月甚至数年。1951 年以来的 59 年间，全国干旱过程平均最长持续时间为 3～4 个月，且持续时间最长的干旱事件多发生于 20 世纪 80 年代后，如 1998 年 11 月至 1999 年 4 月，华南部分地区发生持续近 6 个月的秋、冬、春连旱。一般来说，西南地区冬、春发生连旱时可持续 4～5 个月。若发生秋、冬、春三季连旱持续时间会更长，如“三年自然灾害”期间（1959—1961 年）的 1959 年 11 月至 1960 年 5 月，持续了共 7 个月。2010 年，各旱区旱情持续的时间均超过 2 个月，重旱区局部地区甚至达到 4～5 个月或以上（见表 1）。例如，在西南地区的秋、冬、春三季连旱中，云南出现重旱以上程度气象干旱的平均日数为 84 天，贵州出现重旱以上程度气象干旱的平均日数为 50 天，均达到历史同期最多；广西出现重旱以上程度气象干旱的平均日数为 32 天，为历史第二多；四川出现重旱以上程度气象干旱的平均日数为 25 天，为历史第七多。

表 1　典型旱区旱情持续时间

省份	旱情起止时间	持续时间	省份	旱情起止时间	持续时间
云南	2009.9—2010.5	9 个月	重庆	2009.9—2010.3	7 个月
广西	2009.9—2010.4	8 个月	内蒙古	2010.6—2010.11	5 个月
贵州	2009.9—2010.4	8 个月	山东	2010.9—至今	大于 4 个月
四川	2009.9—2010.4	8 个月	河南	2010.10—至今	大于 4 个月
山西	2010.10—至今	大于 4 个月	安徽	2010.10—至今	大于 4 个月
河北	2010.10—至今	大于 4 个月	陕西	2010.10—至今	大于 4 个月
江苏	2010.10—至今	大于 3 个月	甘肃	2010.10—至今	大于 4 个月
黑龙江	2010.6—2010.10	5 个月	甘肃	2009.10—2010.4	7 个月

资料来源：根据国家气候中心《中国旱涝气候公报》统计。

3. 干旱等级高

农业干旱、水文干旱和社会经济干旱均始于气象干旱,故而我国干旱监测和干旱影响评估皆采用《气象干旱等级》标准(GB/T20481—2006)衡量气象干旱等级。以气象干旱综合指数CI值为指标,可将干旱划分为正常、轻旱、中旱、重旱以及特旱五个等级。统计1—12月全国气象旱涝分布图结果显示,全年度经受旱灾侵袭的省份中,约50%省份的灾情等级达到重旱及以上。平均每月,干旱等级为重旱及以上的省份占当月发生旱灾省份的39.43%,其中11月、12月、4月、3月及9月占比均超过50%,分别为66.67%、62.5%、60%、53.85%以及50%(见图2)。西南五省(市、区)的特大干旱灾害中,贵州省一度有超过70%的县(市、区)干旱等级为重旱及以上,云南省一度有超过85%的县(市、区)干旱等级为重旱及以上。

若以干旱重现期推算,2010年西南地区的旱灾是60年一遇,其中云南省全省综合气象干旱重现期为80年一遇,滇中、滇东、滇西东部的大部地区为100年一遇;贵州省全省综合气象干旱重现期为80年一遇,广西和四川则是50年一遇;10月以来,华北、黄淮一带发生的干旱灾害中,山东省全省综合气象干旱重现期为50年一遇,若2011年2月以前持续无有效降水,全省气象干旱重现期将达到60年一遇,枣庄、泰安、莱芜、临沂、日照、聊城将达到100年一遇,菏泽、济宁甚至将达到200年一遇;江苏淮北地区的综合气象干旱重现期为50年一遇。

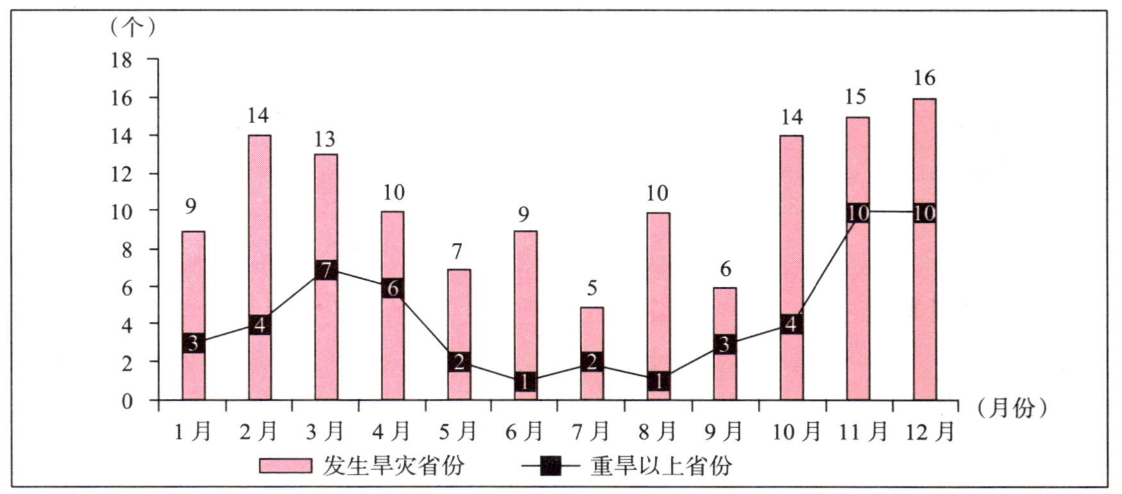

图2 干旱等级月度对比

资料来源:根据国家气候中心月度全国气象旱涝分布图统计。

4. 灾害损失重

干旱灾害往往对农业生产造成巨大影响。据统计，平均每年因旱农作物受灾面积占农作物总受灾面积的50%以上，严重干旱年份农作物因旱受灾面积占农作物总受灾面积的比例高达75%。[①] 2010年，因旱农作物受灾面积虽然仅占农作物受灾总面积的35.4%，低于50%的平均水平，但值得注意的是，因旱农作物绝收面积在农作物总绝收面积中占比超过一半，达到54.9%，表明干旱灾害将是造成今年粮食减产的主要原因。此外，全年因旱所致直接经济损失为自2006年以来最高，达1509亿元（见图3）。综上，足见今年干旱灾害造成损失之大。

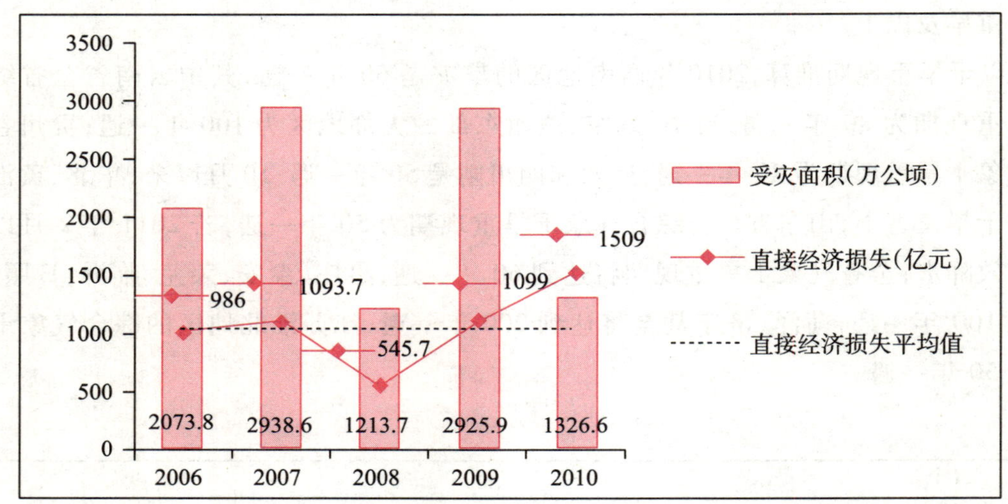

图3　2006—2010年因旱直接经济损失比较

资料来源：2006—2008年数据来源于中国水利部：《中国水旱灾害公报》（2006—2008年）；2009年数据来源于国家减灾中心：《中国减灾：2009年自然灾害损失情况》，2010年1月上；2010年数据来源于张志彤："关于2010年防汛抗旱工作的报告"，2010年12月7日，载http://sfdh.chinawater.com.cn。

5. 旱情区域集中

根据1949—1990年共42年对全国八大旱区受旱率、成灾率的统计资料，北方地区的受旱率和成灾率一般要高于南方地区，成灾率高于南方地区更为显著。在北方各区中，以西北区和内蒙古地区的受旱率和成灾率最高；在南方各区中，以西南地区为最高。[②] 1990—2003年，旱灾发生格局同样呈现西部旱灾少、东部旱灾多、中部旱灾重、北方重于南方的空间分异格局[③]。然而，今年旱情却集中在西南地区，而非如往年同期主要发生在北

① 温克刚：《中国气象灾害大典》，气象出版社2008年版。

② 国家防汛抗旱总指挥部办公室、水利部南京水文水资源研究所：《中国水旱灾害》，中国水利水电出版社1997年版。

③ 王静爱、史培军、王平、王瑛：《中国自然灾害时空格局》，科学出版社2006年版。

方冬麦区的情形。2010 年全国发生气象干旱的 22 个省中，以西南五省的频率为最高，共计 82 次，占全国气象干旱总频率的 52.9%（见图 4）。

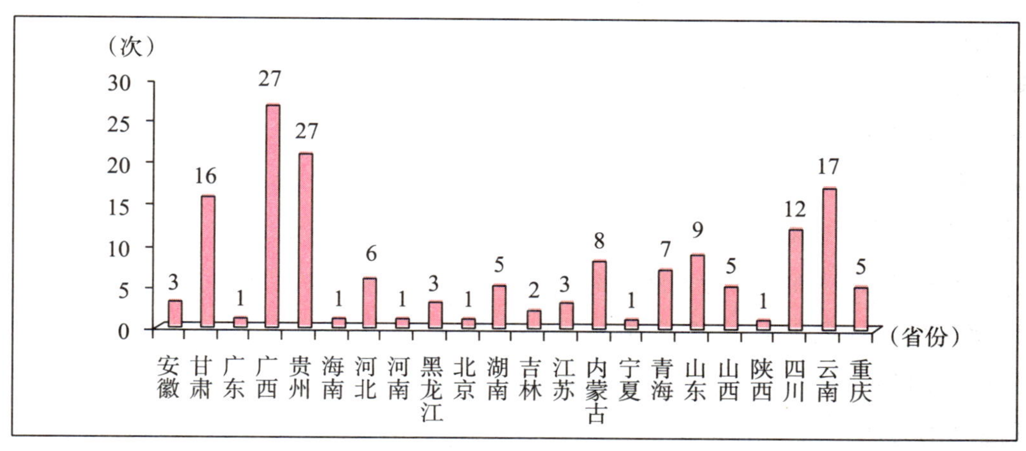

图 4　2010 年 22 省（市）发生干旱频率

资料来源：国家测绘局和民政部救灾司合作下全国灾情地理信息平台，http://zaiqing.casm.ac.cn。

西南五省（市、区）因旱农作物受灾面积占全年农作物受灾面积的 38.32%，饮水困难人口占全年饮水困难人口的 61.6%，饮水困难牲畜占全年饮水困难牲畜的 65.19%。尤其在损失程度最重的 4 月份，五省（市、区）农作物受灾面积、饮水困难人口和饮水困难牲畜占当时全国旱灾总损失的比重更是高达 80.85%、80.46% 和 73.85%（见图 5）。

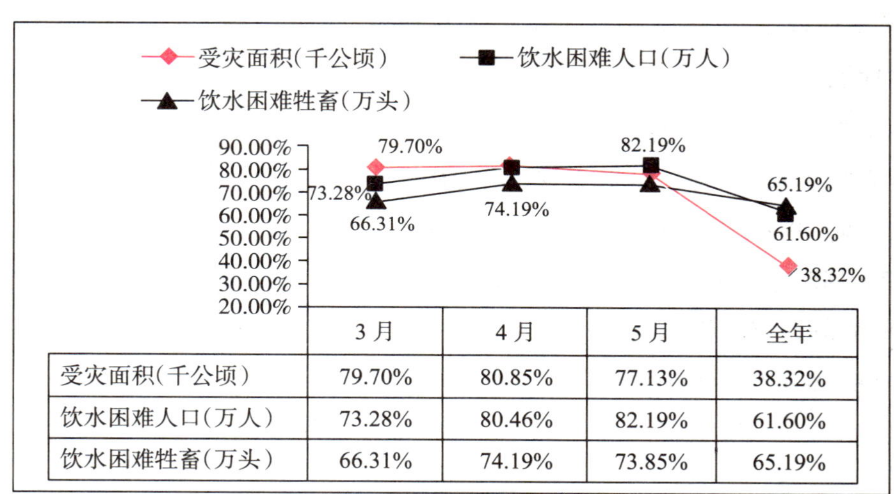

	3 月	4 月	5 月	全年
受灾面积(千公顷)	79.70%	80.85%	77.13%	38.32%
饮水困难人口(万人)	73.28%	80.46%	82.19%	61.60%
饮水困难牲畜(万头)	66.31%	74.19%	73.85%	65.19%

图 5　西南五省旱灾损失占全国旱灾损失比重

资料来源：根据国家防汛抗旱总指挥部办公室统计资料计算。

(二)干旱灾害的形成原因

1. 高温少雨

降水量少,蒸发量大是形成干旱的直接原因,而今年的旱情正是由大气环流异常引起的降水异常偏少及平均气温较常年同期偏高所致。2010 年,全年平均气温 9.5℃,较常年偏高 0.7℃,是 1961 年以来第 10 个最暖年,也是第 14 个连续气温偏高年[①];年高温日数比常年偏多 4.1 天,为 1961 年以来最多。从全国气温距平图来看,新疆东部和南部、青藏高原、云南、四川大部、甘肃、内蒙古中西部、陕西、山西、河南大部、湖北、湖南、安徽、江苏、上海、浙江、江西、广西大部、海南大部、福建南部等地的气温均较常年偏高。

自 2009 年 9 月至 2010 年 3 月中旬,云南、贵州、四川南部和广西北部持续少雨高温,降水量比常年同期偏少 30% ~80%,云南、贵州降水量均为有气象观测记录以来最少值,平均气温分别为历史同期最高和第三高值。长时间的高温少雨导致西南五省(市、区)出现有气象记录以来最严重的秋、冬、春连旱。6 月,北方大部持续温高雨少,东北、华北大部、西北地区东部降水量普遍比常年同期偏少 3 ~8 成,导致山西、河北、内蒙古等地夏旱发展;10 月以来,由于有利于冷空气南下的中高纬度大气环流异常长时间维持,而来自南方的水汽输送强度较弱,导致我国北方地区无法形成有效降水,华北、黄淮地区降水异常偏少,形成持续干旱。河北、山西、山东、河南、江苏和安徽六省区域平均降水量比常年同期偏少 53%,平均最长连续无降水日数达 45 天[②]。

2. 工程蓄水不足

抗旱水源不足是导致人畜饮水困难、减灾成效不高的主要原因。尤其是在西南五省(区、市),由于持续干旱,西南地区基本无有效降水,江河来水量偏低,造成水利工程蓄水量比去年同期偏少 20% 以上,中小型库坝有效蓄水锐减。而在滇黔等地的山区农村,用水主要依靠小水窖、小水池、小塘坝、小水库、小泵站等五小水利工程,水源补给单一,根本无法保证及时有效供水。例如,在贵州,截至 2010 年 2 月底,全省水库总蓄水量 7.79 亿 m^3,仅为应蓄水量的 39%,比去年同期少蓄 3.68 亿 m^3,减少 32%。全省 17983 座水库(含山塘)中已有 12 145 座降水位低到水库死水位,占比达 67.5%,更有 1780 座完全干枯[③]。广西东兰县,旱情最严重时期水利工程蓄水总量占有效库容不足 20%,66 座山塘中有 53 座完全干涸,6412 座水柜中有近 5000 座水柜无水可用。

---

① 宋连春:“2010 中国气象公报”,载中国气象局网站,2011 年 1 月 12 日访问。

② 数据来源于国家气候中心:《气候影响评价》2010 年 12 月刊。

③ “黎平:在 2010 年全省水利工程管理工作会议上的讲话”,载贵州省水利厅网站,2010 年 3 月 31 日访问。

(三)干旱灾害的时间分布

干旱灾害在我国一年四季均有可能发生。一般来说,春旱主要发生在黄河流域及其以北地区,夏旱又分为初夏旱和伏旱,其中初夏旱较多发生在北方,伏旱则多发生在秦岭、淮河以南到华南北部地区,以长江中下游多见。秋旱主要发生在华中、华南地区,冬旱则多发生在华南和西南东部地区。2010 年干旱灾害的时间分布如下:

1. 2009 年至 2010 年冬季(2009 年 12 月至 2010 年 2 月)

西南大部、西北地区中部和东南部、华北中南部、黄淮西北部及湖北西部、湖南西部等地降水偏少 3 ~8 成,其中云南、四川等地的部分地区偏少 8 成以上。旱情主要分布在云南、广西、贵州、西藏、四川、甘肃、青海、陕西、安徽以及河南等省份,西南地区旱情尤为严重(见表 2)。

表 2　2009—2010 年冬季全国重大旱情及损失

2009. 12—2010. 2	旱情发展状况	旱情所致损失
西南地区	2009 年 12 月,西藏南部、云南大部、四川南部、贵州西部以及广西西部存在中到重旱,云南中部、东部部分地区存在特旱; 2010 年 1 月,云南西北部、四川南部旱情发展,出现特旱; 2010 年 2 月,贵州旱情发展,全省均存在中到重旱,其中西南部、东北部部分地区存在特旱。	截至 2010 年 2 月 28 日统计,西南五省因旱受灾人口 2153. 1 万人,农作物受灾面积 2874. 4 千公顷,其中绝收面积 760. 6 千公顷;饮水困难人口共 933. 1 万人,饮水困难牲畜共 590. 4 万头。
西北地区	2010 年 1 月,甘肃南部、青海东部存在轻到重旱; 2010 年 2 月,青海东部部分地区出现重旱。	截至 2 月 28 日统计,甘肃省 10 个市(州)56 个县(区)受灾,受灾人口 622. 4 万人,农作物受灾面积 1190. 7 千公顷,其中绝收面积 12. 8 千公顷;84. 1 万人、50. 7 万头大牲畜饮水困难。

资料来源:根据国家防汛抗旱总指挥部办公室统计数据,国家测绘局和民政部救灾司合作下全国灾情地理信息平台统计信息整理。

2. 2010 年春季(2010 年 3 月至 2010 年 5 月)

我国四川、云南、西藏、广西、贵州、甘肃、宁夏、青海、山西、湖南、海南以及黑龙江等省区存在不同程度的旱情,以西南地区和西北部分地区旱情为较重。其中,西南地区旱情在 3 月发展到最严重程度,4 月以后各地旱情开始逐步缓解(见表 3)。

表3　2010年春季全国重大旱情及损失

2010.3—2010.5	旱情发展状况	旱情所致损失
西南地区	3月,西南大部分地区旱情仍维持在重旱等级以上; 4月,部分旱区出现降雨,贵州、云南、广西及四川等地旱情得到缓解; 5月,除云南中北部以及贵州西部部分地区为轻度干旱外,大部分旱区旱情基本解除。	截至5月4日,云南、贵州、广西、四川4省区耕地受旱面积3725万亩,占全国总受旱面积的30%,作物受旱2179万亩(重旱551万亩、干枯533万亩),待播耕地缺水缺墒1546万亩;有1472万人、918万头大牲畜因旱饮水困难,分别占全国总数的82%和74%。
西北地区	3月初,甘肃南部、青海东部仍存在轻到重旱,旱情持续发展; 4月下旬,旱情开始缓解; 5月底,旱情解除。	截至4月11日统计,甘肃省受灾人口701.4万人;农作物受灾面积758.7千公顷,绝收面积38.4千公顷;饮水困难人口139.5万人;饮水困难大牲畜66.8万头;因灾死亡大牲畜200余头;直接经济损失7.5亿元。

资料来源:根据国家防汛抗旱总指挥部办公室统计数据,国家测绘局和民政部救灾司合作下全国灾情地理信息平台统计信息整理。

3. 2010年夏季(2010年6月至2010年8月)

我国内蒙古、西藏、黑龙江、吉林、河北、山西、云南、贵州、甘肃、陕西、江苏、山东、河南、海南等省区存在不同程度的旱情,其中以内蒙古地区和华北大部地区旱情较为严重(见表4)。

表4　2010年夏季全国重大旱情及损失

2010.6—2010.8	旱情发展状况	旱情所致损失
内蒙古地区	6月,内蒙古东部存在中到重旱并持续发展; 7月,西部、中部出现中到重旱; 8月,中、东部存在中到重旱。	截至7月底,内蒙古有439.1万人受灾,52.8万人饮水困难,农作物受灾面积183.6万公顷。
华北地区	6月,河北、山西、河南开始出现中旱; 7月,河南旱情解除,山西、河北旱情持续; 8月底,华北旱区旱情基本解除。	河北省有157.7万人受灾,6.6万头大牲畜饮水困难,农作物受灾面积22.6万公顷;山西省有285.5万人受灾,农作物受旱面积46.6万公顷。

资料来源:根据国家防汛抗旱总指挥部办公室统计数据,国家测绘局和民政部救灾司合作下全国灾情地理信息平台统计信息整理。

4. 2010年秋季(2010年9月至2010年11月)

内蒙古、吉林、黑龙江、山东、山西、河南、河北、安徽、江苏、江西、湖南、陕西以及广西等地均出现不同程度的旱情,其中以内蒙古中、东部和黑龙江、吉林等地旱情较为严重(见表5)。

表 5　2010 年秋季全国重大旱情及损失

2010.9—2010.11	旱情发展状况	旱情所致损失
内蒙古地区	9 月,中、东部存在重旱并持续发展; 10 月,东部旱情缓解,中部持续发展; 11 月,全省旱情基本缓解。	截至 9 月底,内蒙古全区干旱面积 2780 千公顷,其中重旱面积有 1470 千公顷,重旱区域主要分布在呼伦贝尔市西部、兴安盟大部、通辽市北部、赤峰市东北部以及锡林郭勒盟东北部地区。
黑龙江、吉林	9 月,二省均存在中到重旱; 10 月,除部分地区仍存在重旱或特旱,旱情还是逐步缓解; 11 月底,二省旱情基本解除。	截至 9 月,黑龙江受灾人口 51.1 万人;农作物受灾面积 278 千公顷;饮水困难人口近 2200 人;直接经济损失 10.2 亿元; 吉林长春、辽源、松原、白城 4 市 8 个县(市、区)受灾人口 52.5 万人;农作物受灾面积 316.8 千公顷;饮水困难人口 4065 人;直接经济损失 1.7 亿元。

资料来源:根据国家防汛抗旱总指挥部办公室统计数据,国家测绘局和民政部救灾司合作下全国灾情地理信息平台统计信息整理。

5. 2010 年冬季(2010 年 2 月至 2011 年 2 月)

全国气象干旱分布在山东、河南、安徽、江苏、湖北、山西、河北、北京、天津、四川、云南、广西、广东、江西以及福建等地,其中以华北、黄淮地区旱情最为严重。截至 2011 年 2 月 8 日,全国作物受旱面积 1.12 亿亩,其中重旱 1570 万亩;约 272 万人、284 万头大牲畜因旱饮水困难。受旱农田主要集中在河南、山东、安徽、河北、山西、江苏、陕西、甘肃 8 省冬麦区,小麦受旱面积约占播种总面积的 40%。其中河南、山东、安徽 3 省作物受旱面积合计 8271 万亩,占全国作物受旱面积的 74%。人畜饮水困难分布在内蒙古、河北、甘肃、山西、山东、河南 6 省区的山丘区和牧区①。

(四)干旱灾害的空间分布

2010 年,除新疆、浙江以及我国台湾地区以外,几乎全国所有地区均出现过不同程度的旱情,其中影响最为严重的为西南地区和华北、黄淮地区两大区域。

1. 西南地区

2009 秋季以来,西南大部比常年同期降水偏少 3 ~ 5 成,气温偏高 1℃以上,其中云南中西部和东部、贵州西南部、广西西北部地区降水偏少 5 ~ 8 成。云南省平均降水量为 183.3 毫米,比常年同期偏少 49.2%;贵州省平均降水量为 167.0 毫米,比常年同期偏少 51.2%,两省降水量均是有气象观测记录以来最少值。同时,2009 年秋季以来西南大部气温比常年同期偏高 1 ~ 2℃。云南平均气温 15.3℃,为 1952 年以来历史同期最高;贵州省

① 数据来源于国家防汛抗旱总指挥部办公室,http://sfdh.chinawater.com.cn。

平均气温 12.5℃,为 1952 年以来历史同期第三高①。持续少雨,气温偏高,加之去年雨季结束较早,导致西南地区出现近 60 年来最严重的秋冬春连旱(见图 6 和图 7)。

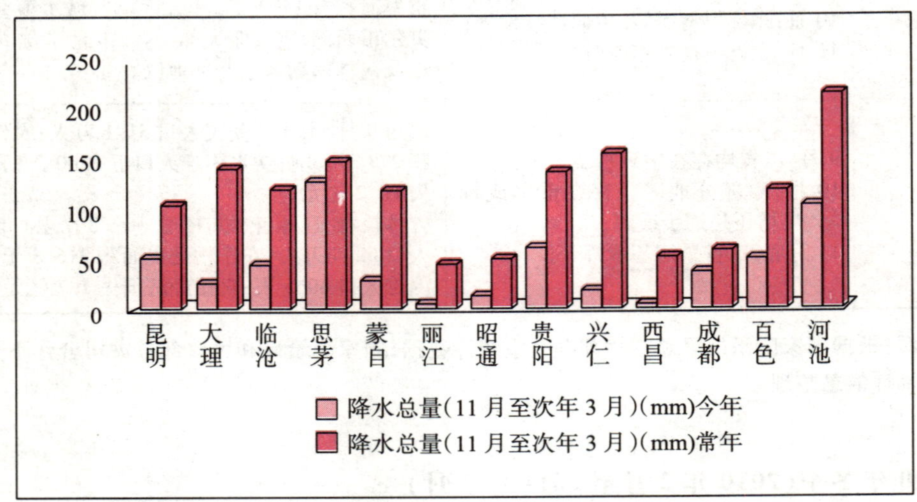

图 6　2009 年 11 月至 2010 年 3 月西南旱区主要城市降水量

资料来源:根据中国天气网统计数据整理,http://www.weather.com.cn。

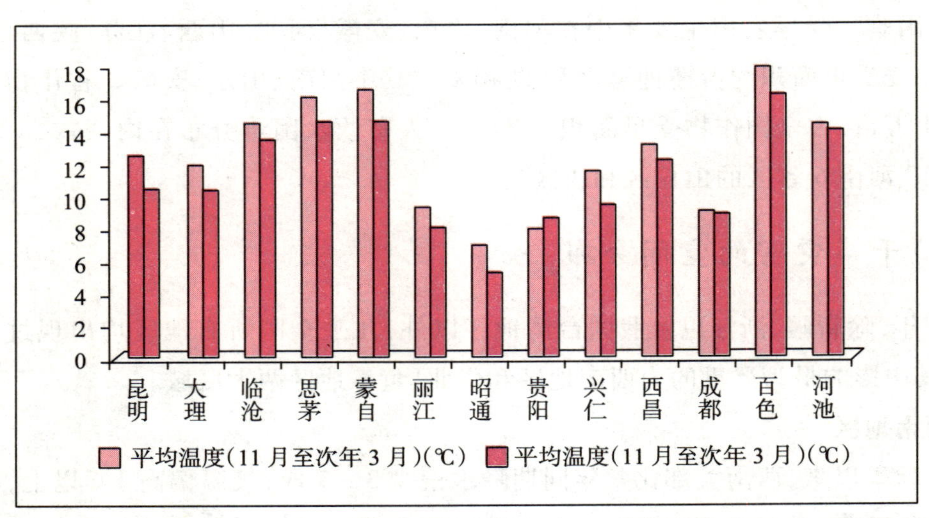

图 7　2009 年 11 月至 2010 年 3 月西南旱区主要城市平均温度

资料来源:根据中国天气网统计数据整理,http://www.weather.com.cn。

此次旱灾共造成广西、重庆、四川、贵州、云南五省(自治区、直辖市)、58 市(地区、自

① 数据来源于国家气候中心:《气候影响评价》2010 年 3 月刊及 2010 年 5 月刊。

治州)、455县(市、区)7305.3万人受灾;农作物受灾面积508.37万公顷,其中绝收面积107.96万公顷;有2054.4万人、1591.3万头大牲畜发生临时饮水困难;因灾直接经济损失407.8亿元(见表6)。

表6 西南五省因旱受灾损失统计

省份	市(个)	县(个)	受灾人口(万人)	受灾面积(千公顷)	绝收面积(千公顷)	饮水困难人口(万人)	饮水困难牲畜(万头)	直接经济损失(亿元)
云南	16	133	2507	3085	909	945	618	215
广西	14	93	1243.8	1282.1	83	192.3	100.7	33
贵州	9	85	1868.9	163.9	49.47	646	539	132.3
四川	19	109	1310.7	528.6	37.9	211.1	296.6	22.3
重庆	—	35	374.9	24.1	0.2	60	37	5.2
总计	58	455	7305.3	5083.7	1079.57	2054.4	1591.3	407.8
占比	—	—	56.19%	38.32%	40.4%	61.6%	65.19%	38.5%

注:表中的"占比"指的是西南五省因旱受灾总损失占全国旱灾总损失的比重。

资料来源:根据国家减灾中心:《中国减灾:全国灾情月报》2010年3月刊,国家防汛抗旱总指挥部办公室统计资料整理。

2. 华北、黄淮地区

2010年10月以来,华北大部、黄淮、江淮和西北地区东南部降水稀少,累计降水量比常年同期偏少5~9成,河北、山西、山东、河南、江苏和安徽6省区域平均降水量仅40.2毫米,比常年同期偏少53%,为1961年以来历史同期第二少,仅次于1970年[①]。截至2011年1月14日,上述6省区域平均最长连续无降水日数达45天,较常年同期偏多14天,仅次于1974年和1989年,为1961年以来历史同期第三多。北京(80天)、天津(64天)、山东(50天)、山西(60天)最长连续无降水日数均为历史同期次多,河南(49天)为第三多,河北(51天)为第四多。[②] 据国家气候中心2011年1月25日监测,由于长时间无有效降雨(雪),华北、黄淮等地普遍出现中等程度以上的气象干旱,其中山东大部、河南大部、河北大部、山西南部、苏皖北部等地为重旱至特旱(见图8)。

① 数据来源于国家气候中心:《气候影响评价》2010年12月刊。

② 中国新闻网:"华北黄淮干旱少雨 6省市45天连续无降水",载http://www.chinanews.com,2011年1月14日访问。

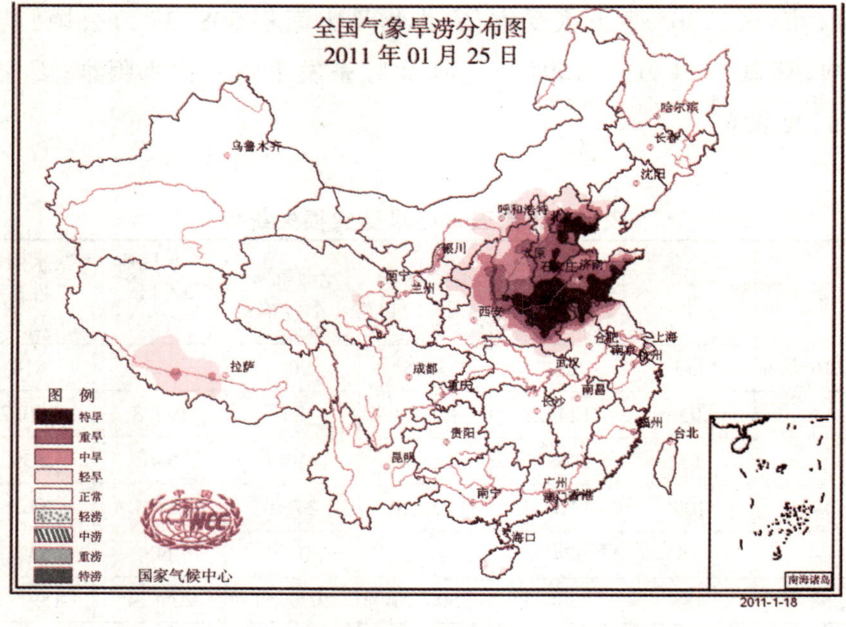

图 8　2011 年 1 月 25 日全国气象旱涝分布图

资料来源:国家气候中心干旱实时监测信息平台,http://ncc.cma.gov.cn。

截至 2011 年 2 月 9 日,河南、山东、安徽、河北、山西、江苏、陕西、甘肃 8 省冬小麦受旱面积达 773 万公顷,其中严重受旱面积 169 万公顷,受旱面积约占冬小麦播种面积的 40%(见表 7)。持续发展的旱情,不仅关系到中国经济稳定物价、抑制通胀目标的实现,更牵动国际市场波动和全球食品价格走势。时下,市场上充斥着强烈的冬小麦减产预期,小麦期货一路飙升,玉米、早籼稻等品种也呈现一定涨幅,粮食价格上涨的预期露头。

表 7　冬小麦区旱情

地区	因旱损失
山东	截至 2011 年 2 月 26 日,济南、青岛、淄博、枣庄、东营等 17 市 146 个县(市、区)共 3441.7 万人受灾,其中 70.1 万人需救助;约 110 万人、30.3 万头大牲畜饮水困难;农作物受灾面积 3257.1 千公顷,直接经济损失 91.5 亿元。
河南	截至 2011 年 2 月 19 日,开封、洛阳、平顶山、安阳、鹤壁、新乡、焦作、漯河、三门峡、南阳、济源 11 市 96 个县(市、区)共 1359 万人受灾,其中 76.9 万人需救助;约 76.6 万人、24.4 万头大牲畜饮水困难;农作物受灾面积 1354.7 千公顷,直接经济损失 17.1 亿元。
江苏	截至 2011 年 2 月 26 日,徐州、连云港、镇江、宿迁 4 市 21 个县(市、区)共 788.1 万人受灾,其中 40.5 万人需救助;农作物受灾面积 647.8 千公顷,直接经济损失 15.2 亿元。
安徽	截至 2011 年 2 月 18 日,蚌埠、淮南、淮北、滁州、阜阳、宿州、六安、亳州 8 市 36 个县(市、区)共 912 万人受灾,其中 5 万人需救助;农作物受灾面积 1016.3 千公顷,直接经济损失 9.9 亿元。

续表

地区	因旱损失
河北	截至2011年2月26日,石家庄、唐山、秦皇岛、邯郸、邢台等10市128个县(市、区)共1532.2万人受灾,其中53.9万人需救助;约61.9万人、12.4万头大牲畜饮水困难;农作物受灾面积1225.8千公顷,直接经济损失23.7亿元。
山西	截至2011年2月10日,受旱面积已达到2478万亩,重旱面积257万亩,其中冬小麦受旱面积达到656万亩,占到播种面积的60%;约50万人饮水困难。
陕西	截至2011年2月18日,西安、铜川、咸阳、渭南、延安、商洛6市38个县(市、区)共394.7万人受灾,其中24万人需救助;约9.8万人、1.1万头大牲畜饮水困难;农作物受灾面积379.3千公顷,直接经济损失8.8亿元。
甘肃	截至2011年2月26日,兰州、白银、天水、武威、张掖等10个市(州)57个县(市、区)共616.9万人受灾,其中57.7万人需救助;约100.4万人、62.0万头大牲畜饮水困难;农作物受灾面积534.9千公顷,直接经济损失6.2亿元。

资料来源:根据国家测绘局和民政部救灾司合作下全国灾情地理信息平台统计信息整理。

(五)干旱灾害的影响

毋庸置疑,干旱灾害对经济、社会和生态环境的负面影响是深远的,不仅造成农业减产、生产生活用水紧张,还会致使生态环境恶化。

1. 经济影响

一方面,干旱灾害造成农业直接经济损失。2010年,全国因旱农作物受灾面积13 266千公顷,其中成灾9000千公顷,绝收2672千公顷,因旱粮食损失168亿公斤,经济作物损失388亿元。与过去相比,今年我国农作物受灾、成灾、绝收面积和因旱粮食损失数量均低于1991年以来平均值,但经济作物损失明显高于多年平均值(342.21亿元),列1998年以来第5位[①](见图9)。这主要还是源于西南地区农业种植结构的特点,西南地区并非我国粮食主产区,相比之下,其在经济作物生产中的地位重要得多。2008年西南五省的烟叶产量占全国比重达56%,其中云南30.4%,贵州14%;甘蔗产量2008年占全国的83%,其中广西66.2%,云南15.3%[②]。因此灾情最严重的云南、贵州和广西(尤以云南为典型),经济作物损失体现更为突出,进而影响相关产业经济产值。例如,在素有“三七之乡”之称的云南文山,三七因旱受灾面积约5.7万亩,占总种植面积的94.5%,成灾面积约2.8亿亩,占受灾面积的48.47%。据预计,当地今年三七产量将减产30%以上,种子产量将减少20%以上。在云南西双版纳州,橡胶受灾面积26.7万亩,预计前期干胶产量同比

① 2006—2008年数据来源于中国水利部:《中国水旱灾害公报》(2006—2008年);2009年数据来源于国家减灾中心:《中国减灾:2009年自然灾害损失情况》,2010年1月上;2010年数据来源于张志彤:“关于2010年防汛抗旱工作的报告”,载http://sfdh.chinawater.com.cn,2010年12月7日。

② 张堃、金润、王丽妍:“旱灾全景透视”,载《国泰君安证券专题研究》,2010年4月6日。

减少1万吨,损失达1.8亿元。

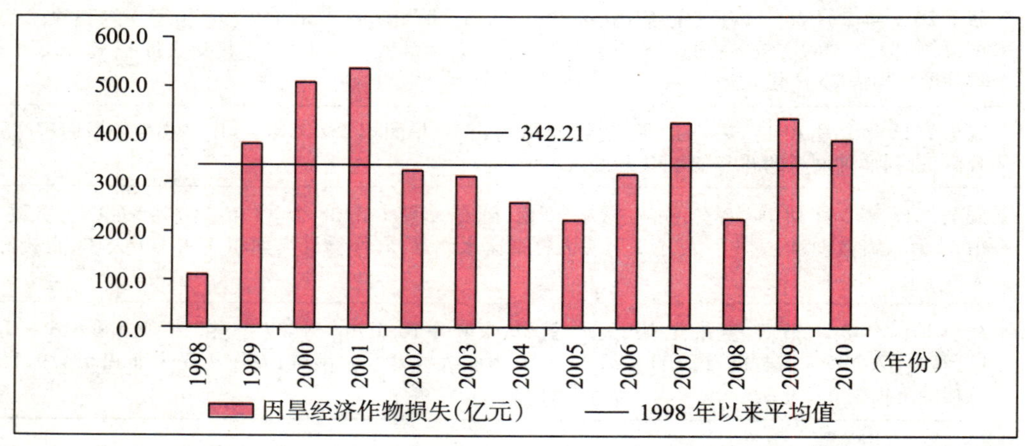

图9　1998—2010年历年因旱经济作物损失

资料来源:根据中国水利部《中国水旱灾害公报(2008)》整理。

另一方面,干旱灾害造成林业直接经济损失。据国家林业局统计,西南五省(区、市)因旱受灾林地面积544.9万公顷;林业有害生物发生面积77.5万公顷,部分地区松毛虫严重成灾,食叶害虫和蛀食性害虫有提前暴发成灾的趋势。特大旱灾给造林苗木生产和病虫害防治带来直接经济损失达76.5亿元,其中以云南和贵州两省林业因旱受灾损失为最重。贵州省新营造林受灾面积44.7万公顷(其中成片损失面积10.2万公顷),为2007—2009年全省营造林面积完成数的59.5%,育林损失面积280公顷,苗木损失16 840万株,贵州省林业因旱灾造成的经济损失总计达16.47亿元。云南省受灾林地总面积383.5万公顷,成灾面积201.2万公顷,报废面积107.9万公顷,经济损失95.96亿元(见表8)。

表8　云南省2010年林业因旱受灾情况统计

	受灾面积(万公顷)	成灾面积(万公顷)	报废面积(万公顷)	经济损失(亿元)
苗圃地	0.426	0.266	0.07	4.8
新造林地	154.9	102.3	69.9	45.26
育林地	228.1	98.6	37.9	45.9
林地(总)	383.5	201.2	107.9	95.96

资料来源:中国气象局兰州干旱气象研究所:《干旱气象动态》,2010年第7期。

2. 社会影响

第一,饮水困难问题突出。2010年,共计3335万人、2441万头大牲畜因旱发生饮水困难,该数据明显高于多年均值(2788万人、2168万头大牲畜),列1991年以来第6位(见图10)。其中61.6%的饮水困难人口和65.19%的饮水困难牲畜集中在西南五省。

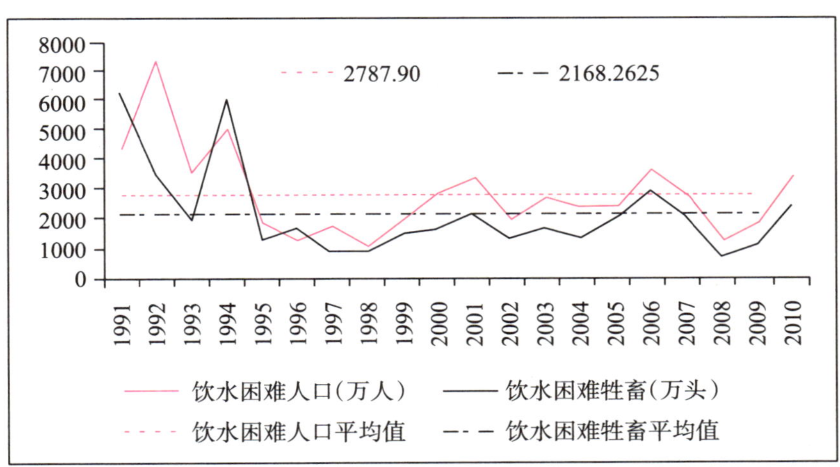

图10　1991—2010年因旱饮水困难人口、牲畜

资料来源:根据中国水利部:《中国水旱灾害公报》(2006—2008)整理,2009年数据来源于国家减灾中心:《中国减灾:2009年自然灾害损失情况》,2010年1月上;2010年数据来源于张志彤:《关于2010年防汛抗旱工作的报告》,载http://sfdh.chinawater.com.cn,2010年12月7日访问。

第二,因旱返贫形势严峻。2010年,中西部贫困地区受灾严重,其中江西、湖北、湖南、广西、四川、贵州、云南、陕西、甘肃、青海10省(自治区)受灾人口、紧急转移安置人口、绝收面积、倒塌房屋、损坏房屋、直接经济损失占全国总数6成左右,因灾死亡失踪人口占比约90%。全国共计558个国家扶贫开发重点县受灾,占重点县总数的94.3%。[①] 同样地,全国因旱受灾人口的56.19%集中在西南五省,这就直接引发西南地区因灾致贫、因灾返贫人数大幅增加。据中国扶贫基金会统计,除四川外,云南、贵州、广西和重庆因灾返贫人数达218万人,因灾贫困程度加深人数为1632.38万人(见表9)。

表9　云、贵、桂、渝因旱返贫、因灾贫困加深人数统计(单位:万人)

	云南	贵州	广西	重庆	总计
因灾返贫人数	100	53.54	40	25	218.54
因灾贫困程度加深人数	540	585.38	365	142	1632.38

资料来源:李丹妮:"西南218万人因旱返贫 损失超351亿",载《第一财经日报》,2010年5月21日第A4版。

① 郭亚飞:"民政部:2010年全国4.3亿人次受灾7844人死亡失踪",载人民网,2011年1月14日访问。

3. 生态环境影响

其一，破坏生物多样性。持续的干旱会直接导致局部和大片物种死亡，尤其是将对那些分布范围小且对环境变化敏感的珍稀濒危、特有物种产生直接威胁。西南大旱中，云南省共计 50 万公顷自然保护区受到干旱影响，其中超过 0.67 万公顷为重旱，部分面积较小、生态脆弱的自然保护区及其周边水源枯竭、湿地面积缩小，野生动物生存所需水源和食物匮乏，栖息环境受到不同程度的影响。据云南省林业厅监测，昭通市巧家县药山国家级自然保护区内巧家五针松回归造林幼树死亡率达 20% 左右；楚雄彝族自治州南华县有 156 株野生苏铁死亡；红河哈尼族彝族自治州河口瑶族自治县大围山国家级保护区内已发现 100 多株蚬木（国家Ⅱ级保护植物）树叶干枯并脱落，濒临死亡；白马雪山国家级保护区 237 株红豆杉（国家Ⅰ级保护植物）、约 3000 株珙桐（国家Ⅰ级保护植物）等重点保护植物零星死亡①。

其二，引发次生灾害。持续干旱还易引发森林火灾，据卫星遥感火情监测分析，由于持续干旱，云南、四川、贵州火点均较近年同期有不同程度增多，尤其云南火点增多明显。2009 年 11 月至 2010 年 2 月 5 日，云南省火点数较近年同期平均值增多 431 个，约增多 242%；四川省火点数较近年同期平均值增多 87 个，约增多 171%；贵州省火点数较近年同期平均值增多 60 个，约增多 121%（见图 11）。据统计，2010 年一季度，西南五省（区、市）发生森林火灾 3737 起，火场总面积 60 480.8 公顷，死亡 26 人，分别占全国森林火灾次数、火场总面积及死亡人数的 63.7%、81.3% 和 70.3%。与 2009 年同期相比，分别上升了 47.7%、108.6% 和 100%②。

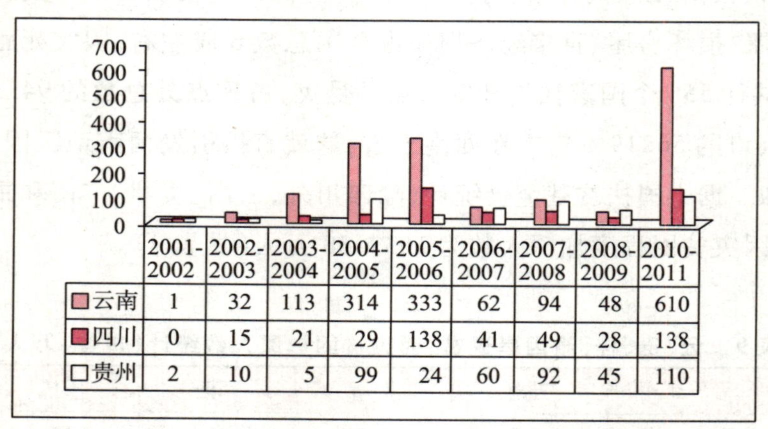

	2001-2002	2002-2003	2003-2004	2004-2005	2005-2006	2006-2007	2007-2008	2008-2009	2010-2011
云南	1	32	113	314	333	62	94	48	610
四川	0	15	21	29	138	41	49	28	138
贵州	2	10	5	99	24	60	92	45	110

图 11　2001—2010 年云贵川逐年同期火点统计（11 月至次年 2 月）

资料来源：中国政府网：“持续干旱造成滇川黔火点比往年有不同程度增多”，载 http://www.gov.cn，2010 年 2 月 8 日访问。

① 中国气象局兰州干旱气象研究所：《干旱气象动态》2010 年第 5 期。

② 数据来源于国家林业局：“2010 年一季度林业经济运行状况报告”，载 http://www.forestry.gov.cn，2010 年 4 月 12 日访问。

二、干旱灾害历史回顾

(一)干旱灾害的历史现象

1. 历史特征

从历史维度看,干旱灾害有几个方面属性不同于一般的自然灾害:

第一,复杂性。干旱灾害的出现通常与年际相关,其影响程度、受影响的中心区域及范围大小都会随年际的不同而不同。而这种影响又是非结构性的、分散的且具有明显的区域差异性,其所涉及的地理范围和损失面积比洪水、热带风暴和地震等其他自然灾害更大,使得量化干旱灾害的负面影响变得十分复杂和困难。

第二,缓发性。干旱灾害是一种缓慢发作的自然灾害,其形成是渐进的,影响更是相当长一段时间的缓慢累积过程。通常情况下很难预料到干旱灾害何时发生,更难估测干旱灾害何时结束,因为干旱灾害可能持续数月,甚至数年。

第三,相对性。干旱灾害是一种相对事件而非一种绝对事件,因为它可能在任何气候区、任何季节发生。一般认为干旱灾害往往应该更多地发生在气候干旱、半干旱和半湿润的地区,然而事实证明,它几乎在所有国家、地区、季节都发生过。

第四,后延性。干旱灾害的后延性主要是针对其造成的负面影响而言。干旱灾害的负面影响在降水恢复正常后仍会持续,社会生产短时间内难以快速回复到正常水平,对居民生活和生态环境的影响,如饮水安全、生活质量下降以及生态环境恶化等问题都需要相当长时间来解决。干旱灾害所引发的饥荒、大规模迁移以及内部冲突更是会给一个国家、地区的人民带来深远影响。

2. 历史影响

约70%的自然灾害是气象灾害,而干旱灾害在气象灾害中占比50%左右。从全球范围而言,干旱灾害是一种分布范围广、发生频率高、造成损失重且成因复杂、预测难度大的自然灾害。1900年至2009年间全球自然灾害受灾人口的统计数据显示,干旱灾害和洪水灾害是危害人数最多的两种自然灾害之一,且前者的影响范围大于后者①。1974年至2009年间,全球发生的所有自然灾害中,造成因灾直接死亡人数最多的也正是干旱灾害,分别是苏丹和埃塞俄比亚1984年爆发的旱灾,造成死亡人口近45万,1974年至1975年

① 数据来源于EM-DAT, OFDA/CRED International Disaster Database, Université Catholique de Louvain, Brussels, Belgium, http://www.em-dat.net。

萨赫勒地区发生的旱灾,造成近32.5万人死亡①。历史上,干旱灾害曾对世界各国人民的生活及社会经济造成巨大影响。20世纪西班牙经历过三次最严重的干旱,分别发生在1941—1945年、1979—1983年和1990—1995年,其中1990—1995年的干旱影响了西班牙1/3以上人口,全国大部分河流径流量减少40%以上,有两个流域甚至达70%以上;苏丹1998年遭遇了一场由干旱引起的灾难性饥荒,总死亡人数无从知晓,但死亡率和营养不良比例却是有记录以来最高的;美国平均每年由干旱灾害造成经济损失为60亿~80亿美元,其中1996—2002年干旱灾害造成的损失就超过200亿美元。2002—2003年,干旱在南非引发粮食危机。以津巴布韦为例,干旱灾害就造成国民生产总值下降24%,继而引发高失业、恶性通货膨胀、外汇短缺和基本生活物资(食用油、玉米面和燃料)匮乏。

在中国古代,干旱灾害发生得非常频繁。公元前3世纪以前有文献记载的旱灾共39次,公元前2世纪到公元2世纪的400年间发生78次,公元3—6世纪发生161次,7—10世纪发生185次,11—14世纪发生237次,15—18世纪发生291次,19世纪则发生73次②。干旱灾害对古代农业社会的生产发展和百姓生活产生了很大影响。天干地旱,农业生产难以开展,粮食大幅度减产甚至绝收,从而引发大面积饥荒并造成局部地区人口锐减;饥荒引起的流民潮还极易引发社会动乱,轻则转为流寇盗贼,重则发生武装暴动甚至大规模起义,危及王朝存亡。近代,干旱灾害和洪涝灾害成为所有气象灾害中对工农业生产影响最严重、造成农作物受灾面积最大的两种灾害。其中,以干旱灾害所致受灾面积占总受灾面积的比重最大,约52.68%,洪涝灾害占比次之,为25.89%(见图12),风雹、低温冷冻和雪灾、台风(热带气旋)灾害所占比重分别为9.67%、8.6%和4.64%。

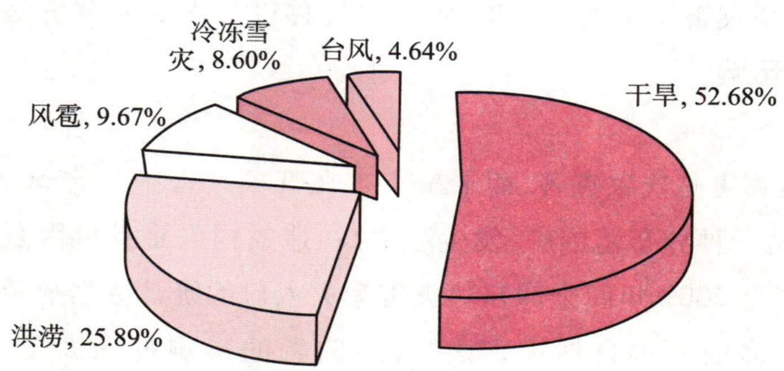

图12　全国主要气象灾种受灾面积占总受灾面积比重(1989—2008年平均)

资料来源:国家统计局环境保护部:《中国环境统计年鉴》(1990—2009年),北京:中国国统计出版社。

① 数据来源于D. Guha-Sapir, D. Hargitt and P. Hoyois (2004), Thirty Years of Natural Disasters 1974 - 2003: The Numbers, Presses Universitaires de Louvain: Louvain-la-Neuve, 以及EM-DAT, OFDA/CRED International Disaster Database, Université Catholique de Louvain, Brussels, Belgium, http://www.em-dat.net。

② 邓云特:《中国救荒史》,商务印书馆1998年版。

(二)干旱灾害的历史统计

1. 全球

从全球范围看,易旱地区主要分布在亚洲大部、澳大利亚大部、非洲大部、北美西部和南美西部,约占陆地总面积的35%,近120多个国家和地区每年不同程度地遭受干旱灾害的威胁。1900—2010年,全球共计发生571次旱灾,受灾人口约20.5亿人,因灾直接死亡人数1170.8万人,经济损失总量达851.35亿美元。其中,以非洲大陆发生的旱灾次数最多,共267次,亚洲地区受灾人口和因旱经济损失最高,分别达16.49亿人和281.4亿美元(见表10)。1900年以来的110年历史中,全球旱灾的年代际结果显示,因灾直接死亡人数规模较大的旱灾发生于20—30年代、40—50年代以及60—70年代,其中以20年代末发生在中国陕西的大旱最为严重。1928—1929年,陕西全省共940万人受灾,250万人死亡。受灾人口较多、发生频率较高的旱灾都集中在60年代以后。1960年至今的50年时间里,几乎每个年代际都会爆发大规模旱灾,殃及无数民众,特别是20世纪80年代末期及21世纪最初十年初期的旱灾影响更为深远;旱灾发生频率也呈现同样趋势,特别是20世纪90年代末期以来发生频率越来越高①。

表10 1900—2010年全球干旱灾害统计

	旱灾次数	因灾直接死亡人数	受灾人口	经济损失(千美元)
非洲	267	844 145	312 206 829	5 419 593
美洲	122	77	65 276 841	20 811 139
亚洲	145	9 663 389	1 648 803 427	28 140 159
欧洲	37	1 200 002	15 482 969	20 061 309
大洋洲	19	660	8 027 635	10 703 000
全球	571	11 708 273	2 049 797 701	85 135 200

资料来源:EM-DAT, OFDA/CRED International Disaster Database, Université Catholique de Louvain, Brussels, Belgium, http://www.em-dat.net。

2. 中国

(1)总体概况

据不完全统计,公元前206年至1949年的2155年间,中国发生过1056次规模较大的

① EM-DAT, OFDA/CRED International Disaster Database, Université Catholique de Louvain, Brussels, Belgium, http://www.em-dat.net.

旱灾,平均每2年就发生1次大旱①。新中国成立后,政府十分重视抗旱工作,修建了大量的蓄水、灌溉工程,防汛抗旱初显成效。但由于气候变化、经济发展及人口增长等因素,旱灾呈现影响面积增大、频率加快的发展趋势。1952—2009年的58年间,全国平均每年因旱受灾面积2227.07万公顷,占农作物总播种面积的14.97%;成灾面积991.43万公顷,占农作物总播种面积的6.67%;因灾粮食损失165.64亿公斤(见图13)。

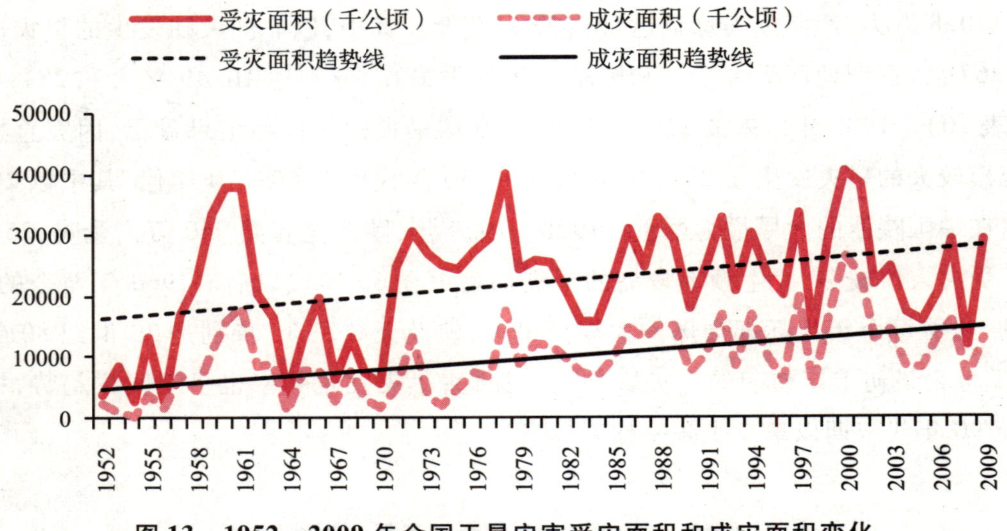

图13 1952—2009年全国干旱灾害受灾面积和成灾面积变化

资料来源:国家统计局国民经济综合统计司:《新中国六十年统计资料汇编(1949—2008)》,中国统计出版社2010年版;国家减灾中心:《中国减灾:2009年自然灾害损失情况》,2010年1月。

从受灾面积和成灾面积的统计值来看,58年间干旱严重的年份(受灾面积>3000万公顷,成灾面积>1000万公顷)有1959年、1960年、1961年、1972年、1978年、1986年、1988年、1992年、1994年、1997年、1999年、2000年和2001年,共计13年。其中,2000年的受灾面积和成灾面积皆最大,分别为4054万公顷和2678万公顷,因旱损失粮食近600亿公斤,经济作物损失510亿元,影响甚至超过1959—1961年"三年自然灾害"。1978年次之,受灾面积约4016.9万公顷、成灾面积达1796.9万公顷;2001年列第三,受灾面积和成灾面积分别达3847.2万公顷和2369.8万公顷。

(2)技术特征

其一,频次。若以受旱率和成灾率②为标准定义干旱灾害等级,那么在1952—2009年的58年中,受旱率超过15%且成灾率超过5%的重旱年共计25年,发生频率为43.1%,

① 邓云特:《中国救荒史》,商务印书馆1998年版。

② 受旱率指的是农作物受灾面积与农作物总播种面积的比值;成灾率指的是农作物成灾面积与农作物总播种面积的比值。

也即每2.32年发生一次重旱;受旱率>20%且成灾率>10%的特旱年共计11年,发生频率为18.97%,也即每5.27年发生一次特旱;而受旱率>25%且成灾率>15%的极旱年只有1年,即2000年,发生频率为1.7%(见表11)。将58年资料分为1952—1979年和1980—2009年两个不同时间段来比较,前28年中重旱年份共7年,发生频率为25%,即每4年发生一次重旱;后20年中重旱年份共18年,发生频率为60%,即每1.7年发生一次重旱,这一时期发生重旱以上频率比前一时期增加1倍多,说明我国旱灾发生频率在提高,程度在加重,且集中发生在20世纪80年代以后。

表11　以受旱率和成灾率划分的干旱灾害等级

等级	年份	合计
重旱(受旱率>15%且成灾率>5%)	1959、1960、1961、1972、1976、1978、1979、1980、1981、1985、1986、1987、1988、1989、1991、1992、1994、1995、1997、1999、2000、2001、2003、2007、2009	25
特旱(受旱率>20%且成灾率>10%)	1960、1961、1978、1986、1988、1989、1992、1994、1997、2000、2003	11
极旱(受旱率>25%且成灾率>15%)	2000	1

资料来源:根据《新中国六十年统计资料汇编(1949—2008)》、《中国减灾:2009年自然灾害损失情况》、《中国统计年鉴》(1991—2009年)、《中国水旱灾害》、《中国水旱灾害公报(2006)》等统计数据计算而得。

其二,年代际。根据受旱率、成灾率以及因旱粮食减产率的变化趋势来分析中国近58年来旱灾的年代际变化。20世纪50年代,中国旱灾的平均受旱率和成灾率分别为8.91%和2.87%,而21世纪最初十年,平均受旱率和成灾率增长到16.18%和9.34%,分别为原来的1.82倍和3.25倍。从20世纪70年代开始,受旱率基本维持在17%左右,成灾率则随着时代的推进而不断增长。因旱粮食减产率从建国初期的2.41%增长到21世纪初的6.03%,是原来的2.5倍(见图14)。这些充分说明随着人类活动日益频繁、全球气候日渐变暖,中国旱灾的影响程度不断加重,对粮食安全问题的威胁不断增加。

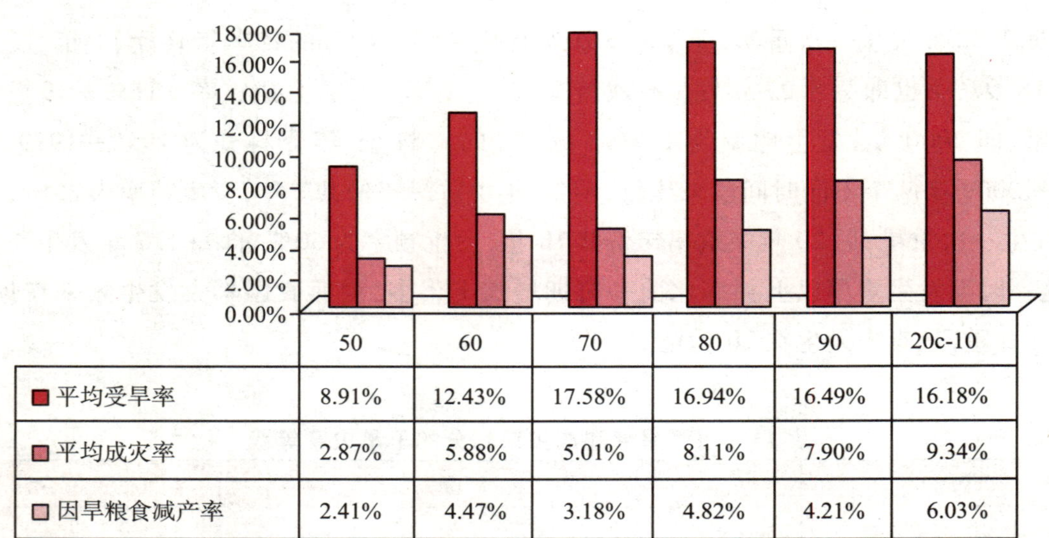

	50	60	70	80	90	20c-10
平均受旱率	8.91%	12.43%	17.58%	16.94%	16.49%	16.18%
平均成灾率	2.87%	5.88%	5.01%	8.11%	7.90%	9.34%
因旱粮食减产率	2.41%	4.47%	3.18%	4.82%	4.21%	6.03%

图 14　1952—2009 年干旱灾害的年代际变化

资料来源：根据《新中国六十年统计资料汇编(1949—2008)》、《中国减灾：2009 年自然灾害损失情况》、《中国统计年鉴》(1991—2009 年)、《中国水旱灾害》、《中国水旱灾害公报(2006)》等统计数据计算而得。

(三)重大干旱灾害的历史分布

1. 全球(1940 —2010 年)

①1943 年，印度、孟加拉等地大旱。无水浇灌庄稼，粮食歉收，造成严重饥荒，死亡 350 万人。

②1968—1973 年，非洲大旱。涉及 36 个国家，受灾人口 2500 万人，逃荒者逾 1000 万人，累计死亡人数达 200 万以上。仅撒哈拉地区死亡人数就超过 150 万。

③1982—1984 年北非连续 3 年大旱。从西非蔓延到撒哈沙漠西南部的萨赫勒地区和非洲东部地区，34 个国家遭受大旱，24 个国家发生饥荒，1.5 亿至 1.85 亿人受到饥饿的威胁，共 50 多万人被夺去生命。遭受灾害严重的地区河流干涸，田地龟裂，黄沙弥漫，牲畜倒毙，至少 1000 万人背井离乡。

④1988 年北美特大干旱。1988 年夏天，从美国东南部，经加拿大的南部，一直延伸到北美的西海岸，出现了创世纪的洲际尺度的特大干旱。干旱影响了航运、城市供水、发电、野生生物的生息，触发森林大火等，仅农业生产损失就达 390 亿美元。由于这次特大干旱，使世界粮食储备降至 10 年来的最低水平。

⑤2000 年，印度古吉特邦遭受当地 100 年来最严重的旱灾，该邦北部和西部的 147 个水库干涸了 143 个，许多河流断流，井水干涸。据统计，古吉特邦的 9500 个村子都面临旱灾威胁，受灾人口达 2500 多万。

⑥2008 年,南美洲国家智利遭遇了 80 年来最严重的干旱,全国超过 1/4 的地区面临水资源短缺的困境,至少 12 万人受到旱灾影响。

2. 中国(1600—2010 年)

①1628—1641 年,旱灾波及内蒙古、甘肃、宁夏、山西、陕西、河北、山东、河南、安徽、江苏、浙江、湖北、湖南、北京、天津、上海等地,造成赤地千里,井泉涸竭,江河断流,禾苗干枯,颗粒无收,随之而来的是斗粟千钱,草根树皮食尽,出现严重饥荒,百姓流离失所,饿殍遍野,以致骨肉相食。此外,许多地区相继出现蝗灾和瘟疫,更加重了灾情的发展,致使人、畜死亡不计其数。

②1784—1786 年,旱灾波及山东、河南、湖北、安徽、江苏、上海及河北、山西、陕西、湖南、广东等地,连续二季或三季不下雨,田地龟裂,麦稻尽枯,而后许多地区又出现蝗灾,造成遍地无收,粮价飞涨,贫民只能以草根、树皮等充饥,灾情极其严重,几乎每个重灾区都有大批灾民死亡,大部分地区出现大饥荒。

③1876—1878 年,旱灾波及内蒙古、北京、天津、河北、河南、山东、山西、宁夏、甘肃、陕西、湖北、安徽、江苏等地,许多地区终年无雨,甚至几年无雨,造成河流干涸,田地龟裂,连续多年颗粒无收,出现大范围严重饥荒。

④1928—1929 年,旱灾波及内蒙古、山西、陕西、宁夏、甘肃、河南、湖北、湖南、安徽、江苏、浙江等地,连续两年少雨大旱,造成江河断流,塘湖干涸,井泉涸竭,田地龟裂,老百姓大饥,饿死、逃荒,凄凉万分。据不完全统计,这次旱灾灾民 1.2 亿,占当时中国总人口的 30%。

⑤1959—1961 年,旱灾波及河南、湖北、陕西、湖南、河北、山东、安徽、江西、山西、江苏、云南等省,3 年来全国受旱农田 16.4 亿亩,成灾 6.9 亿亩;3 年全国共减产粮食 611.5 亿公斤。

⑥1978—1983 年,旱灾波及河南、陕西、陕西、河北、山东、黑龙江、吉林、四川、贵州、云南、广东、广西、江西、福建等省区,全国连续 6 年大旱,累计受旱面积近 20 亿亩,成灾面积 9.32 亿亩。

⑦1997 年,旱灾波及河北、山西、河南、山东、陕西、甘肃、宁夏、吉林等省区,造成长江以北地区降水显著偏少,春、夏、秋三季均出现旱象,特别是夏季持续高温少雨,发生新中国成立以来罕见的严重夏旱。北方地区 6—8 月区域平均降水量仅 201 毫米,为 1951 年以来最少值。黄河断流累计长达 222 天,为历史上断流时间最长、情况最严重的一年。当年全国受旱农作物 5 亿亩,成灾 3 亿亩,绝收 5900 万亩。

⑧2000 年,旱灾波及河北、山西、内蒙古、北京、天津、山东、陕西、甘肃、宁夏、辽宁、吉林、黑龙江、湖北、安徽等省市区,全年受旱农作物 6 亿亩,成灾 4 亿亩;有 3800 万城乡人口和 2400 万头大牲畜一度因旱不同程度地出现饮水困难。

三、干旱风险管理进展

(一)传统的干旱风险管理

1. 危机管理模式

传统的干旱风险管理主要采用危机管理模式,即在干旱灾害发生后,着手研究和拟定应急管理措施,减轻灾害持续过程中及灾害结束后的损失程度,部署并执行灾后的恢复与重建计划。这一模式关注灾害事件本身,侧重灾后恢复与重建,体现出应急性、被动性和暂时性的管理运作特点,主要包括影响评价、相应措施、救灾恢复和灾后重建四个部分(见图15)。

2. 危机管理模式的弊端

干旱风险的危机管理模式虽能起到一定的抗旱减灾作用,但由于轻忽灾前防范和防灾减灾系统筹备,致使诸多临时抗灾计划不能有效施行。此外,因为缺乏长远的、全局性的战略部署,容易导致"从一个灾害到另一个灾害"的低效抗灾路径。从而,这一模式的弊端主要体现在以下几个方面:(1)缺乏有力的抗灾领导组织和统一的管理制度。危机管理模式通常由不同领域、不同部门的机构实行分散管理,在组织协调、抗灾对策制定、抗灾计划执行等方面带有明显的局部特征,且缺乏良好的信息支持和信息沟通机制。(2)主要采取暂时的、被动的、应急性的抗灾救援行动,这与危机管理模式"重救轻防"的特征相对应。危机管理模式缺乏对干旱风险的长期预防和实时预警,未能进行适当的抗旱宣传、教育、培训和演习,而是集中于对灾害临近或已经发生时的险情控制及管理,行动被动且仓促,导致综合管理力度不够。(3)危机管理模式强调政府在抗灾过程中的主导作用,忽视对非政府组织、社会团体和个人等一切社会力量的调动。一方面不能实现全民抗旱的协同效应,另一方面,还易使部分受灾个体过于依赖政府的应急响应计划和救援机构的款物救助而轻忽对干旱灾害的防治及对资源的管理,其结果即有悖于抗旱救灾的初衷,同时又增加了干旱的脆弱性。正是基于干旱灾害风险危机管理模式的低效,探索"预防为主、防救结合"的更高效干旱风险管理模式才显得极为必要。

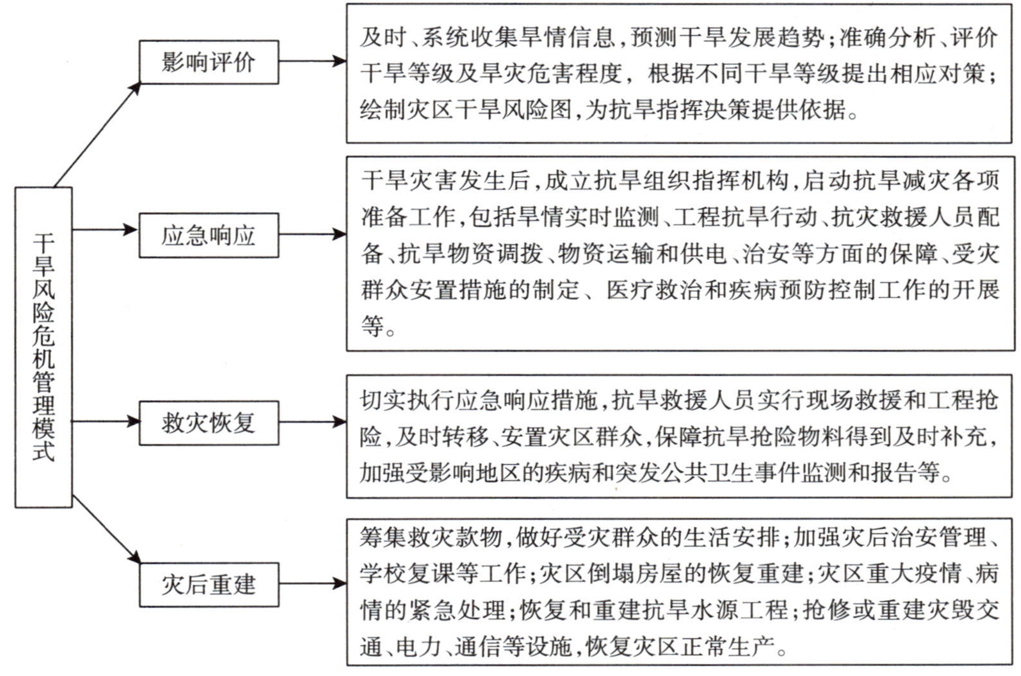

图 15　传统危机管理模式

(二)现代的干旱风险管理

1986 年内布拉斯加大学召开的改进国际抗旱能力主题座谈会上,干旱风险管理被赋予了新的内涵:从单一、被动、应急抗旱的危机管理模式,转变为以防为重、强调降低全社会干旱风险脆弱性的风险管理模式(见图 16)。

1. 风险管理模式

干旱风险管理指采用系统、科学的办法,通过加强灾前干旱管理、组织灾后抗旱救灾和恢复重建工作,对干旱风险进行识别、分析、评估、决策并进行管理评价的全过程(见图 17)。

2. 风险管理模式的评价

干旱灾害风险管理强调在干旱灾害发生前进行系统、充分的防灾、减灾准备和及时的干旱预警,将可控的干旱灾害在其发生前消灭,减少灾害发生频率、降低造成损失的严重程度。与传统的危机管理模式相比,风险管理模式的优势主要体现在以下两个方面:一是通过灾前预防和预警以达到对灾害的主动应对。这与危机管理模式主要关注致灾因子和灾害事件本身不同,风险管理模式强调对干旱脆弱性和风险因素的控制,主张对干旱风险实行长期控制和管理,从长远和全局的角度主动防旱。二是通过多部门协调、共同管理,以及正规制度和非正规制度的有机结合,动员全社会力量共同参与防旱抗灾工作,以最低成本实现最大效益的安全保障和最全面的风险管理。

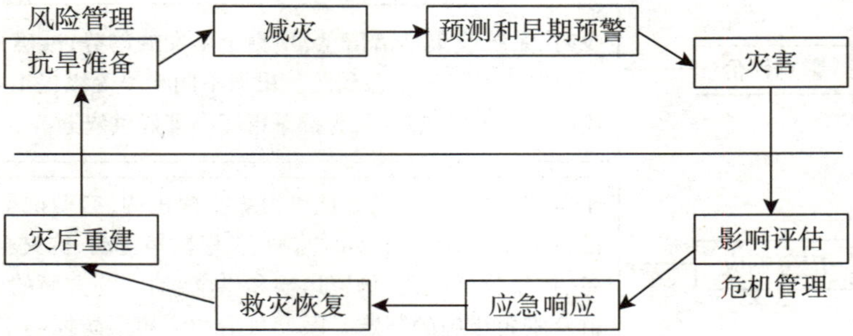

风险管理
抗旱准备
减灾
预测和早期预警
灾害
影响评估
危机管理
应急响应
救灾恢复
灾后重建

图 16　灾害管理循环图

资料来源：National Drought Mitigation Center，University of Nebraska，Nebraska，USA。

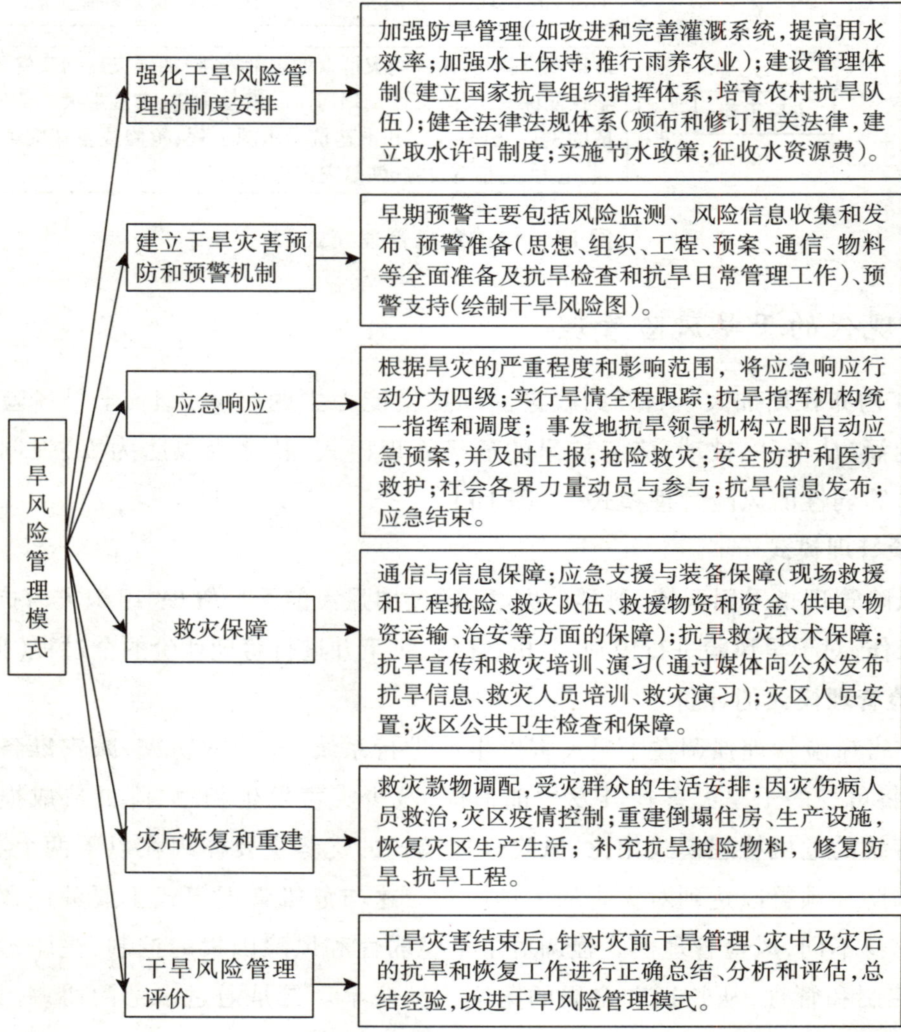

图 17　现代风险管理模式

四、我国的干旱风险管理

(一)干旱灾害的变化趋势

1. 发生频率增强,灾情等级加重

从前述统计结果可以看出,新中国成立以来每2年就会发生重旱,每5年就会发生特旱,且这种频率自1980年以后开始增强。20世纪80年代以后每1.7年就发生重旱,每4年就发生一次特旱。90年代以后,随着全球气候变暖,极端天气事件频发,区域降水和河川径流变化波动明显增大,厄尔尼诺和拉尼娜现象的交替影响直接导致旱灾发生频率升高,重、特大旱灾年份增多。如1997—2000年北方大部分地区发生持续4年的严重干旱,2006—2007年重庆、四川发生百年不遇的夏、秋、冬、春四季连旱,2009年全国又连续发生4次大范围严重干旱,直至2010年西南地区发生史上持续时间最长的秋、冬、春三季连旱。

2. 影响领域扩大,作用范围变广

过去,旱灾的影响主要体现在农业,抗旱工作的目标在于保障粮食生产安全,这是由当时的社会经济发展水平决定的。改革开放以后,随着工业经济在国民经济中所占的比重越来越大,旱灾对工业的影响日渐突出。20世纪90年代以后,旱灾的作用范围逐渐变广,影响经济社会及城乡居民生活的领域不断扩大。旱灾开始从农村蔓延到城市,全国669座城市中就有400座城市缺水,并且缺水程度在加重;从只影响农业扩展到同时波及工业和生态领域,使工业损失、环境恶化成为旱灾动摇经济社会可持续发展的重要因素;作用范围从西部向东部、从北方向南方扩展,地理上水资源和降水丰沛的地方更应时刻警惕突发旱灾的风险。

(二)当年的干旱风险管理

2010年,面对罕见的干旱灾害,在国家防汛抗旱总指挥部和水利部安排部署下,各有关部门积极配合,政府和群众形成合力,投入人力、物力、财力共同抗旱,取得巨大的抗旱成效。西南五省(区、市)已累计投入抗旱资金41.1亿元,劳力3160万人,抗旱机动设备127万台套,运水车50万辆次,完成抗旱浇地4166万亩;农牧区遭受夏旱的内蒙古地区投入抗旱资金6.4亿元,抗旱人数243.57万人,机动抗旱设备55.47万套,机动运水车辆5.18万辆,完成抗旱浇灌面积4200万亩,解决63.8万人,142.3万头牲畜的临时饮水困难问题;在冬小麦粮食主产区的淮河流域,山东、河南、安徽、江苏等八省累计提供抗旱用水140亿立方米,完成抗旱浇灌面积1.6亿亩(2.2亿亩次),其中河南、安徽、山东、江苏4省分别完成春灌面积3724万亩、1694万亩、1031万亩和410万亩,作物受旱面积减少了

2000多万亩,共解决328万人饮水困难问题。①

1. 管理措施

(1)启动应急响应,部署抗旱工作。面对西南五省(市、区)发生的严重秋、冬、春三季连旱,国家减灾委、民政部共启动四次国家救灾应急响应,其中,针对云南旱情启动二级响应一次,针对广西旱情启动三级响应一次,针对贵州、四川旱情相继启动四级响应两次。对于如何开展抗旱救灾工作,国家减灾委和民政部坚持灾情会商制度,召开多部门联席的旱灾会商会,分析旱情发展趋势,研究抗旱救灾战略。经过抗旱会商,共形成8份旱灾情况评估报告,集中对旱灾造成的损失等情况进行分析评估,先后下发3个紧急通知,对重旱区抗旱救灾和群众生活安排等工作进行安排和部署。

(2)发布干旱预警,监测旱情墒情。为服务抗旱减灾决策,实时监控旱情墒情形势,中国气象局协同灾区各直属单位做好旱情监测预警工作,及时发布干旱预警并迅速进入气象灾害应急响应状态。其中,中国气象局启动重大气象灾害二级响应,云南省气象局启动本省重大气象灾害干旱Ⅰ级应急响应命令,贵州省于2010年2月24日、2月27日、3月2日分别启动了本省重大气象灾害干旱Ⅳ级、Ⅲ级、Ⅱ级应急服务响应,广西、四川省(自治区)气象局启动Ⅲ级应急响应命令。自2010年2月25日中央气象台发布第一期干旱黄色预警始,中央气象台已发布干旱黄色预警20期。针对农业生产受灾严重、森林火险气象等级居高不下等形势,中国气象局每天坚持会商,高度重视旱区天气形势。组织各级气象台站加强旱情、墒情监测分析评估和转折性重大天气过程预测预报工作。旱情墒情监测服务中,中国气象局共向党中央、国务院报送云南干旱的决策服务材料30余份,并通过各种媒体向公众发布传播干旱及森林火险气象预警信息;向国家林业局防火办、森林武警指挥部和地方林业、森林防火部门提供四川、云南、广西等多处火场的气象保障服务材料共49期。②

(3)统筹应急水源,保障饮水安全。针对旱区突出的饮水困难问题,国家防汛抗旱总指挥部对有限的水资源进行优化配置和高效利用,根据抗旱水量供需情况,倒排雨季来临前的饮水保障计划,编制了应急人饮解困方案,采取水库供水、应急调水、打井取水、拉水、送水等多种应急措施,有针对性地解决群众的饮水困难,保障旱区饮水安全。其中,西南五省(市、区)新打抗旱水源井共计1.8万眼,购置运送水车7615辆,应急调水6000多万立方米,累计为群众送水941万吨;新建抗旱应急调水工程4307处,新建五小水利工程7万多处,铺设输水管道2万多公里;保障了2088万因旱饮水困难群众的饮水安全,其中利用水库供水解决343万人,通过实施应急调水解决226万人,通过打井开采地下水解决97

① 姚润丰:“截至2月18日冬麦区8省提供抗旱用水140亿立方米”,载中国政府网,http://www.gov.cn,2011年2月18日访问。

② 冯君、王晨:“气象部门采取五项措施全力以赴做好抗旱服务”,载《中国气象报》2010年3月3日。

万人,通过拉水送水解决513万人,通过人背畜驮、寻找新水源等其他措施解决910万人。[1]

(4)组织对口帮扶,全面协同抗旱。水利部全力开展水利系统对口帮扶,协助西南重旱区。一方面,紧急组织水利部直属七个流域机构和相关科研院校的地下水勘探专家及机具设备赶赴重旱灾区查找水源,打井开采地下水。水利部所属的长江、黄河、海河、淮河、珠江、松辽水利委员会及太湖流域管理局、中国水科院、南京水科院等水利部直属单位和河海大学,先后派出四批抗旱找水方面的专家和技术人员共127人赴云、贵、桂三地开展工作,先后深入灾区31县82个乡镇224个村(点),勘查水源点200余处,落实水源63处,确定钻井井位26处,开钻7处。另一方面,在调查了解云南、贵州、广西三省(区)抗旱物资、设备和技术人员需求的基础上,迅速确定了10个对口帮扶省(市),其中上海、江苏、浙江、山东四省(市)水利系统对口帮扶云南省;北京、天津、安徽、湖北四省(市)水利系统对口帮扶贵州省;广东、福建两省水利系统对口帮扶广西自治区。10省(市)水利系统对口支援工作已落实抗旱找水、打井队伍4支,送水车96辆,水泵1360台,发电机194套、净水药剂20万片以及抗旱设备购置资金600万元。[2]

(5)拨付专项经费,支援抗旱救灾。为支援旱区抗旱救灾工作顺利开展,中央和西南五省(市、区)财政分别拨付专项抗旱资金。财政部会同民政部下拨中央旱灾救灾补助资金1.85亿元(其中云南省1亿元),会同水利部安排特大抗旱经费1.55亿元(其中云南省1亿元)。农业部全面部署农业抗旱工作,指导灾区农业生产,并商财政部安排农业抗旱资金3000万元。[3] 水利部协调国家发改委提前下拨西南5省(区、市)今年中央预算内投资计划经费63.63亿元,其中54.8亿元用于解决1360万农村人口的饮水安全问题,3.09亿元用于19座大中型病险水库的除险加固,5.74亿元用于小型农田水利工程建设重点县补助。此前,2010年2月9日,财政部、民政部在已拨付云南等重旱区7.92亿元(其中云南1.6亿元、广西1.53亿元、贵州1.58亿元、重庆8200万元、四川2.39亿元)中央冬春救灾资金的基础上,再次拨付2亿元(其中云南4000万元、广西3800万元、贵州3900万元、重庆2000万元、四川6300万元)。[4] 西南五省(区、市)则投入各类抗旱资金28.20亿元,其中地方财政拨款14.60亿元,群众自筹8.56亿元,接受社会捐赠5.04亿元。

2. 管理缺陷

综观2010年抗旱救灾的全过程,我国旱灾风险的管理还是以能够减轻灾害影响的工

① 数据来源于国家防汛抗旱总指挥部办公室,http://sfdh.chinawater.com.cn/。

② 李萌:"水利系统对口帮扶西南重旱区初显成效",载中国水利部,http://www.mwr.gov.cn,2010年4月12日访问。

③ 新华社:"各地、各部门迅速行动打响一场抗旱救灾的攻坚战",载中国政府网,http://www.gov.cn,2010年3月24日访问。

④ 民政部救灾司:"民政部发布今年以来的旱情和救灾工作开展情况",载中国民政部网站,http://www.mca.gov.cn,2010年3月23日访问。

程性措施为主。政府在灾害发生后第一时间应急响应,安排部署救灾工作,经各部门通力合作,取得较为有效的成果。然而仍是重在减灾,疏于防灾,应对有余,防范却不足。

(1)干旱早期预警未开发。面对自然灾害风险,危机管理模式过渡到风险管理模式的核心就在于从"被动应对"转变为"主动预防",旱灾风险的管理也应如此。要想减轻旱灾给经济、社会和环境带来的负面影响,就必须将重点放在制定风险防范预案、干旱预报和早期预警上,[①]而我国在这些方面仍未能给予足够重视。干旱实时监测,而非干旱预报,是一种对干旱的综合评价,它反映全国范围内目前的干旱形势,在及时准确地告知决策部门当前旱灾发展程度方面确实发挥了重要作用,然而这是远远不够的。因为旱灾不同于地震灾害,从技术上说,它是可以被提前预测的。气候预测、干旱预报和早期预警的功能正在于提前预测旱灾发生的可能性,估计其空间分布特征、持续时间和严重程度,通过分析承灾体的脆弱性,确定哪些地区会首先遭受旱灾影响,从而使决策者能够在灾害发生前就提前反应,制定抗旱预案和减灾措施,部署减灾行动,优先救助那些最先受灾的地区和群众。例如,美国国家海洋与大气局(National Oceanic and Atmospheric Administration, NOAA)的气候预测中心(Climate Prediction Center, CPC)于2000年发布的干旱预报工具——季节干旱展望(Seasonal Drought Outlook, SDO),就旨在提前3个月预报全美范围内的干旱发生方式和趋势,并在一定程度上取得了成功。当然,干旱预报科学现在仍处于初始发展阶段,且由于气象变化的复杂性和技术能力限制,准确预报旱灾在目前来说的确是比较困难的,但建立干旱早期预警系统,开发干旱预报工具仍是旱灾风险管理中必须实现的重要突破。

(2)减灾工程建设不到位。西南旱灾的发生,凸显出我国农村水利欠账、农田水利建设滞后的问题。减灾工程建设不到位,防灾减灾效益就难以显现。其一,缺乏骨干水源工程。西南旱灾中大中型骨干控制性水源工程和配置工程明显不足,小型水利工程在正常甚至偏枯的年份确实能发挥作用,但受蓄水量小、调节能力弱等限制,一遇较重干旱,小水池、小水窖甚至许多小二型水库就因蓄不上水而失去作用。例如,在贵州省已建成的17 983处蓄水工程中,中型水库仅34座,平均3个县才有一座中型水库,其余99.9%都是小型水库,总蓄水量不到20亿立方米。[②] 其二,中小水利工程年久失修。我国多数地区的水利工程始建于20世纪五六十年代,时至今日老化、失修现象颇为严重,长时间高温少雨,蓄水工程作用根本无法发挥。例如,云南省全省5514座水库中,超过50%的都是病险水库,病险水库除险加固工程亟待进一步落实。[③] 其三,农田水利工程建设滞后。我国农田水利工程大多建设于20世纪六七十年代,由于近二十多年来管理维护较差,工程普遍

① Donald A. Wilhite:《干旱与水危机:科学、技术和管理》,彭顺风、孙勇等译,东南大学出版社2008年版。

② "黎平在2010年全省水利工程管理工作会议上的讲话",载贵州省水利厅网站,2010年3月31日访问。

③ 胡军华:"靠天吃饭的云南农业:求解云南水利困境",载《第一财经日报》2010年4月11日,第A6版。

存在老化失修问题。全国大型灌区骨干工程建筑物完好率不足40%，工程失效和报废的占26%；大中型灌区工程配套率仅70%，骨干工程完好率仅50%；骨干渠道病险段达30%，斗渠以上的闸涵桥等建筑物完好率仅50.1%，大中型排灌泵站完好率不足60%。因水利设施老化损坏，每年减少有效灌溉面积300万亩。而全国拥有较完善灌溉设施的8亿多亩水浇地，仅占耕地总面积的45%。[①] 农田水利建设滞后使得农民只能靠天吃饭，农业抵御干旱的能力非常低。

(3)风险转移手段待扩展。长久以来，受灾群众转移自然灾害风险、补偿因灾经济损失的途径主要是依靠政府救助救济。政府通过财政社会保障支出和民政事业救济费用支出救助灾民生活，然而对于广大受灾群众来说，灾后能够快速恢复生产生活，保证收入及生活质量不至于大幅下降更为重要。因此及时充分的损失补偿才是他们最为急需的，而保险作为损失补偿和风险转移的最佳手段，在应对自然灾害风险中的功能一直未能得到充分发挥。1998年以来的12年间，平均每年全国因自然灾害所致直接经济损失2947.51亿元，其中经由政府救助救济得到补偿的数额为194.1亿元，比重仅占总经济损失的5.9%，损失补偿缺口达2753.41亿元(表12)。也就是说，约94%的自然灾害风险未能得到有效转移和分散，如此巨大的缺口恰恰需要保险发挥积极作用来填补。干旱灾害风险损失补偿也面临同样的窘境。2010年，西南五省(市、区)因干旱灾害所致直接经济损失共计407.8亿元，中央下拨旱灾救灾资金13.32亿元，损失补偿缺口达394.48亿元。即使算上民政部接收的救灾捐赠11.1亿元，剩下的缺口仍达383.38亿元。即约94.01%的直接经济损失需要通过别的风险转移方式被分散出去，或由灾民承担。此外，西南五省(市、区)受灾人口中，绝大部分是农村山区人口，与城市人口相比，他们应对干旱灾害风险的脆弱性更大，若不能得到及时有效的损失补偿，因旱返贫，生活困苦只会是显而易见的结果。例如，云南省因灾农业直接经济损失超过120亿元，贵州省农业直接经济损失达92.51亿元，两省共计3248.9千公顷农作物受灾。如果两省受灾的农户都参加了政策性农业保险，那么至少能通过保险赔偿挽回作物播种成本，更加快速地恢复生产，以挽回更多的经济损失，保险能够起到的杠杆效应是可想而知的。

① 王月金："旱灾凸显发展农业现代化的紧迫性"，载《中国经济时报》2009年2月13日第3版。

表 12　1998—2009 年自然灾害风险损失补偿缺口(单位:亿元)

年份	财政自然灾害生活救助支出(1)	民政事业自然灾害救济费(2)	救助救济费总支出(3)=(1)+(2)	自然灾害直接经济损失(4)	比重 $(5)=\frac{(3)}{(4)}$	损失补偿缺口(6)=(4)-(3)
1998	52.56	41.2	93.76	3007.4	3.12%	2913.64
1999	32.31	35.6	67.91	1962	3.46%	1894.09
2000	31.16	35.2	66.36	2045.3	3.24%	1978.94
2001	35.86	41	76.86	1942.2	3.96%	1865.34
2002	38.62	40	78.62	1717.4	4.58%	1638.78
2003	56.95	52.9	109.85	1884.2	5.83%	1774.35
2004	49.04	51.1	100.14	1602.3	6.25%	1502.16
2005	62.97	62.6	125.57	2042.1	6.15%	1916.53
2006	70.99	79	149.99	2528.1	5.93%	2378.11
2007	91.57	79.8	171.37	2363	7.25%	2191.63
2008	356.92	609.8	966.72	11 752.4	8.23%	10 785.68
2009	122.82	199.2	322.02	2523.7	12.76%	2201.68
平均	83.48	110.62	194.10	2947.51	5.90%	2753.41

资料来源:财政自然灾害生活救助支出数据来源于《中国财政年鉴 2009》,其中 2009 年数据来源于财政部 2009 年财政决算表;民政事业自然灾害救济费数据来源于《中国民政统计年鉴 2009》,其中 2009 年数据来源于《2009 年民政事业统计公报》;自然灾害经济损失数据来源于《民政事业统计公报 1998—2009 年》,载中国民政网站 http://www.mca.gov.cn。

(三)干旱灾害的综合风险防范

减轻旱灾的负面影响要求综合发挥灾害管理循环中所有部分的功能,而非仅仅依靠该循环中的危机管理部分(图 16)。基于此理念,国际减灾战略(ISDR)在 HFA[①] 的指导原则下,针对旱灾风险提出“减轻旱灾风险体系”(Drought Risk Reduction Framework)的四大核心组成部分——干旱政策和管理;干旱风险识别、影响评估和早期预警;防旱抗旱意识和教育;成熟有效的抗旱准备和减灾措施。在我国,史培军、刘燕华在关于中国政府“举国防范巨灾风险”的范式中,提出以由“安全设防、救灾救济、应急管理和风险转移”共同构成的

① 2005 年在日本神户兵库县召开的“国际减灾会议”上通过《兵库行动框架 2005—2015:构建有能力抵御自然灾害的国家和社会》(HFA),该框架提出构建有能力抵御自然灾害国家和社会的五大原则。

国家综合灾害风险防范结构体系防范巨灾风险。[①] 仔细看来,“综合灾害风险防范结构体系”与“减轻旱灾风险体系”有异曲同工之妙,两者所共同体现的正是将危机管理和风险管理有机结合的理念。故而,我们在这里提出以旱灾风险的综合防范体系,实现自主抗旱、减轻旱灾风险和降低社会脆弱性的干旱风险管理目标(见图18)。

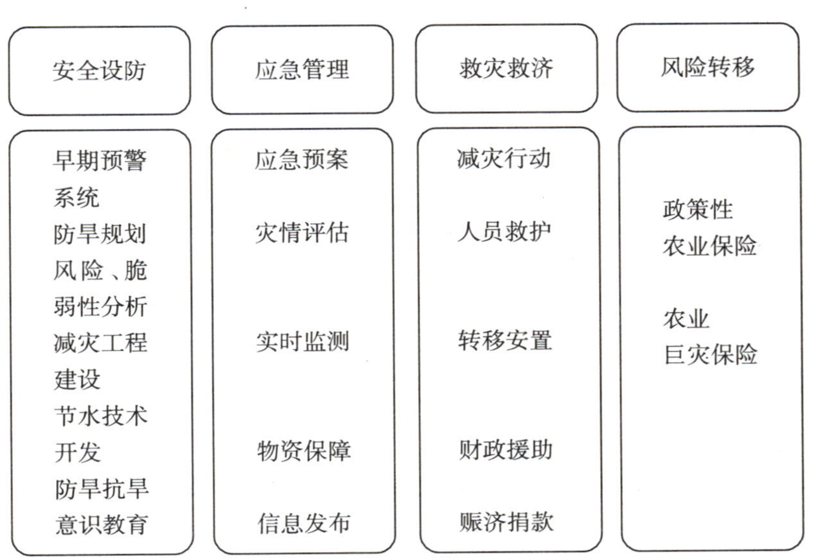

图18　干旱灾害的综合风险防范

1. 安全设防

该系统工程以干旱早期预警系统(DEWS)为核心,利用卫星遥感、土壤墒情等资料,综合运用自然指示因子、气候指数与社会经济指示因子分析干旱的负面发展趋势,并预测某一特定干旱灾害事件出现的时间及可能带来的影响,从而为决策部门制定合适的减灾措施提供依据。配合干旱预报、气候预测和土壤墒情监测,兴建减灾工程。根据2011年中央一号文件即《中共中央国务院关于加快水利改革发展的决定》精神,落实水利工程建设任务,以大中型骨干水源建设工程为基础,推进“五小水利”工程和病险水库除险加固工程,切实保证农田小型水利建设,提高水资源调蓄能力和开发利用效率。在增强工程蓄水能力的同时还必须以开发节水技术为目标,调整种植结构和养殖结构,发展节水农业。通过实行大中型灌区续建配套与节水改造,推广分子生物、精细农业、信息节水、农业化控节水协同调控技术及高分子材料在大型管道及渠道上的应用,全面降低作物耗水,实现真实节水。此外,由于干旱并非独立于正常气候变化之外的现象,若将其当做小概率的随机事

① 史培军、刘燕华:“巨灾风险防范的中国范式”,载 Journal of US-China Public Administration, Vol. 6, No.6 (Serial No.49), 2009。

件,则会在一定程度上增加个人、群体、经济、社会以及生态受干旱影响的风险程度。因此,还应在及时发布干旱预测预报信息的基础上,针对公众编制科普读物,普及抗旱防灾减灾知识,开展相关政策、法规的宣传,增强社会公众特别是农村群众的防灾减灾意识,提高社会公众防灾避险、应急自救、抗灾减损的能力。

2. 应急管理

目前该系统工程在灾情评估和旱情实时监测方面的工作已经比较成熟,需要进一步完善的是建立抗旱应急预案制度并实施动态管理,根据干旱预测信息实时更新制订应急预案,以应对不断变化的气候条件、社会环境和经济形势,增强预案的针对性、可操作性和权威性。组织抗旱会商,运用干旱早期预警系统的成果,综合分析气象、水文、农情、旱情以及抗旱行动等信息,提供及时、准确、全面的综合旱情信息,正确分析预测旱情发展变化的趋势。结合抗旱会商和抗旱应急预案,及时有效展开抗旱调度决策。实施抗旱物资储备管理制度,保障储备物资经费来源,保证储存环境良好及储备物资的有效管理。构建区域信息共享、数据准确、反应灵敏、传输迅捷的防汛抗旱信息平台,保证灾情预警、气候预测、实时监测等信息发布到位。应急响应结束后,还应对抗旱应急预案实施效果进行评估,对抗旱应急预案在执行中存在的问题及时进行反思,结合实施效果和经验总结提出修订计划和完善方案,以确保抗旱应急预案在今后的实施过程中能够更加切合实际。

3. 救灾救济

在各级政府和人民群众的密切配合下,救灾救济工作是整个旱灾风险的管理过程中最为成熟且颇有成效的,因此关键在于如何进一步提高抗旱效益。要提高抗旱效益,必须完善各类抗旱综合信息数据库的建设,开发抗旱调度模型,优化调度方案的原则和边界条件,缩短调度时间。健全与经济社会发展水平及抗旱减灾要求相适应的资金投入保障机制和抗旱资金管理制度,为抗旱减灾提供资金保障,保证专款专用,确保援助物资和下拨资金切实到位。制定抗旱服务组织发展规划,逐步在县一级行政区内建成较为完善的抗旱服务网络,逐年提高抗旱浇地、机动送水、技术服务等应急抗旱能力,做到及时检查和维修抗旱设备、机井、扬水站、人饮工程等,保证易旱地区应急抗旱效率。主动开设抗旱便民服务专线,充分发挥基层抗旱服务组织的作用,为旱区群众提供全面、便捷、高效、优质的"一条龙"抗旱减灾服务。

4. 风险转移

该系统工程是当前整个干旱灾害风险管理过程中最为缺失的。保险在旱灾风险的转移中几乎从未发挥过作用,在其余自然灾害风险转移中的作用同样甚微。2008 年中国南方雪灾,直接经济损失 1516.5 亿元,保险赔付仅占 2.3%;汶川大地震带来超过 8451 亿元的经济损失,但由于地震灾区保险覆盖率低,保险赔付仅 18.06 亿元人民币,占 0.2%。与此相对应,从国际上保险赔付的情况来看,2005 年美国"卡特里娜"飓风保险赔付达到其直接经济损失的50%;2007年全球因巨灾造成的经济损失约为706亿美元,保险业赔付276亿美元,占39%;2009年全球因巨灾造成的经济损失为620亿美元,保险业赔付占42%。这些数据都表明,中国保险业在应对巨灾风险时严重缺位,当然其原因是多方面的。故而,面对基础薄弱的农业和脆弱的农村群众,无论是通过建立健全农业巨灾风险基金制度,加快农业保险立法进程,探索中国巨灾保险制度;还是加大农业保险中政府投入力度,推进农业保险深化发展,保险业都肩负着有效转移旱灾风险、维护经济稳定、社会长治久安这项既紧迫又长远的历史责任。

作者简介:
魏华林,武汉大学经济与管理学院保险经济研究所　教授。
龙梦洁,武汉大学经济与管理学院保险与精算学系　博士研究生。
李　芳,武汉大学经济与管理学院保险与精算学系　硕士研究生。

上海世博会风险管理报告

中国人民财产保险股份有限公司

摘　要

上海世博会是一个异常庞大和复杂的风险体，其风险管理工作的成效对于世博会能否获得成功具有至关重要的意义。本报告站在全局的角度，而不是局限于保险视野，对上海世博会的风险管理工作进行回顾、总结和思考。报告在列举上海世博会各种风险因素和有关数据的基础上，结合历史数据、经验分析、实际损失情况及风险排查等相关内容，从风险源和风险损失两个角度，运用风险指数模型对可能影响世博会的各种风险进行识别和评估，在此基础上得出上海世博会风险管理安排的基本思路。然后分别从控制型手段、保险转移型手段等多个角度对上海世博会风险管理工具的运用和实施情况进行系统回顾，力争让读者对上海世博会风险管理工具的使用情况形成一个比较完整的认识。在此基础上，报告从实证的角度对控制型手段和保险转移手段这两种最为核心的风险管理工具的实际效果进行了评估，得出对控制型手段和保险转移手段的高度重视和全面实施确保上海世博会平稳有序运营的结论。在报告的最后，笔者对世博会风险管理工作的目标、工具选择和实现途径等问题做了一些思考性探索。

世博会是一个展示人类经济、科技、文化成果的大舞台,对于推动人类社会的发展与进步发挥着至关重要的作用,同时也正因为其综合性、复杂性及广泛性,举办世博会面临各种各样的风险,风险管理工作对世博会来说意义重大。上海世博会组织管理工作各级领导机构高度重视世博会的风险管理工作,是上海世博会取得巨大成功的根本原因。作为上海世博会保险全球合作伙伴,中国人民财产保险股份有限公司(以下简称人保财险)充分发挥风险管理专业优势,积极、主动地为上海世博会提供全方位、立体化的风险管理和保险保障服务,对上海世博会如期筹备到位和平稳有序运营发挥了积极的作用。

一、上海世博会概况

(一)上海世博会基本情况

上海世博会园区横跨黄浦江两岸,位于卢浦大桥与南浦大桥之间,占地 5.28 平方公里,围栏内面积 3.28 平方公里,园区规模创世博会 159 年历史纪录。

- 世博会的周期:从 2002 年申办成功到 2011 年撤展完毕,世博会前后历时近 10 年的时间;2006 年世博园开工建设,建设期长达 4 年;世博会运营期自 2010 年 5 月 1 日至 10 月 31 日,长达 184 天。
- 世博会的展馆:上海世博会参展国家和国际组织 246 个,创下历史纪录。世博园场馆包括 42 个自建馆、42 个租赁馆和 11 个联合馆,另外还包括 18 个企业自建馆和 55 个城市最佳实践区案例馆。
- 世博会的参与主体:世博会参与主体众多,不仅涉及世博会组织者、参展者及游客,还涉及展馆的建设单位、物业单位、世博会合作伙伴、赞助商、餐饮经营者、商业经营者、国内外媒体等。
- 世博会的人流:上海世博会的游客达到 7308 万人次,日均参观人数超过 40 万次,单日最高参观人数达到103.28万人次,均刷新了世博会历史纪录。

- 世博会的展品:上海世博会的展品不仅数量众多而且不乏珍宝奇器,包括清明上河图、铜车马等大量历史文物、日本新概念车、梵高的名画、丹麦国宝"小美人鱼"、墨西哥玛雅柱等,很多展品都价值连城。
- 世博会的活动:在上海世博会出演的中外演出团体超过1200个,每天举办各类演艺活动近百场,总量达到22 900余场。
- 世博会的餐饮:入驻上海世博园的中外餐饮企业约100家,这些餐饮企业每天在世博园区运输的食品、饮料等超过1000吨,所产生的垃圾将不低于180吨,形成巨大的园区物流。
- 世博会的交通:园区设有4条地面公交线路、1条轨道交通线路、5条越江轮渡航线、8条水门航线,累计运送游客约1.83亿人次。
- 世博会志愿者:世博会园区志愿者共79 965名,分13个批次向参观者提供了129万班次、1000万小时、约4.6亿人次的服务,另外,世博会还包括园区外超过11万人次的城市站点志愿者,服务人次不计其数。

如此大规模的场馆建设、如此长时间的集中展示、如此密集的人流物流、如此复杂的展览组织,再加上梅雨季节、台风期、高科技展体等风险因素,上海世博会是一个异常庞大和复杂的风险体,风险管理工作任务极其艰巨。

(二)上海世博会风险管理工作总体要求

1. 国际展览局的要求

按照国际展览局规则,世博会组委会在《上海世博会一般规章》和《特殊规章》中明确世博会相关方面的安全要求,明确各项工作均不低于中国法律法规所规定的安全标准。国际展览局高度重视借助保险手段转移展会风险,专门就保险事务制定《特殊规章第8号》,对世博会各参与主体的投保范围、险种要求、保障标准等提出明确要求。

2. 中国政府的要求

将上海世博会办成一届"成功、精彩、难忘"的世博会是中国政府举办世博会的工作目标,确保世博会的"安全"是实现这一目标的首要条件。党中央国务院高度重视世博会安全工作,胡锦涛总书记在2010年1月15日视察上海世博会筹备情况时要求"确保世博会安保工作万无一失"、"实现平安世博目标";2010年5月2日胡锦涛总书记在参观上海世博园时再次强调,要坚持"安全第一、服务至上"的工作要求,"真正把上海世博会办成一届成功、精彩、难忘的世博会"。

二、上海世博会风险管理模型分析与探讨

(一)风险管理方法概述

上海世博会是一个庞大而复杂的风险体,本报告从全面风险管理的角度,基于“风险源”和“风险损失”两个维度分别对上海世博会涉及的各种风险进行识别,在此基础上,结合历史数据、经验分析、实际损失发生情况及对上海世博会风险排查等相关内容,采用风险指数法对各种风险的发生概率和影响程度进行评估。

所谓风险指数法,是指通过设计一定的模型和变量,测算出各类风险的等级指数,以此作为判断风险和采取风险管理措施的基础或依据。本报告采用最为常见的风险指数模型进行测算,即风险指数 = 风险发生概率 × 风险影响程度。具体方法如下:根据历史数据、经验分析、实际损失情况以及风险排查情况,对每一项风险的发生概率和影响程度进行判断,并在表 1 和表 2 中查表进行赋值,然后计算两者乘积后,在表 3 中查表确定风险等级。

表 1　风险发生概率的估算方法

概率	估值	说明
罕见	1	风险极难出现一次
偶见	2	风险不大会发生
可能	3	风险可能会发生
预期	4	风险会不止一次发生
频繁	5	风险会频繁发生

表 2　风险影响程度的估算方法

程度	估值	说明
轻微	1	风险不会导致明显财产损失、人伤事故或会展延误
中等	2	风险导致少量损失(财产损失小于 5 万元、重伤小于 4 人、食物中毒小于 5 人及/或会展延误小于 1 天)
严重	3	风险导致可补偿损失(财产损失小于 20 万元、重伤小于 9 人、死亡小于 4 人、食物中毒小于 19 人及/或会展延误小于 7 天)
重大	4	风险导致相当大可补偿损失(财产损失小于 100 万元、重伤小于 20 人、死亡小于 10 人、食物中毒小于 50 人及/或会展延误小于 30 天)
灾难性	5	风险导致很大可补偿的损失(财产损失大于等于 100 万元、重伤大于等于 20 人、死亡大于等于 10 人、食物中毒大于等于 50 人及/或会展延误大于等于 30 天)

表 3　风险指数

风险指数	估值	定级	说明
低度	1 ~ 5	A	风险是可容忍的,可采取预防措施
中等	6 ~ 9	B	风险处于可容忍边缘,存在一定风险性,需要采取预防措施
严重	10 ~ 15	C	明确并执行预防措施以减少风险

根据风险等级,通过对风险规避、风险控制、风险转移和风险自留四类风险管理手段的灵活运用或组合运用,达到风险管理的最佳效果。在实际工作中,针对不同的发生频率、影响程度及危险评级,可采取表 4 中对应的风险管理方法:

表 4　风险管理方法表

风险频率	低	高	高	低	低	高
影响程度	小	小	小	大	大	大
风险评级	很小	小	较大	较小	大	很大
风险管理方法	自留或控制	自留或控制	保险或控制	自留或保险	保险	规避或转移

(二)基于风险源的风险识别与评估

按照风险源进行风险分类是从“致损原因”的角度进行分类,上海世博会涉及的风险包括自然灾害风险、建安工风险、组织管理风险、公共安全风险以及其他人为因素风险等。我们通常所说的“意外事故”实际上是上述各类风险源造成损失的一种中间状态。

1. 自然灾害风险

自然灾害风险影响世博会的筹备、运营及撤展的全过程,影响时间长,影响范围广,我们重点讨论上海地区的常见自然灾害对世博会的影响,包括:

(1)台风风险。上海市每年 7 月至 9 月常受来自太平洋上的热带风暴侵袭。每年平均受台风影响 2 次,最多年份可达 4 ~ 7 次。历史上台风未对上海造成过大灾,但世博园区内存在大量广告牌、建筑工地脚手架、遮阳伞、建筑物附属设施等,存在高空坠落、倒塌伤人的潜在威胁。我们对此项风险的发生概率估值为 4,影响程度估值为 2 ~ 3,风险指数为 8 ~ 12。

(2)暴雨风险。上海市 5 月至 9 月为汛期,降水量占全年总降水量的 60% 以上,从统计数据来看,24 小时最大降雨量为 394.5 毫米,1 小时最大降雨量为 104 毫米。上海市区高楼林立、热岛效应明显,易形成突发性的强对流天气。上海世博会开园期间恰逢汛期,强降雨可能性非常大。园区有大面积地下空间,增大了积水的可能性。一旦成灾,还可能断水、断电、断气等,导致受损蔓延。我们对此项风险的发生概率估值为 4,影响程度估值为3,风险指数为12。

(3)雷电风险。上海市多年平均雷暴日数为32.2天,属于中雷区,6月至9月最频繁。从2002年到2004年中,上海因雷击死亡达12人,计算机网络、程控、电控设备等受雷击灾害造成重大损失的事件时有发生。上海世博园区属于中雷区,园区内电子电器设备众多,易受感应雷袭击。我们对此项风险的发生概率估值为4,影响程度估值为3,风险指数为12。

(4)地面沉降风险。有关数据表明,上海市面临地面沉降、软土地基变形、砂土液化、岸带崩塌与堆积等一系列环境地质问题,其中地面沉降是主要危害。2000年以来,因地下水的开采利用、大规模城市建设产生的局部工程性地面沉降,使上海市中心城区年均沉降约10毫米。世博园场馆、地下设施、轨道等工程形式较为复杂,又加上汛期影响,建设期地质灾害威胁较大。我们对此项风险的发生概率估值为3,影响程度估值为3~4,风险指数为9~12。

(5)地震风险。上海地处华南地震区和华北地震区两个板块的中间,不属于中强地震频发地区,但存在发生破坏性地震的可能性。上海历史上未发生过5级以上的地震。世博园新建工程统一按抗震烈度Ⅶ度进行设计施工,基本不受低震级地震影响,但在施工过程中以及园区内老建筑改建工程均可能受低震级地震影响。我们认为地震风险发生概率估值为2,影响程度估值为2,风险指数为4。

(6)其他自然灾害。常见的自然灾害还包括:洪水、龙卷风、海啸、泥石流、冰凌、滑坡等,但基于上海地区地处入海口,境内无山丘,地壳相对稳定,上述灾害性气象发生的可能性较低,针对世博会的风险分析可不作为重点。

2. 建安工风险

建安工风险,是指与世博工程的设计、选材、建筑、安装、施工等行为相关的各种风险源,即各种工程行为实施过程中的缺陷或操作不当等带来的风险。建安工风险主要影响世博会的筹备阶段和撤展阶段,对运营期影响不大。建安工风险包括技术风险、现场条件风险、机械设备风险、材料风险和施工行为风险五大类,其风险水平主要取决于对于设计单位、施工单位及监理单位的选择,因此可作为同一类风险进行探讨。

世博工程代表国家形象,组织者对世博工程的设计、承包及施工的资质和行为均有明确的要求和规范,并且对于相关单位在满足有关要求和规范方面有严格的审批管理,因此从整体上来看,世博园区内的建安工风险相对较低。但是从微观上来看,世博工程建设规模大、工程类型多样、工艺相对复杂、涉及主体多、工期长短不一、工作区域相对集中、交叉作业不可避免,建安工风险仍是世博园区建设阶段除自然灾害风险之外最主要的风险源。尤其是到了建设阶段后期,在多种不可预料的因素作用下,如抢工期、节约成本等,可能会出现一些不规范的施工行为,风险事故发生的概率显著提高。另外,世博展馆大多造型独特、工艺先进,在材料选择上往往科技含量高,这些因素使得上海世博会技术风险不可忽视。综合以上情况,我们对上海世博会建安工风险的发生概率估值应为3,影响程度估值为2～4的区间,风险指数为6～12。

3. 组织管理风险

组织管理风险,是指与世博会相关的各种计划、组织、运营、管理等行为相关的各种风险源,主要表现为园区基础设施风险、安保风险、大客流风险、交通风险等形式。组织管理风险贯穿世博会的筹备、运营和撤展的全过程,但着重表现在世博会运营期间。尽管组织者做了大量细致的筹备工作,但因世博会庞大复杂及缺乏成熟的组织管理经验,组织管理工作仍难以一步到位。从实际运营情况来看,世博会组织管理工作表现出"边运营边发现问题边完善"的特点。

(1)基础设施风险。主要表现为基础设施设置不合理、不到位或缺失等导致人伤事故。我们在对世博园区公共区域风险排查的过程中发现,在世博会运营期间尤其是运营初期,园区存在基础设施安全隐患数量不少,如遮阳伞的设置不合理、人行道地面破损凹凸、临时布线安排不当、警示标志缺失等,频繁造成人伤事故。我们对基础设施风险的发生概率估值为4～5,影响程度估值为2～3,风险指数为8～15。

(2)安全保卫风险。世博会人流密集,安全保卫风险异常突出。世博会是展示国家形象的平台,组织者在安保方面的投入非常大,执行严格的安保等级和安保措施,安保风险得到有效控制。但从试运营及前期运营情况来看,安保工作因衔接问题在特定时段、特定区域致使大量游客滞留,仍存在较大的安全隐患。我们对安保风险的发生概率估值为2,影响程度估值为3～4,风险指数为6～8。

(3)大客流风险。大客流风险在世博会运营阶段表现得非常突出,尤其是在出入口、热门场馆、餐饮场所、热门表演等区域,大客流风险尤为突出。大客流风险主要表现为因拥挤导致人伤事故,尤其是在存在一些不和谐因素情况下导致的拥挤踩踏事故,此类风险因组织管理工作到位而发生概率不高,但一旦发生,损失程度较为严重。我们对大客流风险的发生概率估值为3,影响程度估值为3～4,风险指数为9～12。

(4)交通风险。交通风险主要包括交通体系风险和交通工具风险两个方面,交通体系风险指因交通体系设计或指挥不当,导致车辆或人流在道路或交通集散地不能迅速分流,形成交通拥堵或游客滞留现象并形成事故的风险;交通工具风险指世博园区内外的各种车辆、船只因指挥、操作或驾驶不当所带来的风险,主要表现为碰撞。交通体系风险往往与大客流风险相伴而生,交通碰撞风险在世博期间因交通密度明显提高,风险发生概率亦相应提高。我们对交通风险的发生概率估值为3～4,影响程度可估值为3,风险指数为9～12。

4. 公共安全风险

公共安全风险是指外来的、组织者不可控因素导致的各种公共安全事件对世博会的人、财、物造成损失的可能性,包括恐怖活动风险、传染病风险、食品安全风险、战争风险、罢工集会风险等。当前,公共安全形势趋于紧张和复杂,安全事件影响范围不断扩大。上海世博会场址位于城市中心,安全缓冲区小,会展持续时间长,人群流动较大,黄浦江从中间穿过,杨浦大桥跨越园区,公共安全风险不容忽视。

(1)恐怖活动风险。我国面临的恐怖威胁主要有境内外的民族分裂势力、宗教极端势力和"法轮功"等非法组织。近年来,这些恐怖组织遭到沉重打击,但是仍有部分人员伺机破坏稳定,另外,国内一些刑事犯罪分子也可能采取极端手段破坏世博会,因此世博园区仍面临一定的恐怖活动风险。考虑到世博会安保措施严密,恐怖活动风险发生概率低,但危害程度极大,我们对恐怖活动风险的发生概率估值为1,影响程度估值为5,风险指数为5。

(2)食品安全风险。上海世博会参观人数超过7000万,平均日、高峰日和极端高峰日客流量分别为40万、60万、80万人次,对食品供应的需求量极大。在目前国内食品安全环境并不完善的情况下要保证所有食品都是安全卫生的,无疑会给食品供应带来严峻挑战。组织者对食品安全问题高度重视,并做了周密的部署,一般来看,世博会食品安全事故发生率可能不高,但影响较大。我们对风险发生概率估值为1~2,影响程度可估值为4,风险指数为4~8。

(3)传染病风险。上海在历史上曾出现过多次大疫,造成重大危害。当前病毒性肝炎仍为上海地区主要传染病之一。近些年,国内外新的传染病不断出现:如SARS、禽流感等。世博运营期跨夏秋两季,正是流感暴发的季节。世博期间,上海聚集大量海内外游客,外来传染病病源引入的可能性大大增加。我们对传染病风险发生概率估值为2,影响程度估值为3~4,风险指数为6~8。

(4)战争风险。中国一贯奉行独立自主、和平共处的外交政策,两国开战的风险不高。战争风险的另一具体表现是已结束战争的遗留风险,如废弃炸弹等。历史记载,国民党曾对上海江南造船厂区域进行过一次轰炸,不排除该区域地下仍存留未爆炸炸弹的可能性。我们对战争风险发生概率估值为1,影响程度估值为5,风险指数为5。

(5)罢工集会风险。通常来说,在中国发生罢工集会的概率不高。考虑到近年来,社会贫富差距不断拉大,医疗、养老保障体制不健全,以及对拆迁补贴不满等因素,不排除发生局部集会的可能性。我们对罢工集会风险发生概率估值为1~2,影响程度估值为3,风险指数为3~6。

5. 人为因素风险

上述建安工风险、组织管理运营风险、公共安全风险均在不同程度上涉及人为因素风险,但侧重于非主观行为或群体行为。这里指的人为因素风险主要侧重于个体行为或主观行为导致的风险,包括道德风险、盗窃抢劫风险、履约风险等。

(1)道德风险。道德风险是指某些工作人员的故意行为或重大过失等对世博会形成的影响,主要表现为组织者工作人员故意或利用职务之便侵占公共财产、侵害雇主利益或破坏世博会正常进行。因各种工作人员来源渠道多样且数量不少,此类风险尽管概率不高,但仍不可忽视。我们对道德风险发生概率估值为2,影响程度估值为4,风险指数为8。

(2)盗窃抢劫风险。考虑到世博运营期间人流密集、人员结构庞杂、展品数量庞大且价值不菲等因素,盗窃、抢劫风险不容忽视。在筹备期的基础设施、场馆等的建设过程中,由于安保措施的疏漏也可能发生建材、用具等的被盗。我们对盗抢风险发生概率估值为3,影响程度估值为2～3,风险指数为6～9。

(3)合同履约风险。世博会参与主体之间一般都是通过合同约束双方权利义务关系,因此存在大量与世博会相关的合同,因合同方未能履约导致的风险尽管发生概率不高,但仍客观存在,且影响程度跨度较大,我们对合同履约风险发生概率估值为2,影响程度估值为2～4,风险指数为4～8。

6. 火灾、爆炸风险

风险管理工作中不容忽视的"火灾、爆炸"实际上是风险的一种中间状态,常常被当做致损原因来讨论。尽管组织者已经从制度和机制上对施工、展览规范做了严格要求,但世博园区内仍存在少量火灾、爆炸风险隐患,如:为了装修效果选用可燃易燃装修材料,大量涉及声、光、电的电子、电器类产品的展示和使用,众多餐饮场所使用明火、油料、燃气,大量演艺活动的临时布线,再加上人流密度大、火灾安全距离不足等因素,火灾爆炸风险不容忽视,我们对火灾爆炸风险发生概率估值为3,影响程度估值为3～4,风险指数为9～12。

(三)基于风险损失的风险识别与评估

按照风险损失进行分类是从"受损情况"的角度进行分类,上海世博会所面临的风险主要包括物质损失风险、人身损害风险、责任风险、会展取消风险、环境损失风险、IT损失风险等。

1. 物质损失风险

物质损失风险指造成世博会建筑、工程、展馆、配套设施、机器设备、展品等物质标的发生损失的各种风险类型,物质损失风险在世博园区广泛存在。从结果上来看,其损失程度跨度较大,我们对物质损失风险的发生概率估值为4～5,影响程度估值为1～5,风险指数为4～25。

2. 人身损害风险

人身损害风险指造成世博会各类人群受伤、死亡或疾病的各种风险类型,世博会参与主体众多,包括游客、志愿者、各类工作人员、演职人员、服务人员等,世博园区人流密集,人身损害风险亦广泛存在。我们对人身损害风险的发生概率估值为4~5,影响程度估值为1~5,风险指数为4~25。

3. 责任风险

责任风险指世博会各类参与主体所面临的因自身行为不当致使第三者受损而应依法赔偿的各种风险类型,主要包括工程责任、产品责任、场所责任、雇主责任等。不管是组织者还是各类参展方、服务商,都面临多种责任风险,因此责任风险在世博园里也是广泛存在的。

(1)工程责任。此项为世博园建设期间的常规风险,对于组织者、参展者或施工方来说,如何避免和防范施工过程中可能会产生的责任风险应予以考虑,尤其是在展馆与展馆连接作业,建设与布展联合作业过程中,容易对第三方造成危害。我们对工程责任风险发生概率估值为3,影响程度估值为2~4,风险指数为6~12。

(2)产品责任。世博会特许商品、冠名商品、参展方在世博园区出售或分发的产品以及世博园区内销售的食品等使得组织者、参展者和服务商均面临一定的产品责任风险。我们对产品责任风险发生概率估值为2,影响程度估值为2~3,风险指数为4~6。

(3)场所责任。世博会各展馆或各类服务商均以接待更多的游客作为目标,因此对于组织者、参展者及服务商来说,场所责任在世博期间广泛存在,影响程度跨度很大。我们对场所责任的发生概率估值为4~5,影响程度估值为2~4,风险指数为8~20。

(4)雇主责任。此项风险亦属于组织者、参展者和各种服务商所面临的常规风险。我们对此项风险发生概率估值为4,影响程度估值为2~4,风险指数为8~16。

4. 会展取消风险

会展取消风险指由于巨灾风险、工期延误、重大疾病、恐怖主义活动及其他主客观原因导致世博会无法如期举行、中断、缩短或取消,进而产生重大后果性损失的风险。考虑到办世博对中国的意义以及中国人的做事方式,除非发生极端巨灾风险或其他极端事件,否则世博会不可能被整体取消;从世博会计划安排的各项活动来看,因各种主客观原因,活动被取消的可能性还是存在的。我们对此项风险发生概率估值为1,影响程度估值为3~4,风险指数为3~4。

5. 环境损失风险

环境损失风险指在与世博会相关的建造、运输、运营过程中,可能会对周围环境带来破坏或影响的风险。世博会倡导低碳环保概念,环境风险相对不高,但因部分展品或工艺等涉及化工原料、制剂或化学作用等,不排除在风险事故发生后产生污染性物质的可能性。风险一旦发生,影响较大。我们对此项风险发生概率估值为1,影响程度估值为4,风险指数为4。

6. IT 损失风险

IT 损失风险指导致 IT 设备、系统发生直接或间接损失的风险，侧重于指因 IT 设备或系统受损而导致各种数据资料的损失及其所带来的间接损失。IT 损失风险主要包括风险事故造成系统整体或局部崩溃、黑客或病毒入侵造成系统整体或局部崩溃等情况，风险危害性较强，但因组织者信息系统和网络管理工作到位，该项风险发生概率较低，我们对此项风险发生概率估值为 2，影响程度估值为 3 ~ 4，风险指数为 6 ~ 8。

(四) 上海世博会风险管理方式的选择建议

从以上风险识别和风险评估过程来看，世博风险具有风险主体多、风险类型复杂、风险标的多、风险地域广、时间跨度长等特点，另外，世博风险还具有明显的国际性、政治性和多元化等特征，从实证的角度看，上海世博会确实是一个异常庞大和复杂的风险体。在选择风险管理方式时，应综合考虑各项风险管理手段实施的可操作性、实施成本、实施偏好、惯常做法、国际影响等因素，上海世博会各类风险宜于采取下列方式予以安排：

表 5　世博会风险管理方式选择

序号	风险类型	风险频率估值	损失程度估值	风险指数	风险管理方式选择
风险源分类	1. 自然灾害风险				
	台风风险	4	2 ~ 3	8 ~ 12	自留、控制、保险相结合，以保险为主
	暴雨风险	4	3	12	自留、控制、保险相结合，以保险为主
	雷电风险	4	3	12	自留、控制、保险相结合，以保险为主
	地面沉降风险	3	3 ~ 4	9 ~ 12	自留、控制、保险相结合，以保险为主
	地震风险	2	2	4	自留、保险相结合，以保险为主
	2. 建安工风险	3	2 ~ 4	6 ~ 12	控制、自留、保险相结合，以保险为主
	3. 组织管理风险				
	基础设施风险	4 ~ 5	2 ~ 3	8 ~ 15	控制、自留、保险相结合，以保险为主
	安全保卫风险	2	2 ~ 3	4 ~ 6	控制、自留相结合
	大客流风险	3	3 ~ 4	9 ~ 12	控制、自留、保险相结合，以保险为主
	交通风险	3 ~ 4	3	9 ~ 12	控制、保险相结合
	4. 公共安全风险				
	恐怖活动风险	1	5	5	控制、自留、保险相结合，以自留为主
	食品安全风险	1 ~ 2	4	4 ~ 8	控制、自留、保险相结合，以控制为主
	传染病风险	2	3 ~ 4	6 ~ 8	控制、自留、保险相结合，以控制为主
	战争风险	1	5	5	控制、自留相结合，以自留为主
	罢工集会风险	1 ~ 2	3	3 ~ 6	控制、自留、保险相结合，以控制为主

续表

序号	风险类型	风险频率估值	损失程度估值	风险指数	风险管理方式选择
风险源分类	5. 人为因素风险				
	道德风险	2	4	8	控制、自留、保险相结合,以控制为主
	盗窃抢劫风险	3	2~3	6	控制、自留、保险相结合,以保险、控制为主
	合同履约风险	2	2~4	4~8	控制、自留、保险相结合
	6. 火灾爆炸风险	3	3~4	9~12	控制、自留、保险相结合,以保险为主
风险损失分类	1. 物损风险	4~5	1~5	4~25	控制、自留、保险相结合,以保险为主
	2. 人身损害风险	4~5	1~5	4~25	控制、自留、保险相结合,以保险为主
	3. 责任风险				
	工程责任风险	3	2~4	6~12	控制、自留、保险相结合,以保险为主
	产品责任风险	2	2~3	4~6	控制、自留、保险相结合,以保险为主
	场所责任风险	4~5	2~4	8~20	控制、自留、保险相结合,以保险为主
	雇主责任风险	4	2~4	8~16	控制、自留、保险相结合,以保险为主
	4. 会展取消风险	1	3~4	3~4	控制、保险相结合,以控制为主
	5. 环境风险	1	4	4	控制、自留相结合,以控制为主
	6. IT 损失风险	2	3~4	6~8	控制、自留、保险相结合,以控制为主

从上述分析来看,对上海世博会而言,最重要的风险管理手段是控制型手段和保险转移手段,这两类手段分别从事前预防和事后补偿两个角度着手实施风险管理工作。我们认为,上海世博会风险管理计划应遵循的基本思路是:高度重视控制型风险管理手段的运用,最大限度减低风险对世博会平稳运营的影响,同时尽可能扩大保险的覆盖范围,充分借助保险在风险管理上的职能和作用;两类方式双管齐下,各有侧重,互相补充,构成世博会风险管理工作的主体部分,同时酌情使用其他风险管理手段,实现风险管理工作的全面覆盖。

三、上海世博会风险管理工具的运用与实施

(一)上海世博会风险管理主体

作为上海世博会的组织者,上海世博局主导上海世博会的风险管理工作。在实际工作中,上海世博局对世博会风险管理工作给以高度重视,通过建立完善的管理模式和工作机制,确保控制型手段、保险转移手段等各种风险管理手段得到较好实施。在建设施工阶段,世博会风险管理模式为条线管理模式,即由各条线主管部门分别从不同角度开展风险

管理工作,如安保部负责落实园区工地的安全保卫工作,技术办公室负责落实建安工风险的控制工作,资金财务部负责落实保险安排和保险采购工作等;在运营阶段,片区管理部介入园区风险管理工作,由片区管理部与各条线主管部门共同组成条块结合的二维风险管理模式,同时,在片区管理部和职能部门之上设立园区运营指挥中心,全面统筹运营期间园区各项工作,形成了覆盖世博会各区域、各工作环节、各时段的伞式风险管理模式。

作为上海世博会保险全球合作伙伴,人保财险全程积极协助上海世博局开展风险管理工作,不仅充分发挥保险保障的基本职能,而且充分发挥自身风险管理专业优势,积极推动或建议世博局运用控制型手段开展风险管理工作。不仅在实施阶段积极参与承保、理赔、风险排查等各项风险管理工作,而且在方案制定阶段积极参与方案制定,如人保财险提交的《中国2010年上海世博会全面风险管理方案》为世博局各项风险管理措施的选择、运用和实施提供了有力的参考,人保财险提交的《四项规定保险应征方案》为规定保险的出台奠定了基础。人保财险的参与对确保世博会的平稳有序运营发挥了积极有效的作用。

以人保财险为首席承保人的世博三项规定保险共保体是上海世博会风险管理工作的重要参与者,共保体汇集了上海市场12家保险公司,几乎涵盖上海市场上所有主流保险公司,是中国保险行业影响深远的一次创新性实践。共保体的参与为人保财险整合行业资源,发挥整体合力,集行业之力保障世博、服务世博奠定了组织基础,在建筑安装工程险、财产保险、展品和艺术品保险三项规定保险的承保、理赔、不同阶段对园区实施的风险排查和风险检验等工作中发挥了重要的协助和支持作用。

(二)控制型风险管理手段的运用和实施

从风险管理的角度来看,尽可能采取事前手段减少或排除风险隐患,将风险隐患导致事故发生的可能性降到最低,降低对世博会的影响,是世博会风险管理工作的首要目标。为保证世博会有序筹备和平稳运营,上海世博局自始至终高度重视对控制型风险管理手段的运用。世博局采取控制型手段进行安排的风险主要是组织管理风险、建安工技术风险、公共安全风险三类,采取措施主要包括:严格执行国家关于建筑安装工程施工安全的法律法规和各项制度规定,对工程项目中的建安工风险进行预防和控制;对场馆建设工程采取多种形式进行安全检查,以及时发现和排除风险隐患;建立完善的安保责任制度,加强安保力量,在运营期间实施更加严格的安保政策,全面控制与公共安全相关的风险及各种外来风险;及时优化园区排队隔离措施,加强对客流密集区域的警力和志愿者数量,在客流密集区域加装空气降温设施,积极应对大客流风险;设置园区医疗点,并制定园区案件现场处置方案和定点医院就医政策,及时处置园区发生的人伤案件,从控制损失结果的角度实施风险管理工作;制定园区食品卫生有关政策,严格执行园区餐饮的卫生标准,有效控制食品安全风险;不断优化园区各种服务设施,包括安检设备、遮阳设施、路面防滑设施、排队隔离设备等,对各种基础设施风险加以控制,等等。为加强总体协调,世博会在运营期间建立了两级运营指挥系统:一级指挥平台是园区运营指挥中心,包括公安、消防、医疗卫生、气象、武警、军队、设施保障、演出活动、礼宾接待等60多个席位,全面指挥和协调各个环节的运营管理工作;二级指挥平台设在各片区管理部、各场馆管理部等32个部门,负责辖区内的信息收集反馈及各类特殊情况的协调和处理。

人保财险利用其自身风险管理专业优势,在控制型风险管理手段的运用上给上海世博局提供建议、协助和支持。人保财险组织共保体成员单位,协助世博局在建设布展期阶段和运营阶段开展了两次比较系统的风险排查工作,查找、发现各个环节、各个流程上的风险隐患,并通过适当的措施和安排,优化和提升世博会风险管理水平,取得了良好的效果。人保财险结合理赔统计数据,针对风险事故高发区域,协助组织者或参展者开展了多次局部风险排查或风险巡检,从局部优化世博会风险管理水平。园区内综合责任险项下的人伤事故是一类高发风险,处理不当可能造成恶劣影响,严重的甚至会影响到世博会的正常运营,人保财险积极倡导和建议组织者建立园区外调解机制,并积极参与协助组织者开展调解,将疑难纠纷案件处理工作从园区内引到了园区外,有效控制此类案件的负面影响,同时也达到对组织者或参展者责任风险事故进行有效控制的效果。

(三)保险转移手段的运用和实施

保险转移手段是上海世博会风险管理工作中的重要组成部分,上海世博局非常重视借助保险工具安排世博会风险。作为上海世博会保险全球合作伙伴,人保财险在世博规定保险方案的制订、商业保险产品的征集、世博三项规定保险共保体的组建、承保及理赔工作的实施等关键环节都发挥主导或推动作用,对保险转移手段在世博会风险管理工作中的运用发挥关键作用。

1. 上海世博会的保险要求

在《上海世博会一般规章》以及《特殊规章第8号》中,对上海世博会保险的产品体系构成、最低保障要求、保险实施方式等作了明确规定,采用强制方式要求所有世博会的参与主体办理相应的保险安排。世博会采取强制性方式实施的保险要求如表6所示。

表 6 世博会强制性保险

	保险类别	保障风险类型
1	主办国法定保险	工作人员的人身损害风险、交通行为导致的第三者责任风险等
2	设计和施工保险	各类工程所面临的自然灾害风险、建安工风险
3	财产保险	各类建筑物、机器设备所面临的自然灾害风险、火灾爆炸及其他各种意外事故风险
4	可移动财产保险	各类参展物品所面临的自然灾害风险、火灾爆炸及其他各种意外事故风险、部分人为因素风险
5	民事责任保险	组织者、参展者、各类服务商所面临的工程责任风险、产品责任、场所责任风险、部分交通工具责任风险

上述强制性保险要求产生了上海世博会法定保险和规定保险，且构成了上海世博保险的主体部分。强制性保险要求不仅适用于世博会的所有参展者，而且也对世博会组织者自身形成约束，对世博会的各种赞助商、餐饮企业、商业企业等在世博园区从事经营活动的主体，同样具有强制性约束力。通过安排法定保险和规定保险，世博会各类主体所面临的主要风险得到有效转移。与以往大型的展会或赛事保险不同，上海世博会法定保险和规定保险的强制实施开创了我国政府大型活动项目实施强制保险的先例。

2. 世博保险保障体系

依据《特殊规章第 8 号》有关规定构建的世博保险保障体系分为法定保险、规定保险和商业保险三个层次。

（1）法定保险：包括机动车交通事故责任强制保险、工伤保险、医疗保险及上海市外来从业人员综合保险 4 个产品，其中工伤保险、医疗保险及上海市外来从业人员综合保险主要用来转移世博会各类工作人员（包括组织者、参展者、物业单位、餐饮企业、商业企业等）在从事世博相关工作过程中面临的基本人身风险；机动车交通事故责任强制保险则是针对机动车使用过程中的交通工具风险所作的基本保险安排。

（2）规定保险：包括综合责任保险、建筑安装工程保险、财产保险、展品和艺术品保险 4 个产品，其中：

综合责任保险用来转移组织者、参展者、商业经营单位、业主单位、各种服务单位、建筑商、承包商等各类主体从事与世博相关的活动时造成第三者人身伤害或财产损失，依法应承担的经济赔偿责任，保障责任范围涵盖场所责任、产品责任、工程责任、特殊交通工具责任，责任范围覆盖广泛全面；

建筑安装工程保险用来转移世博会建设阶段组织者、参展者、建筑商、承包商等主体所面临的自然灾害风险和建安工风险，该项保险对建设阶段园区内几乎所有物质标的所面临的自然灾害、意外事故以及材料缺陷、设计因素、施工因素等各种风险进行有效转移；

财产保险用来转移世博会运营阶段组织者、参展者、商业经营单位、业主单位、各种服务单位等各类主体所拥有的或所使用的各类建筑物、基础设施、装修、各种设备等所面临的物质损失风险,与展品和艺术品保险一同构成对园区内各类物质损失的全面保障;

展品和艺术品保险是世博会的特殊产品,用来转移世博园区内大量的展品、文物在园区展览期间所面临的物质损失风险,保障覆盖范围广泛,不仅包括展品在静态展示过程中的风险,也包含展品在园区内运输过程中的风险。

(3)商业保险:是指世博会法定保险和规定保险以外的所有保险产品,对于法定保险和规定保险无法满足的风险转移需求,世博会的参与主体可根据自身风险情况,自行选择商业保险投保,组织者不作硬性要求。组织者向参展者推荐的商业保险产品多达40个,这些保险产品将风险转移的重点放在园区内各类人员的人身风险、交通工具风险、物流环节的运输风险、各类履约风险、各类特殊风险(如会展取消风险、环境损失风险、IT损失风险)等。

上海世博会三级保险保障体系相辅相成、相互补充,从保险转移手段的角度为上海世博会风险管理工作构筑了一道可靠的"安全网"。

3. 世博保险实施情况

在人保财险及以人保财险为首席承保人的世博三项规定保险共保体的积极争取和大力推动下,世博园区绝大部分可保标的均获得了全面、充足、务实的保险保障。人保财险承保或牵头承保的标的及险种主要包括:

一是确保法定保险和规定保险得到有效落实。为组织者、参展者及各类服务商提供覆盖整个世博园区、保险金额高达10亿元的综合责任险;为组织者和参展者的所有展馆、配套工程等提供保险金额超过240亿元的建筑安装工程保险,工期结束后进一步转化为运营期财产保险;为众多价值连城的文物、艺术品等展品提供了展品和艺术品保险,保额以数十亿计。

二是充分利用商业保险作为补充,实现园区保险保障"全覆盖"。为世博志愿者、安保人员、演职人员等各类特殊人群提供了全面的人伤意外险及医疗险保障,保障人数超过25万人,保障金额超过1100亿元;为组织者自用车辆及各类用于世博服务的车辆提供机动车保险保障,保障车辆超过7500台;另外还承保了用于世博服务的所有船只、园区外物流的运输风险等。

经过组织者、人保财险及共保体的共同努力,世博保险保障的范围不仅实现了对风险主体和风险标的的全覆盖,而且实现了在时间和空间上的全覆盖。从风险主体来看,参与世博会的各类主体均安排了适当的保险;从风险标的来看,保险保障几乎覆盖园区所有人、物和责任;从地域范围来看,保险保障几乎覆盖园区每一个角落,同时也向园区外进行了合理延伸;从时间跨度来看,保险保障覆盖建设期、运营期及撤展期等全时段,覆盖开幕式、闭幕式等各个重要环节。

(四)其他风险管理手段的运用和实施

除了控制型手段和保险转移手段外,在世博会风险管理过程中,上海世博局在对部分风险的处理上,还采取了下列方式或手段:

1. 风险自留

其主要表现为各个保险方案项下的自留额部分,除综合责任险项下人身损害及部分特殊人群的人身意外险外,大多数保险方案均设有一定的免赔额,免赔额的设置让组织者在自行承担少量风险责任的情况下,合理降低保险安排成本,实现世博保险安排的经济性。

2. 合约转移

其主要是指世博会组织者通过合同方式将风险转移给其他方。如通过签订建设承包合同将世博会各个展馆、各项工程的建安工风险转移给建筑商、承包商;通过签订运输合同,将世博会所需物资运输过程中的风险转移给物流企业,等等。这种方式本身是一种"零和"风险管理安排,从总体上看,各类风险发生的概率和损失程度均没有变化,仅仅是承担主体的转移。

3. 政府担保

其与北京奥运会等大型活动的做法相似,上海世博会所面临的恐怖活动风险和会展取消风险均未通过保险转移的方式进行安排,而是在综合评估的基础上,一方面,加强对控制型手段的运用,如增设安保措施、加强安保力量,再如对传染性疾病加以控制,制定巨灾风险预案等,降低恐怖活动或会展取消风险的发生概率;另一方面以政府担保形式处置恐怖活动风险和会展取消风险,这种做法相比以保险转移的方式,可以大幅节约保险费支出。

(五)上海世博会风险管理情况评估

1. 风险因素实际发生情况

总体来说,在世博会筹备及运营期间,未发生巨灾型风险事故或重大风险事故,世博园区总体运行平稳有序。不过,较小的风险事故或产生局部影响的风险事故时有发生,不断考验世博会的风险管理机制和风险管理措施。

在自然灾害方面,暴雨数次影响世博园区,例如,8 月 26 日的暴雨让众多游客措手不及,不仅让众多游客长时间滞留在园中,而且致使个别展馆发生漏雨或渗水事故;台风也是影响世博会的自然灾害之一,8 月 31 日,上海发布"圆规"台风预警信号,世博园区各个单位及时作出应对性调整,台风最终与世博园区擦肩而过,未形成明显影响。

在建安工风险方面,因工程管理规范到位,园区内的工程项目未发生典型的风险事故,但世博会外围安装工程在施工过程中曾发生过个别风险事故。

组织管理风险是世博园区一类常见多发风险。在园区运营期间,每天都会发生参观游客的人伤或物损事故,如游客滑倒、拥挤受伤、被坠物砸到等,此类事故主要是由于基础设施的不完善、大客流因素以及高温、湿热等天气因素共同作用的结果。园区内的交通工具碰撞事故也偶有发生,如园区内的车辆碰撞行人或碰撞园区设施等。

因防范措施到位且有力,涉及公共安全的风险得到有效的控制,在世博会运营期间,未发生恐怖活动、食品安全事故、传染病事故、罢工集会活动等涉及公共安全的事件。

在人为因素风险方面,盗窃风险偶有发生,标的多为参展方用于工作的便携式电脑设备、销售的商品等。

在世博会期间,未发生典型火灾爆炸事故。

2. 控制型手段的效果评价

总体来说,上海世博局针对世博会采取的各种控制型手段,有效地过滤了各种影响较大的风险因素,使得世博会在运营的 184 天中,未发生大的风险事故,确保了世博会整体运行平稳有序,从这一方面来看,世博局采取的控制型风险管理措施是比较成功的。但是,由于缺乏比较成熟的同类项目管理经验,在世博会运行过程中,尤其是在世博会运营初期,因工程施工遗留问题、设施设备安装不当或存在瑕疵、对大客流的疏导措施滞后或不足等方面的原因,园区内造成人伤或财产损失的小事故时有发生,甚至呈现出"发生存在必然性"的特征,在世博会运营初期给广大参观者留下较差的印象。针对前期运营过程中发现的问题,上海世博局采取系列措施及时进行改进和调整,对园区内的各种风险因素加以控制,如先后由消防部门对园区内及园区周边的各公共场所及设施的火灾隐患、避雷设施等进行了排查和整改;安保部门根据客流增长的趋势,及时测定各个入园口及热门场馆的人流及拥挤的状态,调整管理措施,制定应急方案,防止拥挤踩踏事件的发生;物业管理部在高架步道、洗手间等位置设置了很多安全警示牌或铺垫了很多防滑垫,防止参观者滑倒摔伤;再如上海世博局与人保财险联合开展园区公共区域风险排查,对发现的问题及时整改等,园区组织管理风险在一定程度上得到了较好的控制。

3. 保险转移手段的效果评价

从保险事故发生情况来看世博园区内的风险发生情况及保险转移手段的作用则更加直观。截至世博会闭幕日 10 月 31 日,人保财险累计接到报案 1336 件,其中人伤赔案 1069 件,占 80%,物损赔案 267 件,占 20%;按分险种统计,责任险报案 878 件,占总报案数的 65.7%,财产险 137 件,工程险 6 件,展品艺术品险 4 件,意外险 233 件,车险(不包括世博出租车等服务用车案件)78 件。

从数据上看,以责任险事故居多,而责任险事故中涉及游客人伤和物损的事故又占了绝大部分(超过 90%),可见综合责任险案件尤其是综合责任险项下的游客事故案件是世博园区最为突出的一类损失案件。就事故发生区域而言,园区内游客事故主要分为两大类:一是公共区域和场馆周边区域,以各片区广场、高架步道、园区安检口、场馆出入口、世博轴等为主,这些区域发生的事故约占游客事故的69.7%;二是场馆内部,这些区域事故约占30.3%。

人保财险以及以人保财险为首席承保人的世博三项规定保险共保体高度重视世博各项保险的理赔服务工作。在世博会运营期间,人保财险建立了全天候运转的世博保险服务热线和世博保险服务保障指挥中心,在世博园区设置5个现场服务点,就近开展现场咨询、查勘处置、理赔单证收集及安排小额案件快速赔付等工作。另外确立了"以人为本,先人后物"的理赔工作原则,为加快案件处理进度,建立了定点医院快速赔付机制、协助调解机制、理赔单据日跟踪机制、疑难案件集中会商机制等工作机制,为世博会提供了高效、快捷、人性化的理赔服务。在世博会结束时,世博案件结案率已经超过85%,对世博会的平稳有序运营发挥了有力的保障作用。

四、关于世博会风险管理工作的思考

(一)保障世博会的平稳有序运营是世博风险管理工作的首要目标

上海世博会提出"成功、精彩、难忘"的办博目标,这一目标的实现首先必须建立在世博会"安全"的基础上,必须确保世博会的平稳有序运营,因此保障世博会的平稳运营是世博风险管理工作的首要目标。

保障世博会平稳运行应从两个方面着手开展工作,一是通过风险预防和风险控制的方式降低各类影响世博会正常运营的风险因素;二是通过风险转移的方式将风险转嫁给专业保险公司,在风险事故发生时确保能够及时获得补偿,最大限度地降低影响世博会正常运营的负面因素。上海世博会的风险管理工作正是从这两个方面着手,一方面安排完善的风险管理机制和严密的安全保卫措施;另一方面安排全面的保险保障并借助保险公司的专业性开展风险管理工作。正是由于这两方面的共同作用,使得世博会在184天中风险隐患得到有效预防,风险事故得到妥善处理,切实保障了世博会的平稳有序运营。

(二)综合考虑、系统安排是做好世博风险管理工作的关键

上海世博会涉及的主体众多,组织者内部部门众多且工作机制复杂,世博会周期长、环节多,园区风险标的类型众多,各类主体、各类人群的活动形式众多,是一个非常庞大而复杂的风险综合体。要想全面做好世博会的风险管理工作,需要对各主体、各标的、各种活动、各区域、各时段的风险特征进行综合考虑,需要组织者各部门之间以及组织者与外

部风险管理单位之间形成一个有效的工作机制和安排，这样做避免了风险管理工作的重叠，避免了资源浪费，更为重要的是通过综合考虑、系统安排可以对世博会风险形成一个全面的排查，杜绝风险管理工作的盲点，形成一个全面的、充分、灵活机动的风险管理计划。上海世博会园区运营指挥系统以及上海世博局技术办公室、资金财务部、参观者服务中心等风险管理牵头部门以及人保财险在不同阶段、不同领域的综合考虑和系统安排是上海世博会风险管理工作取得理想效果的关键。

（三）重视保险工具，充分发挥保险的风险管理专业优势，可以有效提升世博会风险管理水平和能力

保险工具是历届世博会都非常重视的风险管理工作，也是国际展览局高度重视的风险管理手段。在上海世博会《一般规章》中有关于保险的专门条款，并且单独制定《特殊规章第 8 号》对世博会保险安排有关事宜进行明确，足见世博会风险管理工作对保险工具的重视。在上海世博会上，通过组织者与保险公司的共同努力，世博会的法定保险和规定保险得到有效的落实，对世博会所面临的主体风险进行了合理转移。在此基础上，保险公司协助组织者对运营过程中的风险进行了全面排查，将保险的覆盖领域由世博会基础的法定保险和四项规定保险扩展至世博会各类人群的人身意外险、船舶险、货运险、车险等各个领域，从而基本实现了对可保风险的保险保障全覆盖。实践证明，世博会的保险安排对世博会风险管理工作所发挥的作用是卓有成效的。

（四）合理选择预防风险和控制风险的工具，与保险工具互相配合、互为补充，共同构建世博会风险管理工作的完整方案

尽管保险工具在世博会风险管理工作中意义重大，但其毕竟是一种事后“补救性”的措施，其主要作用是在风险事故发生后帮助组织者尽快恢复正常秩序。要全面做好世博会风险管理工作，还需尽最大可能采取事前预防或控制措施，从源头处消除风险隐患，化解运营风险。事前预防或控制风险的措施包括但不限于安保措施、园区秩序日常管理措施、设施设备维护措施、客流疏导措施、应急预案等。另外，保险工具在全面履行事后补偿职能的同时，亦应发挥其风险管理专业优势，协助组织者开展事前预防措施或控制措施。例如，协助组织者开展风险排查，为组织者提示风险隐患，或者借助其园区服务网络开展局部的或日常的风险巡检，一旦发现风险隐患，及时报告给组织者相关部门，力争第一时间消除风险隐患，避免风险事故。只有世博会各个运营环节与保险公司相互配合，建立有效的协同机制，双管齐下，共同开展工作，才能对世博会形成一个完整、有效的风险管理方案，才能切实保证世博会的运营平稳和安全。

作者简介

杨斌，人保财险重要客户部总经理，人保财险世博专属工作团队领导小组成员兼业务工作小组组长。

贾超锋，人保财险重要客户部业务发展三处副处长，人保财险世博专属工作团队业务工作小组成员。

广州亚运会风险管理报告

中国人民财产保险股份有限公司

摘　要

2010年11月至12月，中国广州相继成功举办了第16届亚洲运动会和首届亚洲残疾人运动会。亚运会作为亚洲地区规模最大、水平最高的综合性运动会，因其竞技性、精彩性、不可逆转等特点，决定了赛事组织和风险管理目标的一致性——确保赛事安全顺利举行。中国人保作为广州亚运会的唯一保险合作伙伴和亚残运会的保险赞助商，充分发挥风险管理的专业优势，吸取大型体育赛事的风险管理经验，研究制定《2010年广州亚运会风险管理方案》，并据此为广州亚运会提供从事前预防、事中控制到事后保障的全过程风险管理服务，综合运用控制型和财务型各种风险管理技术，对亚运风险进行专业化的干预和动态的监控，为广州亚运会和亚残运会编织了一张安全网。中国人保在开展亚运会的风险管理和保险服务过程中，对已研究确定或实施的风险管理技术和方法进行监控，根据亚组委在筹办和组织亚运会过程中实际遇到的风险以及筹办工作计划的调整变化进行相应的调整，确保了亚运会风险管理目标的最终实现，有力保障了亚运盛会的平安顺利举行。本文详细介绍了广州亚运会风险管理组织和实施的全过程，以分享广州亚运会风险管理的做法和经验，引起行业对大型体育赛事风险管理研究与实施的关注，从而共同推动国内大型体育赛事风险管理研究与实践的不断进步。

2010 年 11 月 12 日至 27 日,12 月 12 日至 19 日,亚洲地区规模最大、水平最高的综合性运动会——第 16 届亚洲运动会(以下简称广州亚运会)和首届亚洲残疾人运动会(以下简称亚残运会)相继在广州成功举办,这是继 2008 年北京奥运会、残奥会后我国成功举办的又一次国际体育盛会。广州亚运会共有来自亚洲 45 个国家(地区)体育代表团参赛,参会的运动员、教练员、国际奥委会官员、亚奥理事会官员 2 万余人,比赛设立 42 个竞赛项目,共产生 477 枚金牌,创历届亚运会参赛国家(地区)最多、参赛人员最多、比赛项目最多和奖牌数量最多。作为广州亚运会的唯一保险合作伙伴和亚残运会的保险赞助商,中国人民保险集团股份有限公司(以下简称中国人保)充分发挥风险管理者的专业优势,通过为广州亚运会和亚残运会提供全方位、立体化的风险管理和保险保障服务,携手组委会共同保证了亚运会和亚残运会平安、顺利举行。

作为广州亚运会风险管理和保险保障服务的亲历者,笔者拟从大型体育赛事风险管理过程入手,详细介绍广州亚运会风险管理组织和实施的全过程,以期通过对广州亚运会风险管理做法和经验的分享,引起行业对大型体育赛事风险管理研究与实施的关注,共同推动国内大型体育赛事风险管理研究与实践的不断进步。

一、大型体育赛事风险管理简介

(一)大型体育赛事风险管理的含义

大型体育赛事风险管理是指对赛事筹备和举办过程中的各种风险进行识别和评估,并运用风险管理技术,对风险可能产生的后果进行有效的控制和妥善处理,以最小的风险管理成本,使预期损失减少到最低限度或实际损失得到最大补偿的管理行为。

大型体育赛事因其竞技性、精彩性、国际性以及不可逆转等特点,与其他风险管理项目相比,无论赛事组织者筹备组织赛事还是专业的风险管理顾问实施风险管理,大型体育赛事都应该将风险管理目标的一致性——确保赛事安全顺利举行作为行动的宗旨。因此,无论风险管理过程的实施还是风险管理技术的运用,都应围绕这个核心目标进行,并且更应关注风险管理过程的融会贯通和各种风险管理技术的综合运用。

(二)大型体育赛事风险管理的过程和技术

与其他的风险管理活动类似,实施大型体育赛事的风险管理过程包括五个方面:一是识别主办方筹备和举办的风险;二是评估可能的损失频率和损失程度;三是研究确定损失防范和降低损失频率或程度的技术和方法;四是实施相应的技术和方法;五是对实施效果进行评估和调整。

上述风险管理过程的重点在于根据损失频率和损失程度的评估,选择和实施相应的风险管理技术。

一般而言,控制型技术是大型体育赛事采用最为基础的技术手段。控制型技术,包括回避和减少,主要指回避可能带来风险损失的事件,并采取降低损失频率或减少损失程度或规模的技术。控制型技术在大型赛会筹备期间,特别是场馆建设期间被广泛采用。例如,制定场馆建设承包商安全规范、定期对施工人员进行安全培训、对场馆定期进行安全检查等制度,都是在损失发生前采取的风险减少措施,目的在于及时发现和排除风险隐患。大型赛事的举行涉及多部门的协作,各职能部门及比赛场馆通过制定重大风险应急预案、建立赛时每日例会等制度,最大限度地减少事故发生当时的损失程度。

财务型技术,着重于安排资金,以弥补运用控制型技术后仍存在的风险和损失。大型体育赛事中,财务型技术运用最为广泛的方法主要包括自留、购买商业保险转移和合约化风险转移。

(1)自留,是指大型赛事主办方通过安排专项资金,自己承担部分或全部的损失,自留多少主要取决于现金流多少以及自留风险可能导致的损失额大小。近30年来,大型赛事所需的资金规模越来越大,甚至高达几百亿美元,因此赛事主办方不可能对全部风险采取自留的方式。由于不同主办方资金实力的差异,对同一风险采取的处理技术也不同。如针对外籍运动员因伤病去赛事举办地以外的国家或地区救治的医疗转运风险,雅典奥组委采取了自留的方式,即组委会安排专项资金承担医疗转运的费用支出,而悉尼和北京奥组委则将运动员医疗转运回国的费用通过购买商业保险的方式进行了转移。一般来说,对于发生频率低且损失金额小,或者发生频率高但损失金额小的风险,主办方通常会从更经济的角度采用自留的方式。如北京奥组委在比赛场馆和奥运村设立了医疗站,对赛事期间观众、运动员、志愿者等人员因小伤病所发生的紧急医疗救治费用通过安排医疗专项资金来解决,未通过商业保险转移的方式处理。

(2)购买商业保险转移,是指大型赛事主办方要求保险公司为规定的损失支付资金,作为交换,主办方要向保险公司支付对价的保险费。购买商业保险已经成为现代大型体育赛事风险管理最为主要的技术,雅典、悉尼和北京奥组委均购买了高额的商业保险,将自己在赛事筹办和举行过程中面临的主要风险进行转移。国际奥委会主席罗格先生曾经这样评价商业保险:“用投保的方式对核心业务——奥运会进行风险管理,是任何现代机构都会采用的一种标准和谨慎的做法”。如果主办方将保险公司作为合作伙伴,通常保险公司会采用 VIK[①] 方式为主办方提供保险,以转移主办方所承担的风险。如中国人保作为北京奥运会的唯一保险合作伙伴,采用 VIK 方式为本届奥运会的筹办和举行提供了保险保障。

(3)合约化风险转移技术,是指赛事主办方通过合同方式将风险转移给其他方。如主办方与场馆承包商在签订建设承包合同中设立免责条款或补偿协议,使得赛事主办方不会因为承包商造成的人身伤害事故而遭受任何经济赔偿损失。

(三)釜山和多哈亚运会风险管理概况

第 14 届和第 15 届亚运会分别在韩国的釜山和卡塔尔的多哈举行。两届亚运会的组委会都开展了大型赛事风险管理,在对赛会筹办和组织的风险与损失充分识别及合理评估损失频率与程度的基础上,通过综合运用控制型和财务型技术,尤其是自留、运用合约转移风险和购买商业保险等财务型技术的运用,较好地实现了大型赛事风险管理的目标。

在自留和合约化转移风险技术运用方面,多哈亚组委因其雄厚的经济实力自行承担了相关人员的医疗转运的费用,同时也在赞助协议里要求所有的赞助商都自行购买责任保险,以转移组委会的责任风险损失。同时,两个组委会都运用了第三方担保的方式承担亚奥理事会要求转嫁的赛事取消风险。受美国“9·11”事件的影响,2002 年赛事取消保险的保费同比上涨了 7.5%,如购买商业保险,釜山组委会将为此支付 80 亿韩元(约 664.93 万美元)的保费支出,组委会面临巨大的财务压力,于是仿效汉城奥运会做法,以 Woori Bank(韩国友利银行)发出的偿付担保代替了运动会取消的保单;多哈亚运会则是采用政府担保的方式,即由卡塔尔政府保证,当多哈亚运会取消时向四个赞助商赔偿 8000 万美元,实际上政府成为风险的承担者,以政府信用担保代替商业保险,依靠政府的力量来保证赛会的安全举行。

在购买商业保险方面,两个亚运会都按照与亚奥理事会签署的《主办城市合同》规定,结合各自实际情况购买了相应的保险。釜山亚运会组委会购买了意外伤害和医疗保险、责任保险、财产保险、电子设备保险和机动车辆险,为运动员和官员、志愿人员、组委会财

---

① VIK:Value In Kind,即“现金等价物”,是指赛会赞助商为获得相关权利和机会而以实物和(或)服务形式向组委会提供的对价,该等实物和(或)服务将补充或代替现金对价。

产、租用物料、车辆和马匹等提供保险保障;多哈亚运会组委会则购买了意外伤害保险、第三方法定责任险、火险与盗窃险以及组委会工作人员的人身保险等。根据卡塔尔国家的法律,由于卡塔尔政府已为进入卡塔尔的运动员、教练、媒体人员、技术官员等提供了医疗保险,所以多哈亚组委无须另行支付保费购买医疗保险。

二、广州亚运会风险的识别和评估

2004 年 7 月 1 日,广州市成功获得第 16 届亚运会的举办权。2005 年 7 月 8 日,经国务院批准成立第 16 届亚洲运动会组织委员会(以下简称广州亚组委)负责广州亚运会的筹办与组织,广州亚运会筹办与组织工作正式启动。在广州亚运会长达 5 年多的计划、组织和举办过程中,其面临的风险可以归纳为三类,即自然灾害风险、意外事故风险和人为风险。

(一)自然灾害风险分析与评估

广州亚运会项目涉及的地域不仅包括比赛场馆所在的广州、佛山、东莞和汕尾,还包括亚组委开展的大型推广活动——"亚洲之路"涉及的亚洲 40 多个国家和地区的沿海港口和内陆城市,火炬传递活动涉及的北京、哈尔滨、长春、山东海阳及广东省内 21 个城市和地区,以及这些活动所途经的陆路和海路区域。可以说,该项目风险发生地域涉及整个亚洲板块,既包括地壳活动频繁和稳定地区、陆地和海洋岛屿,又包括了热带、亚热带和温带气候地区。因此,亚运会项目所面临的自然灾害风险因素非常广泛,包括雷电、暴雨、洪水、暴风、龙卷风、冰雹、台风、飓风、沙尘暴、暴雪、冰凌、突发性滑坡、崩塌、泥石流、地面突然下陷下沉及其他人力不可抗拒的破坏力强大的自然现象。

对于"亚洲之路"和火炬传递活动参与、涉及的城市和地区来讲,每个城市和地区所受影响的自然灾害因素各有不同,由于活动在各参与城市和地区举行的时间都较短,因此自然灾害造成损失的可能性及程度相对都较小。而对于举行本届亚运会赛事的广州、佛山、东莞和汕尾来讲,由于四个城市均处于同一气候带,且距离较近,地理地形也比较相似,对这四个城市影响最大的自然灾害因素主要是台风、暴雨和洪水。以亚运会主办城市——广州市为例,具体对三种自然灾害风险分析如下:

1. 台风

广东省是台风灾害多发区和重灾区,平均每年有 4 个热带气旋登陆广东,广州虽然地处广东中部地区,但是依旧会受到台风影响。广州的台风季节是每年的 5 月至 10 月,但是主要集中在 7 月至 9 月。因此,台风在亚运会举行的 11 月份发生的可能性极小,主要会对亚运会筹办阶段有较大影响。此次亚运会新建场馆 12 个,改造场馆 58 个,场馆建设施工期要经历两个台风季。台风的破坏力极强,一旦发生台风,会给正在建设过程中的场馆、施工人员、施工机具带来危害。虽然亚组委对场馆的修建并不承担责任,但是如果场馆无法按期交付使用,将有可能导致亚运会比赛的推迟。此外,如果亚组委采购的货物交付时间在台风季节,通过沿海或内河运输方式也可能延缓货物运输行程使得亚组委无法按期收货,或者造成货物本身的损失。

2. 暴雨

广州的雨季是每年的3月底开始至9月份结束,暴雨集中在4—6月和7—9月,分别是前汛期锋面切变线暴雨和台风带来的暴雨。同台风相似,暴雨主要是会对亚运会的筹办工作带来较大影响:暴雨有可能造成场馆建设工程本身、建筑、施工机具和作业物料的损失,甚至可能会使得场馆无法按期交付,影响赛事举行。而且在雨季施工,也容易影响场馆工程施工质量,如混凝土凝固的时间无法达到标准要求,造成工程坚固性减弱,可能会引发工程质量事故。雨季也是交通事故频发的期间,可能造成亚组委使用车辆的损失和人员的伤亡。

3. 洪水

在广州的台风和雨水季节,也是洪水的高发季节。洪涝灾害是广州市面临的最严重的自然灾害,也是最经常发生的自然灾害,多为暴雨造成。据统计,近50年来广州由自然灾害造成的直接经济损失约为45亿元,年均灾损占全市国内生产总值的0.3%,其中洪涝损失约占总灾损的52.31%。洪水的影响主要是:一是可能冲毁在建的场馆工程项目,造成工程项目可能无法按期交付;二是仓储物资和车辆可能遭水淹,如采购的大量的体育器材设备在储存期间,如果一旦遭受水淹,将造成财产的大量损失;三是对于已安装好体育器材和记分系统设备的场馆,一旦发生洪水,场馆及其设备都将发生财产损失,并有可能导致比赛的推迟,或在比赛中引发其他故障事故。

(二)意外事故风险分析与评估

意外事故风险主要是指在亚运会计划、组织和举办过程中出现的不可预料、人为无法控制的突发性事件。对于大型赛事的筹办与组织,比较常见的意外事故是火灾爆炸和电气风险。

1. 火灾爆炸

火灾、爆炸是最常见的意外事故风险,在亚运场馆建设、设备安装过程中,以及亚运会开幕式、闭幕式燃放焰火过程中更易发生火灾和爆炸。在场馆建筑和安装施工过程中,电线、开关控制和空调设施线路是引起火灾的风险隐患;机械、电器设备过热或遇水发生电气短路引发火灾的可能性较高;工人违章作业、动火操作、吸烟等都会导致火灾发生。而在开幕式、闭幕式过程中如发生火灾,由于现场人员众多,因火灾引起的观众恐慌可能导致人员疏散困难,造成大量人员伤亡。对于亚运会这样的国际性赛事项目,将会造成极为不利的国际影响。

2. 电气风险

电气风险主要是指超负荷、超电压、碰线、电弧、漏电、短路、大气放电、感应电及其他电气原因造成电器或机器设备的损失,是电器和机器设备最常见的风险。广州亚运会采购了高达数亿元人民币的电子计时计分设备和系统,因电气原因不仅会造成直接财产损失,甚至可能造成亚运会比赛无法正常进行,进而造成转播商权益受损。

(三)人为风险分析与评估

1. 人身意外伤害风险

意外伤害是大型赛事面临的常见的主要风险因素,其造成的影响主要是:一是按照《主办城市合同规定》,广州亚组委将要为遭受意外伤害的运动员、教练员等相关人员提供免费医疗保障,发生医疗费用支出;二是亚运会志愿者在按照要求开展亚运服务志愿活动时遭受意外伤害,广州亚组委也需要为志愿者提供免费医疗保障,对于残疾或死亡的,还负有赔偿责任;三是观众因观看比赛在场馆内发生意外事故而伤亡时,广州亚组委将承担人身伤害的赔偿责任。意外伤害事故风险与比赛项目的多少、竞赛激烈程度、项目难易程度及参赛和观赛人员的多少都成正比例关系。此次广州亚运会共设42个竞赛项目,参赛运动员、教练员、亚奥理事会官员等达到2万余人,亚运志愿者达到12万余人,观赛观众达到400万人次,均为历届亚运会之最,风险发生的可能性及损失程度都相对较大。

2. 疾病风险

在参加亚运活动期间,由于运动员、技术官员及志愿者体质差异或受亚运会比赛的影响,可能发生突发性疾病造成身体损害,广州亚组委除提供免费医疗保障外,还有可能因为提供的医疗保障不到位而承担责任赔偿风险,产生不良影响。同时,传染病也是影响亚运会的风险因素。据统计,[①]2003—2007年,广东省甲乙类传染病总发病率、死亡率流行呈上升趋势,其中甲类传染病鼠疫和霍乱共报告发病病例151例;乙类传染病35种,共报告病例1 111 679例,死亡病例6974例。呼吸道传染病是广东第二大类传染病,易发在春冬季节。传染病的暴发与流行不仅会造成人员的伤亡和群众情绪的恐慌,还有可能造成因国际社会对疫区实行禁止入境的隔离措施导致相关活动或赛事无法举行。对于广州亚运会来讲,一方面由于在2003年非典疫情后中国实行了更严格的疫情报告与隔离制度,广州市也为此加大卫生防疫力度,另一方面亚运会是在11月份举行,甲类传染病大规模暴发和流行的可能性非常小,但是一旦发生,其造成的损失和影响则不可估量。

① 摘自刘茂玲、邹宇华、陈晓瑜:《2010年广州亚运会传染病疫情风险分析及防范措施》。

对于广州亚运会项目来讲，因意外伤害和疾病产生的免费医疗费用的支出是必然发生的，但是支出金额大小则不确定。

3. 疏忽过失风险

在亚运会项目涉及的各个环节都可能因为疏忽过失造成财产的损失、人员的伤亡或其他不利的后果。如在施工或作业过程中，人为疏忽或失误可能造成工程责任事故，也可能在使用过程中才发生质量事故。另外，由于亚运会比赛使用大量的电子计时计分设备，如果操作人员因疏忽、过失或操作错误，不仅将导致电器设备的直接损失，而且会造成比赛时无法进行正确的记分影响比赛进行。

4. 道德风险

由于有保险或其他保障方式的存在，亚运会相关机构在政策制定和执行过程中可能疏于管理，相关人员可能钻政策空子。此次广州亚组委对参加亚运会的所有运动员、教练员等亚奥大家庭成员实行免费医疗的政策，可能造成部分人员，尤其是经济发展落后国家人员借此机会要求进行体检、洗牙或治疗既往的疾病，使亚组委额外承担与亚运会举行无关的医疗成本。此外，由于意外伤害和医疗保险的存在，如果对诊疗和用药标准没有合理的规定，可能会引发定点医院在救治的过程中，出于营利目的会为伤员提供一些不必要的过度治疗或使用价格昂贵的进口药品，导致医疗费用的增加。广州亚组委为志愿者提供免费医疗保障，如果保障的范围限定过于宽松，可能导致志愿者故意通过一些不合理的方式享受医疗保障，造成医疗费用不合理的增加。而由于财产损失保险和车辆保险的存在，可能使财产所有人或管理者以及车辆使用人疏于财产的看管和车辆安全防护，造成财产丢失、损坏和交通安全事故的增加等。根据大型体育赛事风险管理经验，道德风险通常是发生概率较大、需要采取有效的控制型技术加以防范的风险因素。

5. 履约风险

广州市政府与亚奥理事会签订的《主办城市合同》，以及广州亚组委与赞助商、供应商等相关合同方签署的各类合同不能完全履行的风险。赞助商、供应商不能如期支付赞助款或者提供产品和服务，将导致广州亚组委运作资金的缺漏和相关活动的推迟及取消。而广州亚组委自身不能按照约定履行自己的责任和义务，将面临来自赞助商或供应商的法律诉讼风险，并承担赔偿责任。相比较而言，赞助商等违约的风险较广州亚组委违约的风险要大，需要予以关注。

6. 政治风险

类似于亚运会这样的大型体育赛会，因其国际影响力必然受到敌对势力和恐怖分子的高度关注，一旦敌对势力故意实行破坏或阻挠，都将导致不可估量的损失。如在 1996 年亚特兰大奥运会期间，虽然动用了和平时期最为庞大的保安系统，保安开支高达 2.27 亿美元，但在奥林匹克世纪公园的中心广场仍发生了一起严重的恐怖爆炸事件，造成 110 多人受伤,2 人重伤,2 人死亡。2008 年北京奥运会火炬境外传递受到了“藏独分子”的干扰破坏。作为国际性的大都市,据不完全统计,广州市居住着数十万计来自于非洲、西亚国家的外籍人士,亚运安保形势比较复杂。此次亚运开幕式以城市为背景,以珠江为舞台,在珠江海心沙岛搭建开放式开(闭)幕式场馆,周围的商业和楼宇密集繁华,需要特别防范亚运会比赛期间尤其是开(闭)幕式期间的政治风险。

通过以上对风险的识别和分析,广州亚运会项目面临的风险呈现出如下四个特点:

一是地域覆盖的广阔性。如前所述,广州亚运会项目风险发生的地域非常广阔。地域广阔性,容易造成风险管理防范的漏洞,使广州亚组委无法全面控制所有的风险,必须依靠相关的国家、城市等配合共同完成亚运风险防范与控制,才能确保亚运会各项活动的如期顺利安全开展。

二是风险损失多样化。上述三大类风险因素对亚运会项目将会造成不同性质的损失:(1)财产损失,包括广州亚组委自有资产和临时占用超过 90 天以上的财产的损失;(2)收入损失,由于此次亚运会是由广州亚组委全权承担市场开发权益,如赞助商无法按期足额支付赞助款,将直接导致广州亚组委收入损失;(3)人身伤亡和疾病,亚运大家庭成员、亚运会志愿者、观众及其他相关人员在参加亚运会各项活动中遭受意外伤亡或突发疾病,广州亚组委需要提供医疗保障和救治,产生医疗费用损失;(4)民事责任,即广州亚组委在开展亚运会各项活动时对第三方人员造成财产损失和人身伤害时,依法应承担的民事赔偿责任,包括公众责任、雇主责任、职业责任、医疗责任、履约责任和产品责任等;(5)赛事取消,特大洪水、传染病的暴发与大规模流行、战争等是导致广州亚运会推迟或取消的主要风险,将使广州亚组委遭受巨大的财务损失,并由此将会给广州亚组委、亚奥理事会、中国政府带来巨大的负面影响。

三是风险特点阶段性。广州亚运会项目分为赛前筹备和赛时运行两大阶段,不同阶段存在不同的风险。赛前筹备阶段风险主要是市场开发能否成功,场馆设备能否如期交付,测试赛和火炬传递活动能否顺畅运行等。赛时运行阶段风险高度集中,所有场馆、体育器材和计时计分系统等各类财产全部投入使用,财产价值最大化;所有参赛的运动员、教练员、技术官员、国际奥委会、亚奥理事会等的体育官员全部抵达,志愿者全部到位,人员规模最大化;在开幕式、闭幕式和热门比赛时,观众规模也达到了最大化。因此,赛事运行期间是最易发生风险事故的阶段。

四是风险主体多样化。广州亚运会的筹办与组织包括市场开发、场馆建设、文化活动、火炬传递、比赛组织、医疗服务、门票销售、媒体报道、电视转播、人员注册和安保工作等众多环节,涉及亚奥理事会、赛会组委会、相关政府机构、场馆业主、合作伙伴、赞助商等众多主体。因此,亚运会成功的筹办和举行,不仅需要广州亚组委科学合理的筹划和组织实施,还需要上述各亚运活动参与方的配合和支持。这些风险主体一旦发生风险事故都将集中到广州亚组委,广州亚组委也必将承担相应的风险损失。对于亚运会等规模巨大的国际体育赛会,最容易发生的风险事故是各方主体之间衔接不顺畅而在一定程度上影响赛会组织工作。

三、广州亚运会风险管理的技术、方法及其实施

2008 年,中国人保为北京奥运会提供了高水平、有特色的保险保障服务,赢得了国际奥委会、北京奥组委和社会各界的普遍赞誉。成功护航奥运,既为中国人保亚运服务团队提供了宝贵的经验借鉴,又提出了一个极具挑战性的任务:如何在服务奥运的基础上超越自我,续写辉煌。在广州亚运项目中,中国人保并没有把自己简单地定位成一个商业伙伴,而是作为亚组委的风险管理合作伙伴,以“借鉴奥运、超越奥运”为指导思想,吸取大型体育赛事的风险管理经验,为广州亚运会提供从事前预防、事中控制到事后保障的全过程风险管理服务,发挥自身专业优势,综合运用各种风险管理技术,对亚运风险进行专业化的干预和动态的监控,为广州亚运编织了一个天衣无缝的安全网。

为此,针对广州亚运会所面临的上述各种风险及其特点,借鉴往届奥运会和亚运会等大型赛事风险管理经验,中国人保制定了《2010 年广州亚运会风险管理方案》(以下简称《方案》),向亚组委提供了专业的风险管理建议,并据此全面开展和实施了亚运会的风险管理和保险服务。广州亚运风险管理基本思路是:以商业保险为主线,充分运用控制型风险管理技术,合理确定自留风险和使用政府担保,积极运用合约化风险转移技术,动态监控风险,实施全面的、立体化的风险管理。

(一)控制型风险管理技术、方法及其实施

根据中国人保的建议,广州亚组委高度关注控制型风险管理技术,并积极运用了相应的技术与方法。主要包括:由亚组委运动会服务部专职负责亚运场馆建设监督和管理工作,严格执行国家关于建筑安装工程施工安全的法律法规和各项制度规定,并联合场馆业主对场馆建设工程采取多种形式进行安全检查,以及时发现和排除风险隐患;制定亚运医疗卫生政策,明确享受免费医疗保障的对象和内容,确定了免费医疗的标准,以合理控制医疗保障费用;建立资产管理与跟踪制度,对所有财产进行登记造册,明确管理责任人,确保亚组委资产及亚运各类物资出入库、流转都能及时进行记录和反映,避免和防范资产不明原因的缺失等。

(二)财务型风险管理技术、方法及其实施

1. 确定自留风险

根据“节俭办亚运”的指导思想,在中国人保的协助下,广州亚组委对于发生频率高但每次损失金额非常低的风险采用了自留的方法,一方面是因为其经济实力可以承担这些损失,另一方面是可以节约成本。例如,除将具备小型医院规模与功能的亚运城运动员村医疗卫生站视同定点医院,对其发生的医疗费用支出安排商业保险保障外,广州亚组委自行承担了其他所有亚运比赛场馆内设立的医疗卫生站发生的医疗费用支出。这是因为,场馆内的医疗卫生站主要是对场馆内发生的跌倒、碰撞等意外伤害事故进行以稳定病情为准的应急处理,对于伤势严重的事故,都要进行转院处理,所以这些医疗卫生站发生的费用完全符合发生频率高但损失金额极低的特征。而且这些费用支出如果采用购买保险的方式予以补偿,容易造成道德风险,保险公司需要投入较多的人力和精力对此进行控制和严格的审核,必然要收取较高的保险费。亚组委还与中国人保共同协商确定了所采购的商业保险合同的免赔额,对于一定金额以下的小额损失也由广州亚组委承担,节约保险费支出。

2. 使用政府担保

根据主办城市合同,亚奥理事会要求广州亚组委承担赛事取消责任,由此可能造成广州亚组委承担巨大的财务损失。经过评估,由于造成广州亚运会赛事取消的主要风险是公共传染性疾病、大规模抵制、战争和洪水四类风险,而这四类风险在赛时发生的可能性很小。因此,广州亚组委确定以政府担保形式化解赛事取消责任风险,而未采用购买商业保险的方式来转移风险,从而节约了大量的保险费支出。

3. 合约化风险转移技术的运用

广州亚组委与亚运会相关服务提供机构签订合同时设立免责条款或补偿协议将有关风险通过合同转移给相关方面,使自己所承担的风险降至最低。如广州亚组委按照规定需要为参加亚运会的亚运大家庭成员免费提供运动器材等物品的运输,其在与物流服务提供商的服务协议里规定了托运物品损失的赔偿及处罚责任,将其应承担的赔偿风险转移给了物流服务商;在采购体育器材物资时采用约定到岸价的方式,约定货物运到广州亚组委指定的仓库才算是交货成功,将货物运输的风险通过合同转移给货物供应方。同时,亚组委也因此不用购买货物运输保险,节省了相应的保费支出。

4. 商业保险的运用

购买商业保险是广州亚运会所采取的一种重要的财务型风险管理技术,也是广州亚运会风险管理的重要内容。广州亚运会的商业保险可以分为 VIK 和非 VIK 两个层面。在 VIK 层面,中国人保作为广州亚运会的唯一保险合作伙伴,在提供现金赞助的同时,还以

VIK 方式为广州亚运会提供保险保障,转移亚组委在筹办和举行亚运会期间所面临的各种可保风险。VIK 保险又是亚运会商业保险的最核心、最重要的部分,其实施情况详见第四部分的介绍。在非 VIK 层面,广州亚组委在《赞助协议》里要求所有亚运会赞助商自行购买相关的责任保险,将可能由于赞助商原因引起的亚组委责任风险进行转移;同时亚组委也通过其他形式要求采购物资的供应商、亚运会转播制作公司、亚组委物流服务提供商及其他与亚组委合作将可能导致亚组委承担风险损失的组织机构购买相应的财产损失保险、责任保险等,以确保其发生损失时及时得到保险保障,能够及时恢复生产,履行对亚组委的责任,使亚组委的风险降低。

四、广州亚运会 VIK 保险方案及其实施

(一)亚奥理事会对广州亚运会的保险要求

为转移广州亚运会筹办和组织可能发生的风险,亚奥理事会在《主办城市合同》中要求广州亚组委购买如下保险:

1. 赛事取消保险:保障赛事取消、中断等,以及转播终止、失败或中断而造成的预期收入损失;

2. 人身/医疗保险:保障运动员、教练、训练者及其他官员的人身伤亡及医疗费用;

3. 第三者责任保险/公众责任保险:保障因赛事举办而发生的对第三者应负的经济赔偿责任;

4. 财产保险:保障因举办赛事而拥有的财产,包括赞助商或供应商交付的货物和设备发生的物质损失;

5. 货物运输保险:保障因赛事而处理的货物所遭受的物质损失。

(二)VIK 保险方案的原则

根据广州亚运会的风险特点、亚奥理事会的保险要求及广州亚组委筹办与组织工作的实际情况,中国人保设计完成了涵盖财产损失、车辆损失、人身伤害、医疗救治、赔偿责任等风险在内的《广州亚运会 VIK 保险方案》,为广州亚运会提供全方位、立体化、专业的风险管理服务和优质、快速的保险服务。广州亚运会保险方案的编制遵循以下五大原则:

一是严格履行合同原则。一方面严格按照亚奥理事会与广州市签署的《主办城市合同》中对广州亚组委责任义务和保险的规定,确保亚组委在保险方面严格履行合同规定;另一方面严格按照中国人保与广州亚组委签署的《赞助协议》规定,依法合规地为亚组委提供 VIK 服务。

二是经济务实的原则。根据广州亚组委自身可能要承担的风险损失的范围和水平,保险方案所提供的保障在VIK保险额度内实现应保尽保,但不多保,以体现广州亚组委提出的"节俭办亚运"的原则。中国人保在亚运保障中通过第一危险赔偿方式、分段限额以及公共保额等技术的应用,不仅保证了保险保障持续有效、没有遗漏,也大大降低了保费的支出,满足了以最小的成本实现最大的风险保障的目标要求。

三是风险识别为基础的原则。在对亚奥理事会对保险的要求及广州亚组委所面临的风险进行全面识别和分析的基础上,制定VIK保险方案。对于非亚组委承担的风险损失及可以通过其他经济合理的方式转移的风险损失,均不在VIK保险方案之内。如广州亚组委租赁及亚运合作伙伴赞助的服务亚运的车辆的保险,即由中国人保以非VIK保险方式提供的保障。

四是充分借鉴奥运的原则。广州亚运会保险计划的制订及实施过程中客户服务和理赔等工作,充分借鉴北京奥运会成功的经验,为亚运会提供更加标准、规范、优质的保险服务。

五是强化风险管理的原则。在制定保险计划过程中对风险进行识别和分析,结合自留风险和合同转移等风险管理技术的应用,在其实施过程中充分关注并采取相关的风险防范与控制技术,全面履行和实施风险管理。

(三)VIK保险方案的保障内容

《广州亚运会VIK保险方案》包括以下六方面的保险保障:

一是综合责任保险保障。保障的是广州亚组委从事亚运会的筹办、组织和举办相关的活动(包括但不限于测试赛、宣传推广活动、为完成赛事运行所需要的一切活动)期间,因保险合同约定的除外责任以外的事故造成损害,依法应由其承担的赔偿责任。该责任范围包括照管财产责任、公众责任、产品责任、职业责任(包括医疗和兽医医疗责任)、雇主责任、违约责任等。

二是财产保险保障。保障的是亚组委自有资产和临时占用超过90天以上的财产因遭受保险合同约定的除外责任以外的自然灾害和意外事故而发生的损失。

三是亚运大家庭成员人身意外和医疗保险保障。保障的是亚运大家庭成员(包括各国体育代表团的运动员、教练员、官员,国际奥委会、亚奥理事会和各单项体育联合会官员、亚洲青年营营员,但不包括注册媒体人员)在保险责任期间和承保区域内:(1)遭受意外伤害导致身故、残疾、烧伤或突发急性病导致身故;(2)遭受意外伤害或突发急性病,由亚组委和保险人确认安排到定点医院进行门诊、急诊或住院治疗,所发生的合理的、必要的符合医院所在地基本医疗保险可报销范围的医疗费用。

四是志愿者责任保险保障。保障的是广州亚组委招募的亚运会志愿者在承保区域因保险合同约定的情形导致伤残或死亡,以及志愿者在保险期间内因意外伤害和突发急性病而发生的保险责任范围内的医疗费用支出。

五是赛时机动车辆保险保障。保障的是亚组委自有以及亚运会车辆赞助商、车辆服务供应商提供的直接为亚运会服务的车辆,责任范围包括交强险和商业车险部分。

六是亚组委工作人员意外伤害保险保障。保障的是亚组委工作人员在从事亚运工作期间内遭受意外伤害导致残疾、烧伤或身故。

在中国人保拟定的原保险方案里,包括赛时马匹运输和照管责任保险保障,但后来因为亚运比赛用马匹的运输和照管均由第三方进行赞助,因此亚组委取消了原来购买马匹保险的计划。

(四)VIK 保险方案的实施

1. 运用“分角色、分镜头”的科学项目管理方式

广州亚运会项目是涉及多个险种、多个环节、多个部门和机构的一项复杂的综合性系统工程。为保证项目圆满完成,中国人保在对曾经成功服务北京奥运的经验进行总结提炼的基础上,结合亚运会筹办工作计划,在亚运保险服务项目实施过程中引入项目管理制度,制定了《中国人保亚运 VIK 工作计划书》,运用“分角色、分镜头”的剧本管理模式,将整个亚运保险服务工作分为亚运总体保险方案确定、亚运产品开发和承保等七个工作阶段,以表格的方式展现了中国人保服务保障亚运的工作内容,做到明确任务、明确角色、明确关系、明确要求、明确期限和明确责任,确保亚运会风险管理和保险保障服务的万无一失。这也是国内首次在亚运会这样的大型综合性体育赛事风险管理和保险保障服务中采用项目管理方式,通过以表单的方式全景式地展现了中国人保亚运 VIK 保险服务工作各个阶段的时间计划、工作任务、任务期限、任务实施方及工作要求,以实现一切尽在掌握。这种模式得到了广东省委、省政府以及亚组委领导的高度肯定,并要求在亚运会筹备过程中以及今后的社会大型活动的管理中加以应用。

2. 提供全流程、全方位、全天候、全覆盖的保险保障

根据《广州亚运会 VIK 保险方案》,中国人保开发了亚运大家庭成员团体意外和医疗保险单、亚运综合责任险等具有中国人保自主知识产权的六大亚运专属保险单,为亚运会提供了“全流程、全方位、全天候、全覆盖”的保险保障:

——全流程:亚运保险服务涵盖了亚运会及亚残运会的计划、组织与举办的全过程。

——全方位:为所有 45 个参赛国家(地区)体育代表团官员、运动员、教练员、国际奥委会官员、亚奥和亚残奥理事会官员、单项体育联合会官员及亚洲青年营营员 2 万余人,亚运会和亚残运会赛会志愿者 12 万余人,城市志愿者 28 万人,将近 500 万人(次)的观众,以及亚组委筹办和举行亚运会所需的各类自有财产和租赁财产,亚组委自有、租赁、亚运合作伙伴赞助的提供服务亚运的车辆4000余台,提供保险保障,实现了保障的全方位。

——全天候:开通7×24小时亚运客户服务专线95518,与国际救援组织合作为亚运提供包括包机转运在内的紧急救援服务,实现了保障的全天候。

——全覆盖:为亚运和亚残运会提供意外医疗保险、综合责任保险等六大产品,为城市志愿者提供意外医疗保险,以此实现保障险种全覆盖;此外,整个保险保障覆盖了广州在内的全部四个亚运赛区,还覆盖了火炬传递经过的我国境内的所有城市,实现了区域全覆盖。

中国人保为此次亚运和亚残运会的筹办和举行累计提供的保险保障额度高达1746亿元。

3. 开展全过程、专业化的风险管理

中国人保在VIK保险方案实施过程中,结合《广州亚运会风险管理方案》,实施风险的事前预防、事中控制、事后快速优质保障的全过程的风险管理,并根据广州亚运会筹办与组织的风险状况的不断变化,动态监控和及时调整风险管理措施,以保障亚运会的平安顺利举行。

(1)事前预防。中国人保制定并实施了《广州亚运会风险排查方案》,利用亚运场馆移交、测试赛和亚运会开幕前,三次组织风险管理专家和驻场馆保险服务人员对所有的比赛场馆进行风险排查,将风险薄弱环节重点收集,编制完成《亚运场馆风险排查记录》,向场馆相关方提交以消除潜在风险隐患。利用2010年7月至9月的39场"活力广州"测试赛,与广州亚组委选择具有代表性的4场测试赛联合开展保险服务实战演练,以扫除赛时保险服务的盲区,避免赛时风险事故发生。与亚组委联合就亚运医疗卫生政策和亚运医疗理赔制度对所有定点医院的亚运项目负责人及派驻亚运场馆的医疗经理进行培训,使定点医院准确掌握亚运免费医疗"国民待遇、医保标准"及医疗理赔的规定。在亚运、亚残运开幕式、闭幕式当天运行开(闭)幕式应急预案,在开(闭)幕式场馆周边指定地点部署车辆和人员,增派流动车辆24小时值班。

中国人保还充分发挥健康管理专业优势,组建亚运医疗卫生风险管理团队,开展亚运公共卫生风险管理排查、亚运场馆志愿者卫生健康管理,并对亚运场馆医疗服务设施改进提出建议,防范和降低亚运医疗风险的发生。

(2)事中控制。事中控制实际上是通过各种风险管理技术的综合运用,最小化损失的严重性和损失程度。例如,虽然亚组委在赛前制定的亚运通用医疗政策规定,各定点医院每天将收治涉亚人员的救治情况及时反馈亚组委医疗卫生部,但此项制度落实得并不好,亚运结束后,发现有几百起未及时上报的医疗案件,影响了中国人保对亚运医疗案件的跟踪和判断。为此,中国人保及时调整方案,确定了亚运城等几家案件量大的重点医院,派驻工作人员入院,及时收集案件信息跟踪治疗结果,有效地控制了医疗道德风险和医疗赔付。再如,在亚残运会期间,突如其来的寒流造成广州持续阴雨天气,场地湿滑使残疾人运动员滑倒、摔伤的案件激增,气温剧降使志愿者感冒人数大幅增加,中国人保要求驻馆团队与场馆方一道为场地布置防雨、防滑设施,和亚组委共同为志愿者准备御寒衣物,防范和减少保险事故的发生,确保赛会平安进行。

(3)事后快速优质保障。中国人保在为广州亚运和亚残运会设计全面而充足的保险方案后,为亚运提供快速、优质的保险理赔服务成为有效化解矛盾,保障赛会顺畅进行的根本保证。为此,中国人保简化案件处理流程,将案件分为简易案件、普通案件和重大案件,针对不同案件设计扁平化的快速处理机制,优化决策机制;以案件处理双轨跟踪、出险服务规范统一、服务流程标准细化、反复抽测确保顺畅来确保实现优质的亚运保险理赔服务。

中国人保在广东分公司和广州亚组委总部建立赛时双指挥中心,充分发挥其赛时指挥中心、决策中心、信息中心的作用。实现广州亚组委赛时指挥系统和中国人保赛时服务体系的无缝链接,确保各类资源快速联动,保障反应快速、及时到位。亚运赛时指挥中心运用移动网络新技术,实现现场事故的实时展现,使指挥中心人员能够第一时间同步了解事故进展,对理赔服务进行快速调度和指挥。设置亚运理赔绿色通道,按照“分级管理、分类决策”的运行模式,扁平化、全封闭地处理亚运赛时保险事故,决策中心的职能凸显。通过每日例会和信息报告制度,赛时指挥中心密切加强对各个保险服务团队点对点的信息跟踪,充分发挥信息“枢纽”的职能,并及时与亚组委相关部门沟通,成为亚组委第一时间了解和掌握亚运保险案件的最直接、最重要的信息渠道。

(4)动态监控。风险管理不是在真空中进行的,特别是对于亚运会这类大型体育赛事,需要动态监控不断发生的新的风险点,采取针对性的措施。例如,亚运村即将开村之际,预报50年来的超强台风“鲇鱼”将在珠江口正面登陆,中国人保第一时间向亚组委提交了《关于做好今年第13号超强台风“鲇鱼”防御工作的风险提示函》,与亚组委一道加固亚运场馆外挂设备、保护露天设置的安保设备和景观设施、加固挡板并疏通排水设施,及早通知所有亚运场馆等方面做好防范台风的准备工作,以保障亚运场馆、亚运器械等财产的安全,保证亚运顺利开幕。亚运赛时期间,中国人保驻亚运场馆的保险服务人员每天在比赛前对场馆进行重点风险排查,特别是在上海“11·15”特大火灾事故发生后,还加强了针对各场馆的火灾风险巡查。在亚残运会赛前,还特别围绕由亚运场馆向亚残场馆的转场以及无障碍设施建设运行等风险关键点进行了亚残场馆的风险排查工作,对部分亚残场馆无障碍设施存在的风险隐患及时向场馆方提出整改建议,并对风险隐患整改情况进行复查。

4. 全面运行五大赛时的保障

赛时服务是亚运会风险管理和保险服务的核心,所有亚运会风险管理和保险服务的目的就是要确保亚运会比赛运行的平安顺畅。为确保赛时保险服务的顺利实施,中国人保从制度、组织、技术、服务及物资五个方面全力保障了赛时保险服务的顺利开展:

一是制度保障方面,制定并完善了《广州亚运会理赔工作方案》、《广州亚运会意外及医疗理赔处理方案》、《广州亚运会车险理赔服务方案》、《广州亚运会紧急救援保险服务方案》、《亚运 VIK 保险专线服务方案》、《亚运系列测试赛保险理赔服务演练方案》、《亚运火炬传递保险服务方案》、《亚(残)运会开(闭)幕式保险方案》等一系列亚运赛时保险理赔服务方案,建立重大案件事故处理的应急预警机制。

二是组织保障方面,中国人保实现了三大板块、三级机构的联动。针对亚运会项目,充分发挥中国人保旗下人保财险、人保健康和人保寿险公司的专业优势,共同为亚运提供专业化保险保障服务。在集团亚运 VIK 工作领导小组的统一领导和指挥下,设立了 VIK 工作组、VIK 广东工作小组及落地服务机构和服务团队三级 VIK 工作机构。还联合亚组委共同建立了亚运赛时保险服务三级组织机构——领导小组、执行小组和服务团队。中国人保在亚组委注册的赛时理赔服务团队的 160 人,全部安排在亚运比赛场馆、亚运会交通运行(分)中心、总部酒店以及亚运城医疗卫生站等,并实现与亚组委服务团队的混合办公,及时落实赛时指挥中心的各项工作指令。另外还有约 300 名外围和后台服务人员投入到亚运和亚残运会的保险服务工作中。

三是技术保障方面,运用移动网络新技术,在亚运赛时指挥中心设立大显示屏,实现现场事故的实时展现,使指挥中心人员能够第一时间同步了解事故进展,对赛时案件进行快速决策、快速指挥和快速调度。

四是服务保障方面,020－95518 亚运客户服务专线在亚运期间为各国参赛运动员和观众等提供中文、英语、日语、韩语和阿拉伯五个语种无障碍、及时、便利的保险报案、保险咨询服务;与全球最大的医疗救援机构合作,为亚运会和亚残运会提供紧急救援服务。

五是物资保障方面,建立 1000 万元亚运保险赔付专项资金,为亚运保险服务配备 80 辆道路事故救援车辆 、200 辆保险查勘车、80 辆亚运保险车辆的专用代步车,以及时处理赔付亚运案件和修复替代亚运车辆。

截至 2010 年 12 月 31 日,广州亚运会和亚残运会保险案件全部处理完毕,结案率达到 100%,中国人保圆满完成广州亚运会风险管理和保险服务任务。

五、对广州亚运会风险管理实施情况的评估

如前所述,大型赛事风险管理不仅包括对赛事面临的各种风险进行识别与评估,研究确定并实施相应的风险管理技术和方法,还包括对风险管理组织实施情况的监控与调整。对广州亚运会的风险管理也是如此。中国人保在根据 2009 年 4 月研究完成的《2010 年广

州亚运会风险管理方案》开展亚运会的风险管理和保险服务过程中,对已研究确定或实施的风险管理技术和方法进行监控,根据亚组委在筹办和组织亚运会过程中实际遇到的风险以及筹办工作计划的调整变化进行相应的调整,以确保亚运会风险管理目标的最终实现。下面从亚运会实际风险因素发生情况及亚运保险案件发生情况,对广州亚运会风险管理实施情况进行评估。

(一)实际风险因素发生情况

——自然灾害风险。如前分析,广州亚运会筹办阶段面临最大的自然灾害风险是台风、暴雨和洪水。2010 年 5 月 7 日,广州遭遇特大暴雨,广州市中心城区 118 处地段出现内涝水浸,天河区(广州亚运会四大场馆群之一——天河体育中心场馆群及亚组委总部和赛时指挥中心即在该区)地下空间受淹情况非常严重,有 24 个停车场 1139 辆车受淹,全市经济损失约 5.438 亿元。所幸的是,亚运新建和改建的场馆都已完成外部建筑施工,暴雨并未对在建场馆产生影响。同年 10 月 22 日,第 13 号超强台风“鲶鱼”预计将从广东正面登陆,而当时亚运城、总部酒店及所有比赛场馆的亚运安保设备及设施已全部到位,亚运景观布展完毕,且绝大部分都摆放和安装在室外。“鲶鱼”后绕道福建登陆,使得广州避免了遭受台风和暴雨的袭击,否则亚运安保设备和景观设施都将可能遭受严重损失,对赛会的正常举行带来不利的影响。中国人保在得知台风可能登陆广州的信息后及时向亚组委提出了相应的风险防范建议。

——意外事故风险。从实际情况来看,广州亚组委在筹办和举行亚运会的过程中并未遭遇火灾、爆炸和电气风险事故。但是在广州亚运会开幕式期间,开幕式所用的 16 万枚焰火主要存放在开幕式场馆所在地——海心沙、广州塔及其附近的焰火燃放地区,使得这些地区成为爆炸的高风险区域,广州亚组委也采取了包括对这些区域进行封锁的严格的安保防爆措施。

——人为风险。人为风险是亚运会筹办和举行过程中发生最多的风险因素。如在疾病风险方面,广州亚运会赛前,某国家体育代表团副团长因急性阑尾炎发作,接诊的定点医院在治疗过程中发现其腹部有弹片,治疗手术风险非常大。按照亚运会免费医疗政策及其标准,慢性病急性发作时的医治是以病情稳定为免费诊治标准,对于既有的疾病不予治疗,而该副团长则提出进行阑尾摘除手术的要求,在初期定点医院拒绝其免费手术的要求后,甚至向亚奥理事会官员进行投诉,对亚组委产生了一定的不利影响。在违约风险方面,此次广州亚运会所有比赛场馆均是政府以行政命令要求各场馆业主方免费提供亚组委使用,由于一些原因,部分比赛场馆没有按期交付广州亚组委,某体育馆甚至在亚运测试赛举行时仍未正式交付亚组委使用,造成亚组委场馆团队无法按时进驻场馆开展试运行,成为当时筹办过程中比较突出的问题。而在此次亚运会筹办中,广州亚组委在履行其对赞助商义务方面也出现了个别不顺畅的现象。例如,为顺利实现自主市场开发的目标,广州亚组委实行了由赞助商提供或向赞助商定向采购物资的政策,在某比赛场馆购买安装室外 LED 显示屏时,场馆主管方未按照该政策执行,而采用了公开招标的方式,遭到相关赞助商的抗议,亚组委市场开发部经过大量的协调才实现了赞助协议约定的义务,保护了赞助商合法的权益。又如,由于此次广州亚运会开(闭)幕式场馆的调整变化,使得亚组委无法按照约定向合作伙伴提供足额的开(闭)幕式门票,经省市政府及亚组委研究决定,通过增加开幕式彩排次数,另行补充提供彩排门票的方式来加以解决。

此外,广州亚组委也不断根据筹办和赛事举行遇到的问题,及时采取相应的措施加以解决,防范和化解各种可能发生的风险。如能容纳 8 万人的广州奥体中心体育场,在测试赛举行期间观众数量极少,而在 11 月 14 日(周日)观看比赛的观众数量突然激增,使场馆方面临巨大的安全运行风险和压力,为此亚组委增加部署了大量安保志愿者,并在随后的场馆运行中实施更加严格的安保政策和风险防范措施。

(二)亚运保险案件情况

从亚运保险案件发生的时间来看,在亚运村开村以前的筹办阶段,亚运保险案件发生数量为零,而在亚运村开村后至亚残运会结束,保险案件数量占比达到 100%,这充分体现了前面所分析的广州亚运会具有风险特点阶段性的特征。

从亚运保险案件的险种类型来看,亚运大家庭成员、亚运综合责任保险、财产损失保险等亚运六大专属保单均发生了保险责任范围内的事故案件,保险案件损失性质多样化。

从亚运保险案件数量来看,涉及人伤和医疗案件(包括志愿者责任险项下的案件)数量占比达到 64.76%,车辆保险案件数量占比达到 34.47%,责任保险、财产损失和船舶保险三类案件的占比仅为 0.77%。

从亚运保险案件赔付金额来看,单件赔付金额最大的案件发生在亚运综合责任保险单项下,而案件数量最大的人伤和医疗案件的单件赔付金额都相对较低,最低的案件赔付金额仅为几元钱,这也说明亚组委的“国民待遇、社保标准”的免费医疗政策执行得比较好。

除亚组委自留的小额风险损失和亚组委无需承担的赔偿损失外,亚组委在亚运会筹办和举行期间所发生的各种损失均通过保险得到了及时足额的赔偿,有力地推动了广州亚运会风险管理的目标的实现。而在中国人保和亚组委双方的共同努力下,亚运筹办和举行期间未发生一起重大保险案件,并成功创造了 16 个比赛场馆“零事故”的安全运行记录,实现了护航“平安盛会”的目标。

作者简介:

王和,中国人民财产保险股份有限公司执行副总裁,中国人保亚运 VIK 工作领导小组组长。

杨鹏，中国人民财产保险股份有限公司精算部/产品开发部副总经理，中国人保亚运 VIK 工作领导小组副组长。

张琪，中国人民财产保险股份有限公司精算部/产品开发部副处长，中国人保亚运保险理赔执行小组副组长。

2010 年校园安全事件剖析

北京联合保险经纪有限公司

摘　要

2010 年上半年,全国接连发生的几起校园暴力伤害事件引起了社会各界的广泛关注。这一连串的事件,相近的时间、相似的类型、严重的后果、恶劣的影响,都充分表明不能把它们作为常见的校园安全事故加以对待。本报告简要回顾了 2010 年校园暴力伤害事件发生的情况,剖析了这类事件呈现的特点及反映的问题,指出了在学生安全教育、学校安全防范、安保力量配备、教育资源平衡、媒体舆论导向等方面存在的问题,并有针对性地提出:看似偶发的校园暴力伤害事件之中,蕴含着风险事故发生的必然性;必须从多方面入手,标本兼治,探寻防范校园突发暴力伤害事件的解决之道。期望能以此推动全社会进一步提高对校园安全及风险管理工作的重视,切实加强各级教育部门、各类学校和广大师生以及各有关方面的风险意识和安全意识,进而加快全国教育行业风险管理服务体系的建设,夯实构建和谐校园的风险保障基础。

随着校园安全知识宣传不断加强,安全管理工作逐步规范,风险防范措施的不断改进,校园安全事故的发生情况呈现逐年降低的趋势,校园安全状况得到了较大改善。但是在教育事业蓬勃发展的同时,我们也清醒地看到,校园安全问题已经成为各级政府和教育界面临的共同课题。这些风险和事故不仅关系着亿万青少年健康成长,关系着教育事业可持续发展,也成为影响整个社会和谐稳定的重点问题。

2010 年上半年,全国接连发生的几起校园突发暴力事件引起了社会各界的广泛关注。这些校园突发暴力事件不同于常见的校园安全事故,它们相近的发生时间、相似的事件类型、严重的事件后果、恶劣的社会影响,都充分表明这类事件的发生不能作为简单的特殊事件对待。本报告通过对 2010 年校园突发暴力事件进行详细介绍与全面分析,提出防范校园突发暴力事件的工作建议,希望进一步提高全社会对校园安全及风险管理工作的重视程度,切实加强各级教育部门、各类学校和广大师生的风险意识和安全意识,进而加快全国教育行业风险管理服务体系的建设,夯实构建和谐校园的风险保障基础。

一、2010 年的校园突发暴力事件

校园突发暴力事件正在成为一个全球性的社会问题,在一些国家或地区,校园突发暴力事件频频出现,其严重后果及恶劣影响给当地的教育及社会稳定带来极大危害。

(一)校园突发暴力事件的相关知识概述

校园突发暴力事件是近年在教育界凸显的一个新情况,尚没有明确的定义和统一的说法。我们一般认识上的校园突发暴力事件是指发生在校园及其周边地区的、对师生身体、生命和财产造成重大伤害的暴力侵害行为。

校园突发暴力事件包括以下几个要素:(1)暴力行为发生在校园或紧邻校园的周边地区;(2)暴力侵害的对象为在校师生、教职员工及公私财产等,一般以学生为主要目标;

(3)暴力事件的结果造成重大人身伤害以及公私财产损失,并对师生及有关人群心理造成伤害;(4)暴力事件的发生往往极具突发性。

依据发生主体不同,校园突发暴力事件大致可以分为三种情况:一是校外不法分子对在校师生实施暴力事件,二是学生间相互实施暴力事件,三是师生间实施暴力事件。

(二)2010年校园突发暴力事件综述

2010年3月23日上午7时20分左右,福建省南平市无业医生郑民生在南平小学门口持刀砍杀等候入校的小学生,致8人死亡,5人重伤。

2010年4月12日下午16时30分左右,广西壮族自治区合浦县西镇村村民杨家钦在西镇小学门前约400米处持菜刀追砍村民,致1名学生、1名成人死亡,3名学生、2名成人受伤。

2010年4月28日下午15时左右,广东省雷州市病休公办教师陈康炳混入雷城第一小学持钢刀砍杀师生,致16名学生和1名教师受伤。

2010年4月29日上午9时40分左右,江苏省泰兴市无业人员徐玉元持刀冲入泰兴镇中心幼儿园恶性伤人,砍伤32人,包括29名幼儿、2名教师、1名保安。

2010年4月30日上午7时40分左右,山东省潍坊市坊子区九龙街道尚庄村村民王永来强行闯入尚庄小学,用铁锤打伤5名学前班学生,然后点燃汽油自焚。王永来被当场烧死,5名受伤学生均无生命危险。

2010年5月12日上午8时左右,陕西省汉中市南郑县圣水镇林场村村民吴焕明持菜刀闯入该村幼儿园,致使7名儿童、2名成人死亡,11名儿童受伤,其中2名儿童重伤。

上述校园突发暴力事件,虽在发生时得到及时控制,暴力实施人最终受到应有制裁,但对当地学校的正常教学秩序和相关部门工作已经产生严重影响,也给当地群众带去不同程度的伤害及恐慌,严重地影响了当地的社会稳定。因此,对于这类事件不仅需要做好相应的善后及处理工作,更应深入事件本身进行认真反思,分析导致这些事件的真正原因,以减少类似暴力事件的发生。

二、剖析校园突发暴力事件呈现的特点及反映的问题

(一)低龄学童成为受害主体,安全教育的实效性未能体现

发生暴力事件的学校中,有4所小学、2所幼儿园,幼儿及低年级学生成为受害主体。暴力实施人选择低龄学童作为施暴对象,主要因为学生防范能力差、抵抗能力弱,特别是幼儿园和低年级学生,反抗能力和自我保护意识相对较差,对于突如其来的伤害行为,往

往惊慌失措，难以避让，这就让暴力实施人容易达到制造血案的目的。

这不得不引发我们对现在的校园及家庭的安全教育进行深刻反思。笔者认为存在以下两个方面的问题：

一是部分学校安全教育缺失。学校教育很少从保护生命、珍爱生命的角度教给学生安全知识，学生在安全意识层面及实际操作层面都存在严重不足。例如，部分学校、学生具有侥幸心理：尽管车祸、溺水等校园安全事故时有发生，但事故发生后还是有不少学生横穿马路、在禁止游泳的水库玩水等，没有从事故中吸取教训，举一反三，而是麻痹大意，造成事故反复发生；在实际工作中，安全例会、安全检查、安全教育、安全应急演练等大多没有落到实处，很多学生没有掌握安全技能，碰到火灾、溺水等安全事故时往往束手无策，不懂得如何应急逃生。

二是家长给予的安全教育比较缺乏。学生的安全教育不仅是学校的工作，家长作为主要接触人员，在对孩子的安全教育及应对能力训练方面存在明显不足。根据人民网推出的“关注中小学校园安全”网上问卷调查显示①：六成多家长仅“每天上学都叮咛”一下，且从来没有给孩子买过安全教育方面的书籍，近三成家长则“想起来就叮咛一下”，还有四成多家长认为自己孩子处理一些安全事件的能力还可以。

（二）事发时段相对集中，学校的安全防范意识仍然淡薄

这些校园突发暴力事件中，除福建南平和广西合浦事件分别发生于学生上学前或放学后的30分钟左右，其余4起均发生于学生在校期间。据了解，学生在校园门口等候入校和放学离校期间，由于缺少专人看管，学生处于家长和学校监护管理的空白地带，往往给犯罪分子以可乘之机；而在上课期间发生的几起外来人员侵入事件，由于校方的防范疏忽或者不得力，导致这些凶犯得以进入校园实施暴力行为。

引发这些现象的具体原因主要体现在以下两个方面：

一是校园面临着巨大的压力。在3月23日南平校园突发暴力事件发生后，社会上对学校开校门的时间提出了质疑：为什么学校不让早到的学生入校？原因很简单，因为此时教师还没有到位，一旦入校发生伤亡事故，学校就要吃官司。一方面，随着公民的权利意识日渐兴起，一旦孩子发生涉及学校的人身伤害，家长必然打官司讨说法，学校也将纠缠于官司中，浪费大量的教学精力，甚至影响学校的教学秩序；另一方面，学校本身是公益教育机构，不是保姆性质的经营机构，让它承担过重的保育责任，必然导致校方想方设法规避风险。然而，在学校规避责任的同时，学生面临的风险因素不可能因此降低，意想不到的风险事故随之而来。

---

① “九成多网民期望政府重视中小学校园安全”，载人民网，2010年3月30日访问。

二是风险防范意识淡薄。风险防范,作为减少风险事故发生概率、降低损失程度的重要环节,往往被相关部门或人员忽视。由于部分学校安全防范意识还比较弱,缺少全面、系统的安全管理,对既有制度无法严格落实,而且尚不能将校园内外各类安全因素联系起来统筹考虑,以致在全国接连发生这几起重大校园安全事件后,仍有部分校园内外的安保工作存在漏洞①,主观上还没有进一步提高自身风险防范意识,客观上更不能做到防微杜渐、防患于未然,甚至导致同类事故反复发生,不仅给学校工作带来严重影响,更给学生及家长造成巨大痛苦,也产生了极其不好的社会影响。

(三)校园及周边成为集发地点,薄弱的安保力量令人堪忧

校园及其周边成为事发集中地。暴力实施人选择这些地点实施暴力事件,一是在上学、放学和上课时间,这些地点成为学生大量集中的地方,侵害目标密集;二是在学生在这些地点缺乏有效监管和保护,实施侵害行为容易得手。

校园及其周边成为凶犯施暴的选择场所,这让我们不得不重新审视校园内外的安保工作。当前校园内外安全工作中存在的问题主要体现在以下两个方面:

一是学校自身安全防卫力量相对单薄。首先,学校的安保工作存在人员不到位、素质良莠不齐、职责不明确等诸多问题。在实际工作中,教师兼任安保人员的情况仍然存在②,这些人员的观察力和应对突发事件的能力方面存在明显不足,无法有效执行安全保卫工作。其次,校园安保装备设施缺失现象严重,遇到险况往往捉襟见肘,一旦发生针对学校师生的不法侵害,很难在短时间内组织开展有效的防卫措施。最后,安保工作职责划分不明确。一些学校安保人员与门卫工作混乱,缺少明确分工及协调配合。同时,安保人员对校园周边的职责权限划分不清晰,由于没有执法权力,即使发现可疑人员,也无权干预,无法做到防患于未然。

二是公安机关针对校园及其周边安全的安保力量仍显薄弱。治安形势严峻、警力不足等情况,导致治安资源的社会分配严重不均。目前,公安机关针对学校的安防力量,主要依靠派出所社区民警和交警部门的高峰值勤③,但是由于警力限制、工作性质、工作时间差等因素,仅仅依靠这两个部门的有限警力很容易出现管理空隙,让犯罪分子有机可乘。

(四)报复性的施暴动机,社会保障体系有待完善

通过对这些暴力实施人进行分析,不难发现他们多以报复社会为动机,以引起众人注意自己为目的。首先,暴力实施人多为精神正常者。其中杨家钦、陈康炳有不同程度的精

① "教育部门暗访中小学幼儿园:随手写证件号可进",载《广州日报》2010 年 4 月 30 日。
② "呼唤中国版'校园安全计划'",载《新京报》2010 年 3 月 24 日。
③ "对加强校园及周边治安管理工作的若干思考",载《人民公安报》2010 年 5 月 19 日。

神问题,王永来情况不明,其余致害人均精神正常,他们对自己的行为均有清晰的辨别能力。其次,他们均有不同程度的行为困扰,遭受到一定的挫折。表现在自身悲观厌世,对社会或周围环境不满,主要包括生活、家庭、工作、异性关系等。最后,针对不特定人。泄愤的目标不是侵犯他的人,而是更柔弱者,抱着同归于尽的赴死心态,残杀无辜报复社会成为自我实现的手段。

对于一个具体的事件而言,可以说是意外事故或者是特例行为,但是当事件出现集群发生的时候,就应当反思我们的教育制度、社会保障、社会调节是不是出现了问题。正如温家宝总理在接受采访时所表示的,"我们不但要加强治安措施,还要解决造成问题的深层次的原因"①。

郑民生确实存在诸如失恋和无房等问题,但失恋与无房并不是犯罪的理由,与其相比,很多生活不富足的人虽然身居陋室,家庭生活仍很温馨,亲人之间仍然相亲。从目前来看,我们可以判断是其家庭支持系统出了问题。如果家庭亲人之间相互扶持、帮助,关系很融洽,就不会出现如此疯狂的行为②。

而具有精神问题的行为人引发的两起事故,同样引起了社会各界对中国精神疾病防治现状的关注。据悉,我国在精神疾病防治的投入与从业人员方面均处于较低水平,而精神病患者的肇事率为10%③。很多精神病患者作案后因不具备法律上的责任能力而免予刑事处罚,收容到收容所对其治疗又非常不利,甚至会使其病情恶化;而让他们回到社会,又会成为社会安全隐患和不稳定因素。这些现实问题,使执法者陷入"两难"困局。

(五)失衡的应对措施,公办、民办教育确有差别

从常见学生安全事故发生情况来看,农村一般是学生安全事故的多发区。但这些校园突发暴力事件不存在明显的区域分界,由于校园门卫制度不严格,校园周边管理不到位等问题的凸显,农村与城市校园均面临着此类风险的同等威胁。

然而,在各地配合公安部门开展校园周边治安综合治理中,公办学校的安保设备统一发放,而一些民办学校和打工子弟学校则只有自己想办法解决:北京海淀新希望实验学校校长按照报纸刊登出的图片,以每把120元的价格定做了6把钢叉;打工子弟学校北京昌平区智泉学校则用土法从校内抓起,8点上课、6点开大门,保证不出现学生被堵门外,在传达室准备两个灭火器、五六根木棍④。

① "温家宝:袭击儿童案应先解决深层原因",凤凰卫视,2010年5月13日。
② "校园惨案再反思",载《南方人物周刊》2010年5月18日。
③ "我国精神病患者犯罪持续上升 法律盲区执法尴尬",载《青年周末》2010年4月1日。
④ 熊丙奇:"校园安保,怎能'公''民'有别?",载凤凰网,2010年5月10日访问。

据统计,我国目前有民办幼儿园 89 304 所,占所有学前教育学校的 64.62%[①]。民办教育的大力发展,对提高幼儿入园率,促进中国幼儿教育事业发展,起到了积极作用。而一些硬件设备设施、师资力量各项指标上没有达到办园标准的幼儿园仍然大量存在。同时,为追求利润,尽快回收成本,减少投资甚至违规扩大办园规模,增加幼儿园的班级数量和招生数量等行为[②],势必增加幼儿园发生安全事故的隐患。这就使民办教育陷入恶性循环的怪圈。

(六)恶劣的事件影响,媒体报道有失分寸

这几起事故共造成 19 人死亡、70 人受伤的严重后果,这样的伤亡数据对社会来说是沉重的,给每个受到伤害的家庭带去无限伤痛,也给社会造成无法估量的影响。然而,由于这些攻击目标的不特定性,每个人理论上都可能成为这种“无差别杀人”的受害者,给当地民众带去的恐惧影响更为深重;而那些受到伤害的师生需要的不仅是医疗救治,更多的是心灵援助,让他们尽快摆脱恐惧,恢复正常生活。

然而,我们的媒体针对此类案件的深度报道却没有把握分寸:

一是对犯罪细节等过度渲染。在暴力事件发生后,各类媒体对行为人“境遇”的过度挖掘,在无意中引起了读者的共鸣;对犯罪行为细节的过度描述,在社会上造成一定恐慌,并在客观上为此类犯罪扩大了影响。

二是报道途径有待规范。社会公众拥有知情权,他们希望了解自己的生存环境,需要知道身边发生了什么新闻,从而发现这个社会存在什么问题。然而,这些暴力事件发生后,由于权威信息通报不及时、回复不明确、后续报道缺失等现象,致使各种繁杂的信息在社会上肆意传播,混淆大众视听,引发新的矛盾,造成更大冲突。

三、防范校园突发暴力事件的思考

校园突发暴力事件具有偶然性,但这偶然性中却饱含着风险事故发生的必然性,安全永远不会成为完成时态。不断发生的校园突发暴力事件,不但需要引起社会各界的广泛关注和高度重视,更要标本兼治,探寻解决之道。

(一)提升对学生安全工作的重视程度

一是不断提高安全防范意识。要充分认识加强校园安全保卫的极端重要性和现实紧

① 中华人民共和国国家统计局:《中国统计年鉴》2010 年版。

② “南郑县校园凶杀事件,凸显民办、乡村幼儿园的制度缺失”,载中华人才思想道德网,2010 年 5 月 14 日访问。

迫性，切实提高学校校长及其他领导、班主任以及广大师生对中小学安全工作极端重要性的认识，增强做好学校安全工作的责任感和使命感，克服麻痹思想和侥幸心理，牢固树立“安全第一”的思想，认真做好学校的安全教育和安全管理工作。

二是健全学校各项规章制度。遵循以预防为主的原则，制定相对完善的规章制度，并考虑制度之间的相互联系及结合，形成良性制度体系，确保学校日常工作有章可循，有序开展，形成规范化管理，以此规范各参与主体的行为。

三是落实责任追究制度。《国务院关于特大安全事故行政责任追究的规定》首次用法规形式，确定了对安全责任的行政追究，卫生部、教育部又联合下发了《学校食物中毒事故行政责任追究暂行规定》，安全责任从追究的事故种类、追究的人员范围、追究的责任内容都更加具体、更加详细、更贴近实际。因此，落实责任追究制度，不仅是明确各部门及相关人员的责任，明确追责范围等，其更为重要的立法意义在于督促各职能部门及人员，要时刻保持清醒的头脑，具备高度的责任心，认真做好各项工作，以杜绝发生安全事故为目标。

（二）认真排查处理各项安全隐患

排查处理各项安全隐患，不仅要组织专业人员对校园及其周边环境的软、硬件环境进行安全隐患排查，更重要的是结合发现的实际问题，提出具体可行的改进建议。安全隐患排查可以从以下两个方面开展：

一是加强校园硬件设备检查。首先，检查应当有计划、分阶段、有重点地开展。制定年度或季度检查计划，充分考虑季节变化及学校工作安排，分学期、分季节组织有重点、有目标、有针对性的安全检查。其次，采取科学的检查方式和方法。要成立专门的检查小组，聘请风险管理项目专家或顾问，采取适当的检查方法，力求全面、客观、真实地反映校园面临的各级各类风险。最后，提出具体可行的改进方案。根据检查结果，结合各地实际情况，提出恰当的改进建议，解决实际问题，确保校园安全检查工作的实效性。

二是重视入职及从业人员的心理健康检查。首先，应当重视入职人员及从业人员的心理健康水平检查，将有人格障碍和精神病等严重精神心理患者排除在队伍之外；其次，对心理检查结果进行分级干预，包括心理健康教育、生命教育、释放压力等，提高他们的心理健康水平。

（三）切实加强校园及周边安保措施

加强校园及其周边安保工作，要充分调动相关部门的协调配合，细化安全管理标准，建立明确的防范措施和责任体系，将安全工作落到实处。加强校园及周边安保工作，可以从以下两方面着手：

一是明确各方对于校园安全的日常维护责任。一方面，明确校方安保人员及工作职责,配备专职学校门卫和固定执勤人员,充实校园安全保卫力量,建立安全保卫责任制,不断完善门卫、值班、巡逻等安全管理制度,督促校园安全保卫工作的落实及执行。另一方面,明确警方对于校园安全的日常维护责任,例如,即使警察无法全日制驻校,至少在上学放学期间,在孩子进出校门时,就像交警上下班时到各个路口"上高峰"那样,保证有巡警在校园周边巡逻;在一些特殊情况下,如局部社会治安恶化等,可以临时性让警察驻校,以防不测等。

二是建立校、警联动机制。一方面,民警到学校定期巡访,了解学校情况,协助处理校园内出现的异常情况,通过双方不断沟通,提高学校的风险防范能力;另一方面,警方的一些最新措施也能及时转达给学校,以警方的专业指导为主,加强对治安员、保安员的技能培训,加强其处理紧急状况的能力,辅助警方工作,比如,在遇到紧急情况时,治安员或保安员可以帮忙拖延时间。

(四)加强学生安全教育及自我保护能力

学生安全教育的目的,不仅是让学生具有高度的安全防范意识,更要让学生在面临发生的安全事故时,具备一定的自我保护及应对能力。因此,加强学生安全教育应当从以下三个方面展开:

一是更新教育内容。根据不同年龄的学生体现的身心特征,合理安排安全教育内容,并且保持与时俱进,将新形势下新的安全防范知识及时灌输给学生,以此让他们远离所有对他们身心安全有威胁的因素,学会自我保护。

二是改善教育形式。除设立安全知识教育专栏、黑板报,张贴宣传画等一般安全知识宣传外,还要加强实操实训演习,如开展安全知识讲座、竞赛及模拟演练,提高学生的参与度及关注度,让学生懂得安全事故的危险,明白掌握应对措施的重要性。

三是增强教育效果。通过不定期的模拟演练,检查师生对于既学安全教育的掌握情况,并就演练过程中体现的问题,提出积极的改进措施,不断提高师生应对安全事故的逃生技能和防护水平。

(五)校园安全工作要建立长效机制

建立校园安全工作的长效机制,向专业化、专门化、规范化管理转变。一是建立校园安全宣传教育机制,定期深入开展安全知识普及及应急演练活动,不断增强广大师生的安全防范意识和自我保护能力;二是建立隐患排查督导机制,将中小学及幼儿园内部治安、消防、道路交通隐患排查、周边治安秩序整治纳入日常管理,消除学校周边不安定因素;三是建立和落实治安保卫工作责任制,健全门卫、巡逻、值班等工作制度,严格落实消防安全管理措施,有效加强校园内部防范工作。

通过一系列的工作机制的建立及长期严格落实，确保校园每天都有安全保障，避免先紧后松、屡治屡发等治理不彻底、不显效等情况发生，这需要在人力、物力、财力上给予长效保障。比如，建立治安岗亭，聘用专业保安、教师轮值进行巡视，将安全歌谣编入教材，定期开展安全避险演练，规范社会托管班的管理等。要从制度上真正将校园的安全保卫工作变成一种长效机制。

学生风险的防范，不仅仅是学校的责任，应该是每个家庭和全社会的责任。要加强基层社会建设，发挥社会基层单位的积极作用，努力营造良好的育人环境。学生家长作为法定监护人，更应该肩负起监护子女的责任，培养其安全防范的意识和能力，增强自我保护的责任感。政府要建立起教育防护的网络，从组织、制度、职责、奖惩等方面入手，调动全社会的积极性，齐抓共管，共同防范风险事故的发生，为促进学生健康成长构造良好的成长环境。

作者简介：
陈小平，北京联合保险经纪有限公司董事长。
王　铠，北京联合保险经纪有限公司经营管理委员会主任。
胡喻山，北京联合保险经纪有限公司经营管理委员会副主任。
黄伟坚，北京联合保险经纪有限公司总经理。
刘　峻，北京联合保险经纪有限公司总经理助理。
姚芳芳，北京联合保险经纪有限公司客服部。

论见

风险转移前的努力——风险识别与风险改善

姜冯辉　李引擎　Dennis Bessant

摘　要

面对灾害与事故风险，风险管控具有三个主要环节：首先是风险识别和评估，其次是在此基础上的风险化解和改善，而后才是风险转移和分摊。从社会整体着眼，风险转移并不真正降低风险，而以工程技术手段为基础的风险识别和改善才能实际降低风险。本文在工商企业财产保险范畴内说明针对整个社会降低初始风险、将剩余风险控制在可接受水平是风险管控的要务，从此意义上而言，应对重大灾害，仅靠风险转移是不够的。商业财产保险公司可在整个风险管控的三个环节中发挥不可替代的作用，而不仅仅是风险转移环节。本文以本年度发生的一些广受关注的事例，充分说明财产损失的可预防性。之所以“大部分财产损失是可以预防的”，是因为这一理念建立在对隐患与风险的科学认识之上。因此，在风险管控中充分发挥风险识别与风险改善的积极有效作用，预防财产损失，是一条切实可行的途径。进而以 FM Global 在财产防损、风险改善方面的长期努力和成效为例，阐述了建立完整的风险管控工程技术体系，合理提高建设和运行技术标准的安全度，以商业财产保险持续不断地推进风险改善的保险模式。引入这种商业财产保险公司参与的财产防损工程技术支持和风险管控的机制，对发展我国的保险制度和市场非常重要，同时，这种保险模式也有待于根据我国国情进一步发展和完善。

前言

2010 年的中国,经受了一次次历史罕见的自然灾害的挑战。8 月 7 日夜,一场特大山洪泥石流重创了素有“陇上桃源”之称的甘肃舟曲县城,造成重大人员伤亡和财产损失。此外,洪涝、地震和台风等严重自然灾害频发。全国七大流域先后发生不同程度的暴雨洪水,险情出现之多、受灾损失之重,都创下了 21 世纪以来的极值,所引发的次生地质灾害是去年同期的近 10 倍;云南、河北、四川、青海等 11 个省份遭受地震灾害,其中 4 月 14 日,青海玉树发生了当地有历史纪录以来最强烈的地震;“灿都”、“狮子山”和“凡亚比”等强台风先后在我国登陆,侵袭东南沿海广大地区。环顾世界,自然灾害的烙印也比比皆是:海地、智利和新西兰强震,冰岛、印尼火山喷发,美国、巴基斯坦洪水肆虐,俄罗斯森林大火等。

除自然灾害外,本年度(2010)下半年我国火灾形势也依然比较严峻。引起广泛关注的城市与工业火灾事件常会出现在新闻头版,如大连的石油管道爆炸“7・16”大火、吉林商厦火灾、上海高层民宅火灾和昆明某制药厂爆炸火灾等。

工商企业由于价值较高、工艺过程复杂多样,对灾害和事故的易损性较强、损失严重程度亦较高。面对灾害与事故给工商企业乃至社会可能造成的严重破坏,人们应如何做好防范,有效应对,从而降低损失是一个值得讨论的问题。尤其是当今我国工商企业发展迅猛,专业制造、业务外包以及供应链管理继续以闪电般的速度在全球蔓延,任何灾害与事故可能带来的直接财产损失以及由此所造成的营运中断损失,将会使总体损失大幅递增。

FM Global(美国法特瑞互助保险公司)为财富 1000 强之中超过 1/3 的工商企业提供财产安全保障。其财产防损工程技术咨询服务 1984 年进入中国大陆,并于 1988 年在上海设立工程咨询服务代表处。多年来,为千余家在华投资的工商企业提供财产防损工程技术与风险管控咨询服务。在改善风险、降低财产损失方面做出了一些成绩,积累了一定的经验。

本文以 FM Global 在财产防损、风险改善方面的长期努力为例,结合本年度各类引起广泛关注的损失事件和相关数据的分析,说明超越保险思维,将风险识别与风险改善摆在突出地位,防患于未然,对于降低损失、增强整个社会抗风险能力这一目标来说,是一条切实、可行、有效且必要的途径。进而以实例说明商业财产保险如何在财产防损和风险改善方面发挥更为重要的作用。通过创造适当条件,以商业财产保险持续不断地推进风险改善——评估风险,并以财产防损工程技术手段降低风险,以帮助客户,乃至全社会预防和减少灾害损失。

一、应对重大灾害,仅靠保险是不够的

面对重大灾害和事故,工商企业的整体风险犹如一座海上冰山,如图 1 所示。商业财产保险只能涵盖水面上的冰山一角,即财产损失和营业中断所带来的损失风险。这些是能见的、可投保风险。然而深藏在水下的庞大部分却是不可见的非可投保风险,它既包含公司声誉和市场份额潜在损失,也有供应链中断和技术员工流失等。尤其是某些重大事故的结果往往伴随对环境的严重损害,以及企业永久关闭。这不仅对企业自身是一个巨大打击,对整个社会也将带来一定的负面影响。有研究指出,冰山水面以下部分通常为水面以上部分的 4 倍左右。因此,商业财产保险所涵盖的仅是可投保风险,它并不是风险管控的全部。

财产损失
营业中断

公司信誉
投资者信心
供应链中断
市场份额
风险自担部分
环境损害
社区和员工关系

图 1　工商企业所面临的整体风险

风险管控一般具有三个主要环节:首先是风险识别和评估,其次是在此基础上的风险化解和改善(降低),而后才是风险转移和分摊。

图 2 阐明了"剩余风险"的概念。在损失可能性相对于损失程度(严重性)的坐标系中,定性而言,一般的风险曲线为程度越严重其损失的可能性越小。对于某一给定保险标的,存在一个最大预期损失(Maximum Foreseeable Loss—MFL)。所谓"风险",通常定义为损失严重程度与损失可能性的"乘积",在图 2a 中即为曲线下的面积,将之称为"初始风险"。在以工程技术手段对其进行充分认识和评估后,若采取了一些有效预防措施,可以在一定程度上降低损失发生的可能性;进而也可采取一些有效的保护措施,从而减低损失后果的严重性。于是曲线下的面积有所减小(见图 2b),将之称为"剩余风险"。也就是说,经过风险管控的前两个主要环节——风险评估和风险改善,初始风险可被有效化解,降低为剩余风险。

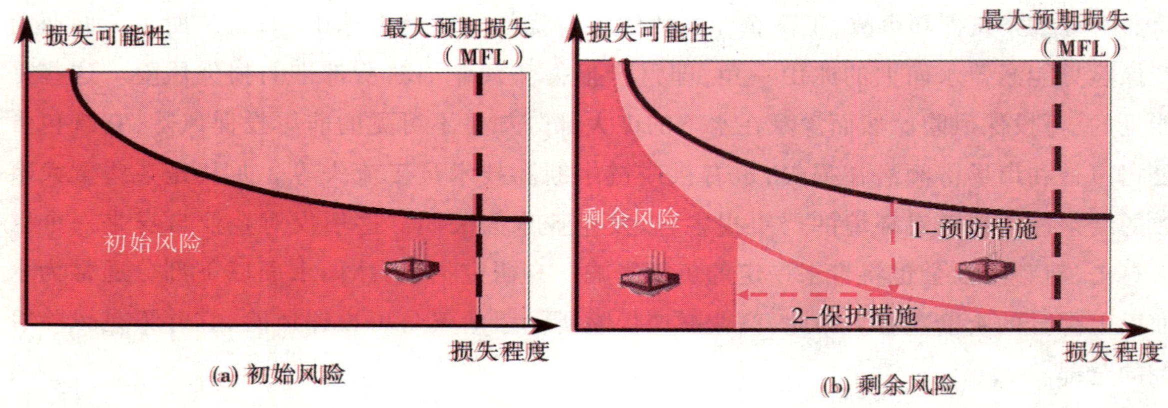

图 2　剩余风险的概念

这里所谓的风险,可以是单一工商企业所面临的风险,也可以是某个社区,乃至全社会所应对的风险。在风险管控中,商业保险手段一般主要处理风险的转移和分摊。着眼于整个社会,风险的转移和分摊并不实际降低整体风险。对于初始风险,如果缺乏前两个环节,会导致剩余风险仍然很高,一旦出险,损失巨大,往往保险公司难以承受;反之,如果以工程技术手段做好风险识别,最大限度地改善风险,从而使剩余风险大大降低,而后再采用保险的手段来转移、分摊剩余风险。从此意义上说,在应对重大灾害时,仅靠保险(风险转移)是不够的。

虽然商业财产保险只是处理剩余风险,但保险公司的作用却不应仅局限在风险转移环节上。专业财产保险公司应在风险转移范畴之外将风险管控摆在优先的地位。风险管控的目标就是要降低初始风险,将剩余风险控制在可接受的水平。毋庸置疑,有效的风险改善对于整个社会的可持续发展,以及保障社会的和谐与稳定有着极其重要的意义。

二、“大部分财产损失是可以预防的”

本年度发生的许多事例充分说明风险管控的前两个环节,即以科学技术手段为基础的风险识别与评估以及风险化解与改善,在财产损失预防中可以发挥积极有效的作用。大部分财产损失都是可以预防的,因此,事前预防损失、降低风险是一条切实可行之路。

事例一:据媒体报道,11 月 15 日 14 时 15 分,上海市区胶州路上一幢高层住宅发生特别重大火灾事故,大火直至 18 时 30 分才被基本扑灭,火灾造成的人员伤亡和财产损失令人痛惜。起火建筑 28 层,高度 85 米,为钢筋混凝土结构,1998 年 3 月入住。火灾发生时,该建筑正在实施建筑节能综合改造项目。这次火灾事故引起了全国人民的广泛关注和各级政府的高度重视。

事后国务院事故调查组明确指出:上海特大火灾是完全可避免的事故。根据目前掌握的情况,经过初步分析,起火大楼在装修作业施工中,有两名电焊工违规实施作业,在短时间内形成密集火灾。施工作业现场存在管理混乱、安全措施和安全责任不落实等突出问题。

以财产防损和风险管控的眼光从技术层面来看,事件中存在的问题包括事先对潜在火灾风险没有足够认识,也未采取严格有效的预防和保护措施。仅以施工现场安全管理为例,通常为了消防安全,施工现场应对火源和可燃物进行严格控制。火源控制主要包括热加工准证制度、禁止吸烟制度和临时用电及电器管理制度等。热加工准证制度就是从防火方面对产生火花、火焰和热表面的施工过程进行有效管理,它包括很多严格要求和具体步骤来防范火源。更重要的是其第一步就是首先评估热加工施工手段是否可以其他方式替代,目的是尽量避免采用热加工。可燃物控制主要指施工现场应限制可燃物的存放量,包括使用不燃脚手架,定期清走不必要的可燃垃圾,以及安全存放有用的可燃材料等。除此之外,施工现场应有一定的临时消防保护措施等。这些预防和保护措施可望降低事故发生的可能性和严重程度,是风险改善的内容。

事例二:据媒体报道,12 月 30 日上午,云南昆明一制药有限公司的厂房发生爆炸并起火,四楼玻璃全被震碎,墙壁被烧黑,造成了多人伤亡和重大财产损失。随后事故单位基本情况、事故发生经过和主要原因已被查明,昆明市安监局通报了爆炸事故调查结果:事故发生时,该工厂四楼片剂车间洁净区段当班职工按工艺要求在制粒一房间进行混合、制软剂、制粒、干燥等操作。9 时 30 分许,检修人员为给空调更换初效过滤器,断电停止了空调工作,净化后的空气无法进入洁净区。同时,由于操作过程中存在边制粒边干燥的情况,烘箱内循环热气流使粒料中的水分和乙醇蒸发,由于排湿口排出蒸发的水分和乙醇蒸气效果明显降低，乙醇蒸气不能从排湿口排走，烘箱内蓄积了达到爆炸极限的乙醇气体。同时，由于当时房间内空调已停止工作，制粒一房间内由于制粒物挥发出的乙醇气体与干燥门开关时溢散出的水分、乙醇气体无法被新风置换，也积聚了大量可以燃烧的乙醇气体。加之洁净区使用干燥箱的配套电气设备不防爆，操作人员在烘箱烘烤过程中开关烘箱送风机或在轴流风机运转过程中产生的电器火花，引爆了积累在烘箱中达到爆炸极限的乙醇爆炸性混合气体，炸毁烘箱，所产生的冲击波将四楼生产车间的各分区隔墙、吊顶隔板、通风设施、玻璃窗、生产设施等全部毁坏；爆炸产生的大量热量瞬间引燃整个洁净区其他可燃物，形成大面积燃烧，过火面积遍及整个四层。

以财产防损和风险管控的眼光来看，一些有效的预防和保护措施同样可以降低事故发生的可能性和严重性。例如，对该存在可爆乙醇蒸气的工艺和环境，应将通风与工艺过程和报警系统连锁，一旦失去通风或通风系统故障，排出乙醇蒸气的工艺过程应立即停止，并报警。同时，在爆炸危险场所采用可爆蒸气探测报警装置和防爆电气设备等都是有效的预防措施。而在遍布可燃物的整个生产车间安装自动消防喷淋灭火系统，则是有效的消防保护手段。这些预防措施和保护手段是风险识别和风险改善评估的基本内容。

FM Global 与客户分享“大部分财产损失是可以预防的，且预防损失胜过灾后赔付”的理念，并赢得客户的认同。其与客户共同努力，以科学研究为基础、工程技术为手段，通过识别和量化风险，寻找和实施旨在保护财产、降低损失的经济有效的风险改善方案，确保工程服务客户的业务发展不受重大财产损失的困扰。

根据现有统计资料，本年度 FM Global 在中国大陆近 3000 个工程服务客户中共发生火灾约 14 起，总损失 50 万美元左右。无论是事故发生几率，还是损失严重程度，都处在较低水平。

图 3 显示 FM Global 近年来在整个世界范围内的综合成本率和损失率，除 2008 年外，它们均维持在一个稳定且较低的水平。2010 年实现综合成本率 78.1% 和损失率 51.1%。这些数据在一定程度上表明重视风险管控的前两个环节，并将科学研究和工程技术引入财产防损实践对于控制风险和降低损失起着一定的积极作用。

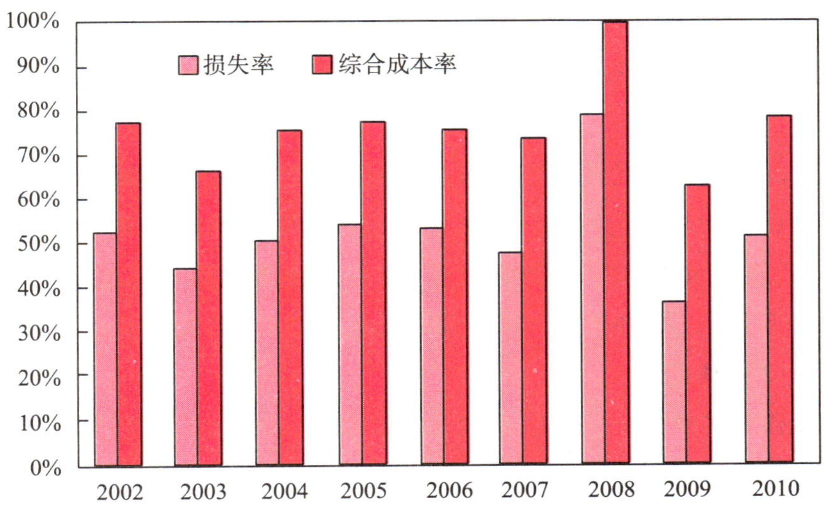

图 3　FM Global 全球近年来综合成本率和损失率

在风险管控的前两个环节中，以财产防损工程技术为指导，正确识别和理解隐患与风险是“财产损失可预防性”的重要基础和前提。

事例三：据媒体报道，12 月 10 日北京地区遭遇 10 级强风袭击，北京首都国际机场风速最高达 26 米/秒。强风使机场 3 号航站楼（T3）局部屋面金属板被掀起，造成一定损失，引起广泛关注和讨论。

目前，工商业建筑多为轻钢房屋，它是对风灾易损性较高的低矮建筑形式之一，其围护结构遭受台风破坏的风险性极高。研究表明屋面、门窗和墙面的风致损坏是风灾破坏的最主要方面，强大的风力将建筑物外表撕开，使风雨毫无阻拦进入建筑内，毁坏建筑本身及建筑内物品。以下为强风撕裂建筑物外表的几种最常见形式：

- 屋面和防水层被掀起并从支撑、紧固构件上剥离；
- 轻型墙面覆盖物，诸如外墙保温装饰面体系或墙板被从建筑物上剥离；
- 强风夹带的碎片将窗户打破，如附近的树木或砂砾；
- 由于建筑物承受的风压而导致窗户被向内吹开等。

在发生暴风时，很少见到正常建筑物结构框架发生损毁的现象。而建筑物外表出现非常小的开口都会导致内部大面积的毁损。因此，保持建筑物外表的完整是预防轻钢房屋风灾损失的关键。在此基础上，降低损失可能性和严重性的预防及保护措施就容易找到，即（1）紧固屋顶面板和防雨板，尤其是在屋面边缘和角落处；（2）紧固建筑围护结构，包括门、窗和其他开口等。近年来 FM Global 的相关损失数据充分证明了这些简单的风险改善措施的必要性和有效性。这一实例说明之所以“大部分财产损失是可以预防的”，是因为这一理念建立在对隐患与风险的科学认识之上。

三、剩余风险过高,期待风险改善机制和技术支持

以上所列举的引起广泛关注的损失事件,在技术层面充分说明事前进行风险识别和风险改善可起到预防重大损失的效果。事故反映出事前对实际隐患和风险缺乏全面深入的理解,从而在应用技术和管理手段排除隐患、改善风险方面跟进不足,其结果是“剩余风险”仍然过高,一旦出险,损失严重。因此建立长久有效机制,通过风险识别和风险改善来实际降低剩余风险尤其必要。

作为风险转移前的努力——风险识别与风险改善,为商业财产保险公司提供了更大的机遇和舞台。这需要进一步提高商业财产保险公司的风险管控能力,发挥其专业特长。引入这种商业财产保险公司参与的财产防损工程技术支持和风险管控的机制,对发展我国的保险制度和市场非常重要,同时,这种保险模式也有待于根据我国国情进一步发展和完善。

根据工程项目或运营企业的实际需要,商业财产保险公司以财产防损工程技术服务者的身份参与风险管控,并作为第三方对相关安全进行密切监管。除风险评估外还可提供更广泛的服务,例如,在台风、暴雨或冰冻等自然灾害来袭之前,保险公司的防损工程师提前提醒客户做好防御准备,有必要时,防损工程师会到现场确认防御措施的落实;再者,保险公司可提供各种人员培训,包括灾害预案、消防安全以及风险管理等,这将有助于提高整个社会的安全和防灾意识。有数据表明,灾害预案在降低实际损失方面有着十分积极的作用。

此外,成功的风险改善也有助于保险公司的发展和壮大。商业保险公司在财产防损工程技术及专业经验指导下准确评估、跟进相关风险。承保前后,依照风险评估结果,根据风险水平、预期损失和以往出险经历,采用正确有效的承保方法,厘定费率,确定承保条件,并提供相应的技术服务。损失和赔付降低的实际效果将增加保险公司的赢利,从而使其拥有满意的客户保持率、高水平的专业技术队伍和稳健的财务状况。

实现商业财产保险公司驱动风险改善、降低剩余风险,需要一定的技术支持。在国民经济高速发展、实际需求不断提高、新技术大量涌现、生产运营格局多种多样、灾害损失日益增高的今天,对各方面防灾抗灾能力,以及相关技术标准和规范的安全度提出了更高的要求。而部分工程建设、企业运行技术标准和规范修订滞后,在一定程度上制约了这样的需求,这也是形成剩余风险过高的原因之一。尤其是随着近年来我国经济建设的飞速发展,基础建设投资增加,建设项目增多,对更严格、更安全的工程技术标准和规范的需求更加迫切。

综上所述,在风险管控,尤其是风险改善方面、我国目前在发挥商业财产保险公司积

极作用,提升相关工程技术标准和规范安全水平,从而降低剩余风险等方面仍有待加强。

四、以商业财产保险持续推进风险改善,增强和谐社会的抗风险能力

如何以财产防损工程技术为手段识别并改善风险?这不仅需要建立从科学研究到现场技术服务的完整工程体系,而且需要较高安全度的工程建设及运行标准和规范,还需要科学衡量风险改善的风险量化方法。因此,风险管控的工程体系、安全标准与规范以及科学的风险量化方法被视为实现有效风险改善的"三要素"(见图4)。

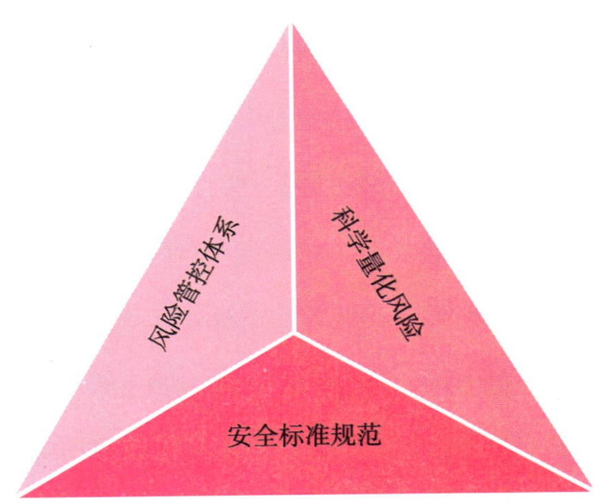

图4 风险改善"三要素"

(一)建立和完善风险管控的工程技术体系

如图5所示,风险管控能力应构筑在科学技术的基础之上。科学研究、技术标准研究与制订以及产品测试认证是风险管控三个环节的技术资源和储备。

1. 科学研究

以工程技术为手段对隐患与风险的识别和化解依赖于科学研究和技术开发。前沿的科学研究和先进的试验测试是财产防损工程技术与专业经验发展的动力。研究的最终目标是提升认识水平,以期寻找有效的工程措施来预防损失、降低风险。以FM Global为例,在其175年的历史中,支持其成功的一个重要基础就是应用科学研究和技术开发来预防和降低财产损失,包括基础及应用研究和技术标准制订等。FM Global在国际火灾科学和消防技术研究领域处于领先,其位于美国罗得岛州West Glocester、占地648公顷的研究试验场是全球著名的财产防损科学研究和产品测试基地,装备了各项当今最先进的研究和

测试技术。本年度新建的自然灾害实验馆正在帮助研究人员更深入地理解导致建筑材料发生破坏、失效的原因以及能够抵御自然灾害的优化设计方法。

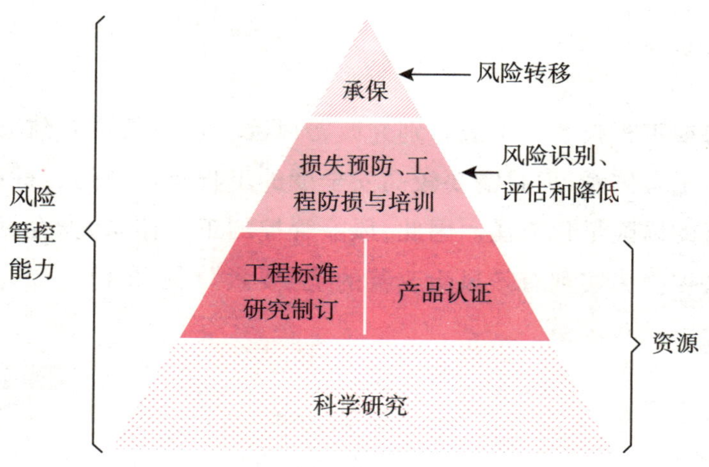

图 5　风险管控的工程体系

2. 工程技术标准研究制定与产品测试认证

保险业界积极有效地介入客户的风险评估与改善,能够提升保险标的的安全水平,在一些重要项目中,使用较之于国家或地方标准更严格、更安全的工程技术标准。例如,在财产防损、风险管控领域,FM Global 还拥有自己的工程技术标准,其目的是指导有效降低由于火灾、气候条件以及电气或机械设备故障所导致的财产损失风险,它包含从损失经历中获得的经验、科学研究成果和对其他规范标准的参照。将近两个世纪以来,全球各地的众多工商企业都依赖这一财产防损领域中的工程技术标准来改善各自现有企业的财产损失风险,并确保所有新建设施均在建造时遵循 FM Global 的技术标准,以体现重大火灾、爆炸以及自然灾害方面财产保护的世界水平。

在降低风险、预防损失、抗击各种灾害的实际需要中,不仅安全设计标准独具重要性,先进可靠的相关产品也是十分必要和重要的。因此,无论是政府还是保险业界都提供完备的相关产品测试和认证服务。例如,FM Global 通过 FM 认证提供世界级的工业和商业产品测试与认证服务。与 UL 或 CCC 认证相似,FM 认证是一家认证机构。作为全球公认和广受尊敬的认证品牌,FM 认证确保其认证的产品或服务经过客观公正的测试并符合最高的国家和国际标准。其唯一使命就是为财产防损工程技术标准的实施提供具有“世界级”认证的优质可靠材料与设备。这些材料和设备可能用于反复工作条件下,于是要求经过认证的强度;也可能要在安装多年后仍能按要求启用和运行,于是要求经过认证的可靠性。因此,这样的认证服务可有力地支持损失预防和风险改善方面的努力。

3. 现场技术服务与风险评估

对在建工程或运行企业的现场进行财产安全检查和风险评估，是风险管控的重要内容。经过专门训练的现场工程师参照相关技术标准对客户的建筑构造、生产过程、消防设施和外在威胁等方面进行全面检查，寻找和评估风险点；同时还对相关的安全规章制度和措施进行严格审查，及时发现财产防损管理方面可能存在的漏洞；并且在分析和解释存在隐患及其可能产生后果的基础上，制定切实有效、经济可行的防灾防损方案，提出相应的风险改善建议，并与各方面共同努力，确保这些风险改善建议得到落实和完成。

风险改善建议的完成意味着风险质量的提高，而每个单一客户风险质量提高的积累则意味着总体风险的下降。表 1 显示本年度 FM Global 中国财产防损工程服务客户履行风险改善建议，以及风险质量(分数)提高的情况。

表 1　2010 年 FM Global 中国风险改善建议完成数量和风险质量分数增量

风险改善项目	完成建议数量(项)	风险质量分数增量(分)
每个咨询客户(平均)	3.25	1.22
占总数百分比(%)	28	3

对于新建和改扩建项目，风险管理则应始于项目之初。设计审核、现场跟踪及验收测试有助于确保财产防损的最高标准在该项目中得到贯彻落实。新项目的选址对于自然灾害风险管控具有特别重要的意义。例如，在规划新工厂时，正确的选址对于预防洪水损失来说无疑是最佳解决方案。在抵御洪水方面，选择一个洪水威胁小的厂址远比选择洪水区但又设计实施防洪抗洪要容易得多。对于自然灾害的防范，不仅可以通过新建工程项目的正确选址，还可以通过在新建、改建项目的设计和建设中正确应用财产防损工程技术，来达到预防损失、降低风险的目的。保险公司的有效介入可以从机制上保证财产防损和风险改善在建设和运行过程中顺利实施。

4. 客户培训与事前应急预案

针对事故与灾害风险，人员培训和充分准备常常对最终结果有着重要影响。保险公司为各类相关人员提供各种讲习班、研讨会及在线培训课程非常必要。例如，帮助客户理解自己所面对的隐患和威胁，并识别和管控风险，接受当今各种风险管理难题的挑战；同时帮助工程建设人员和承包商理解事故隐患，采取正确的应对措施，降低事故发生的可能性和严重性等。

在很多情况下，灾难来袭并没有任何预警，因此，制订和保有一份有效的事前财产防损应急预案是可行的，对于降低事故影响程度、减少损失至关重要。这项工作难度可能很大，但最终所获得的回报也可能是巨大的。理解风险、制订预案且进行充分准备，就可能将财产损失控制在最低水平。此外,理赔也是风险改善的工具。理赔代表事前帮助客户制订根据其具体需要量身定制的损失控制方案、提供保险条款研讨、事故前应急预案以及损失控制专业经验等,帮助客户在应对重大灾害方面做好充分准备。

出险后,防损工程师会及时赶到现场,帮助避免财产损失进一步扩大,以及尽快恢复项目进展或企业正常运行。理赔代表也会快速做好勘查、定损和理赔等灾后服务工作。灾后将完成损失调查报告,目的在于从事故中汲取经验教训,今后进一步加强防范。

上述这些不同层次和不同方面的工作可望在一定程度上降低初始风险,使剩余风险处在一个可接受的水平,从而适合以风险转移的手段将剩余风险分摊。对于社会整体而言,单一工商企业风险改进的积累实际上也减小了整个社会所面临的风险。

(二)进一步提高建设和运行技术标准的安全度,降低全社会整体风险

对于某一设施,其建造和运行所依据的工程技术标准与其抗灾能力直接相关。对于整个社会来说,先进且安全的工程技术标准和规范有助于提升抗灾能力,降低整体风险。

风灾是自然灾害中的主要灾种之一,其发生频度高、次生灾害重、影响范围广、经济损失大,每年所造成的全球直接财产损失可达数百亿甚至千亿美元。例如,7 月侵袭我国的"灿都"——2010 年第 3 号台风,中心附近最大风力高达 12 级(35 米/秒),袭击并影响我国广大沿海地区;9 月侵袭我国的"凡亚比"——2010 年第 11 号台风,其来势之凶猛,破坏力之强悍,远超出人们想象,在很大范围内造成了严重的经济损失。

图 6 显示灿都台风中损毁轻钢屋面的一例,为钢结构厂房的立边咬合式屋面系统。这种国产屋面系统在我国应用非常广泛。结合首都机场 T3 航站楼屋面在强风中损坏的实例,这种金属屋面被强风吹脱的主要原因是屋面板与檩条之间的连接不够牢固,抗风压能力不足。而造成这一结果的原因在于以下两方面:

(1) 相关的载荷技术标准给出的风压仅针对主结构,而对于屋面板与檩条之间连接的抗风能力并未指明。这一风压要求往往大于对主结构的风压要求(但作用面积小),尤其是在屋面的边角区域。

(2) 在产品技术标准方面,对于那些非穿钉板轻钢屋面系统,缺乏产品测试标准,以至于我们实际上不知道它的抗风能力,即不知道它屋面板与檩条之间的连接力到底多强。

近年来,轻钢屋面在风灾中被吹脱、造成损失的事件屡屡发生,主要是由于这方面原因。因此,在技术标准和规范方面提高相关要求,完善和建立钢结构屋面抗风设计、安装标准以及产品测试、认证标准等十分必要和紧迫,有益于降低单一轻钢建筑乃至整个社会的风灾风险。

图6　7月22日在灿都台风中损毁的轻钢屋面

据媒体报道,上半年度我国洪涝损失比去年同期偏多近4倍,至7月中旬洪灾直接经济损失已达1202亿元。大多数洪水灾害都是可以预测但却难以避免的,然而人们可以在一定程度上预防洪水损失。洪水泛滥在全球许多地区都成为一个严重的问题,洪水仍然是全球带来财产损失最严重的自然灾害。据估计,全球由于洪水所造成的财产损失每年都在20亿至30亿美元之间。目前我国许多高级生产、加工企业都位于从前是农田的新开发商务区或工业区,这明显地加剧了洪水风险。统计数据表明,这类企业遭受损失额在10万美元以上洪水损失的可能性比发生同等程度火灾或爆炸事故的可能性高出5~7倍。粗略估计,现有工商企业中约有十分之一位于洪水区,因此在技术标准和规范方面提高洪水保护标准(重现期),降低风险容忍度显得十分必要。FM Global通常建议重要工程项目或企业选址应采用更加安全的标准,即应在500年一遇洪水区之外。此外,尽快开发重要地区的洪水灾害图或风险图也有助于在一定程度上降低全社会的洪水风险。

此外,城市和工业火灾较为常见,总计损失也十分庞大。FM Global的损失经历表明,自动喷淋灭火系统作为水消防系统的一种重要灭火手段,是抵御火灾的有力武器(见图7)。目前已得到国内专业人士的认可,在建筑中广泛应用。如果在相关的技术规范要求中进一步扩大应用范围,且提高维护管理水平,则可望在一定程度上降低全社会的火灾风险。

国际上,本年度海地与智利强震的不同程度破坏后果也表明提高工程建设标准对降低全社会整体风险的重要性。之所以会出现智利地震震级更高而破坏程度可能低于海地地震的现象,专家分析,原因之一在于智利经济比海地发达,加上历年地震频发,因而历来更多考虑建筑抗震性能。按人口计算,智利地震学家比例最高。智利在制订建筑规范和应急规划时会征求专家意见。相比之下,海地是西半球经济较落后国家,且地震发生较少,建筑较少考虑抗震性能。

当然,适当提高工程技术标准和规范的安全度、降低对风险的容忍度不是要求无限安全,确定经济合理的风险容忍度需要依靠先进的科学技术。将风险识别与风险改善摆在突出地位,合理确定风险容忍度将有益于促进我国财产防损工程技术的研究与发展。防灾防损工程技术是风险管控的关键。隐患识别、风险分析和安全改进等均以对各种灾害与事故风险的科学量化和评估为基础。

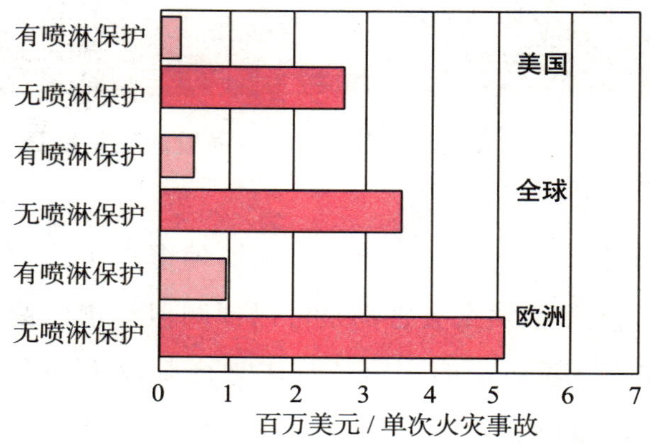

图 7　FM Global 火灾统计数据说明自动喷淋灭火系统有效性

(三)降低长期风险成本,并将风险改善投入转化为客户的实际收益

具备了完整的风险管控工程体系,也有了适当安全度的建设及运行标准作为支持,还需要科学方法和先进技术将风险量化,实现风险评估和改善。

在对工程服务客户企业进行风险评估时,针对单一风险点,通常以所谓预期损失来描述这一单项风险。而对于整个企业,甚至整个企业集团,则需综合这些单项风险来描述其整体风险质量。因此需要一个精准合理的风险量化指标使风险管控能够实际操作,这就是风险质量分数(Risk mark)。

表 2　以风险分数定义风险质量级别

风险分数段	风险分数(分)	风险质量级别	
第 1 分数段	78 ~ 100	1	高
第 2 分数段	66 ~ 77	2	中上
第 3 分数段	50 ~ 65	3	中下
第 4 分数段	50 以下	4	低

风险质量分数采用百分制，在其组成中，与火灾相关的风险占36%，自然灾害方面的风险占30%，与行业相关的风险占15%，其余19%则体现设备故障风险和安全规章制度、管理是否健全、落实等。这些加权系数主要来源于理论研究和实际损失经历。关于火灾风险，主要考虑尚未完成的风险改善建议、火灾预防与保护措施、现有消防设施，以及预期最大损失等。关于自然灾害，主要考虑灾害区划与实际危险。行业风险则根据相关损失统计数据确定。风险质量分数越高，风险越小。为了易于表述，进而以风险分数段来表征风险质量级别（见表2）。

图8以本年度FM Global全球主要损失数据揭示了主要损失次数与风险质量之间的对应关系。显然，随着风险质量逐渐降低，损失次数增逐渐多。

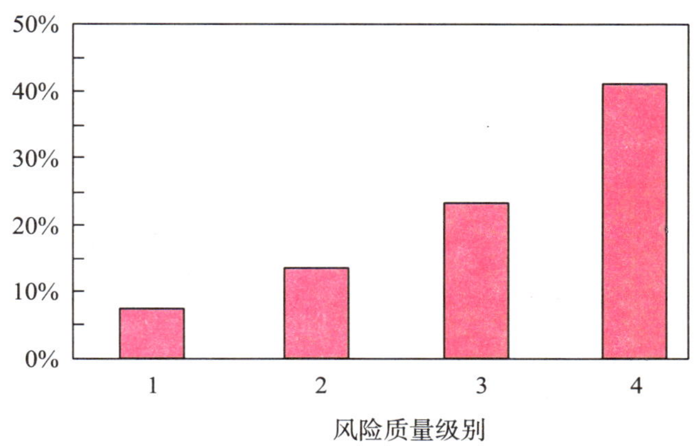

图8　本年度FM Global全球主要损失次数随风险质量的分布

风险质量分数体系的形成和发展具有以下几方面的作用和意义：

（1）在全球范围内采用一致的风险量化、评价标准；

（2）它综合各项风险，为同类或不同类企业（或集团）之间的风险对比以及单一企业（或集团）自身的风险改善提供了量化指标；

（3）为风险改善提供具体量化指导，每项待完成的改善措施都被以风险质量分数增量的形式赋值，从而可以在改善措施之间进行对比，以确定优先完成项目；

（4）为客户选择和承保（中国以外）提供依据，使保费厘定与风险质量紧密衔接。

在风险质量和保费之间建立定量联系具有深远意义。风险改善是一个长期过程，大多数情况下，它需要一定的投入，且须逐步完成。为提高安全度在风险改善方面的投入增加应在降低保险投入中获得效益。因此风险质量分数体系的应用有助于维护与客户的长期关系，降低长期风险成本，并将风险管控投入最终转化为客户的实际收益。

风险质量分数基于现场工程师在为工程服务客户提供工程服务时所采集的现场信息

和数据。FM Global 现场工程师在中国为其工程服务客户提供了风险改善方面的优质服务，具体成果在表1、表3和图9中显示。

表3　本年度 FM Global 中国工程服务客户风险质量的提高

风险质量级别	1	2	3	4
咨询客户总价值变化(%)	+20	+41	-27	-3

表1显示本年度在 FM Global 现场工程师访问过的中国工程服务客户中，平均每个客户完成风险改善建议3.25项，风险质量分数平均提高1.22分。

表3则体现本年度中 FM Global 中国工程服务客户财产的风险质量变化，以客户财产总价值计算，高质量财产增加20%，中上质量财产增加41%，而中下质量财产却减少27%，低质量财产减少3%。总体的风险改善趋势明显。

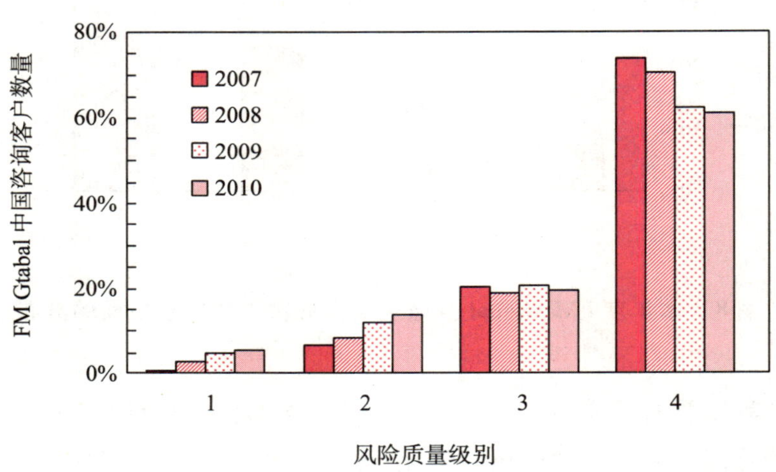

图9　近年 FM Global 中国工程服务客户风险质量的提高

图9显示近年来 FM Global 中国工程服务客户总体的风险改善的成果。图中可见：

（1）高、中上质量的客户数量持续增加，而第4分数段的客户数量持续减少，表明风险改善在不断进步、总体风险在逐渐降低；

（2）第3、第4分数段的客户数量仍居多数，说明风险改善工作任重道远，剩余风险仍有较大下降空间。

笔者建议：建立完整的风险管控工程技术体系，合理提高建设和运行技术标准的安全度，以商业财产保险持续不断地推进风险改善，以增强全社会的抗风险能力，可望促进和谐社会的可持续发展。

作者简介

姜冯辉，美国法特瑞互助保险公司大中国区总工程师，清华大学热能工程系论文博士生。

李引擎，研究员，中国建筑科学研究院建筑防火研究所所长，住房和城乡建设部科学技术委员会委员，中国消防协会常务理事。

Dennis Bessant，博士，美国法特瑞互助保险公司全球副总裁、亚洲区总经理。

参考文献

[1] Dennis Bessant："实现共赢和可持续发展的独特方法"，风险识别与控制——财产保险风险管理新模式专题研讨会，中国保险学会，2010 年 12 月 17 日。

[2] Dennis Bessant："北美巨灾风险管理实践与经验的探讨——商业保险公司如何参与巨灾风险管理"，巨灾风险管理与保险国际研讨会，2008 年 9 月 25 日。

[3] 李引擎："火灾科学与防火标准"，载《建筑科学》，2007，23(08)：1－4。

[4] 李引擎："我国建筑防火性能化设计的若干看法"，载《消防科学与技术》，2003，22(3)：198－200。

[5] 李引擎："城市建设的可持续发展与防灾"，载《消防技术与产品信息》，2002，1：12－14。

[6] 姜冯辉："美国法特瑞互助保险公司应对巨灾风险的做法"，载《保险研究》，2008 增刊，1：129－132。

[7] "历史灾难中实现历史进步——2010 年中国自然灾害警示录"，载新华网，2010 年 9 月 9 日访问。

[8] "总结 2010 年全国火灾形势"，载人民网，2010 年 12 月 30 日访问。

地震保险制度思考

徐 晓

摘 要

我国地处全球大陆地震活跃区，地震风险具有“频次高、强度大、地域广、灾害重”的特点。由于地震风险的巨灾性和偶发性不满足大数法则要求，不符合商业保险运行规律，导致地震保险的市场失灵。为了应对地震给中国经济社会带来的巨大风险，我国应当选择“政府主导下的市场化运作”模式建设国家地震保险制度体系，并使之成为国家综合巨灾风险管理体系的一个重要组成部分。目标是建立商业可持续的地震保险体系，提供广泛而预期稳定的灾后重建资金来源，并促进减灾防范投资和灾害应急准备，从而降低经济、社会和财政的巨灾风险暴露，促进中国经济的持续稳定发展与社会和谐。制度的建立应充分考虑投保人、保险业、政府三方利益，很好地把握风险与效用的平衡。本文重点阐述建设地震保险制度的基本原则和总体思路，不设计操作方案，因为具体操作方案必然存在互相牵制、互为因果的诸多条件和诸多因素，过于繁复和琐碎，以留待实践层面解决为宜。

地震是威胁我国的最大的自然灾害,是“群灾之首”,我国历史上曾经发生过多起灾难性地震。尤其是随着经济发展和城市化进程的加快,人群和财富日益集中,一次破坏性地震造成的损失十分巨大,2008 年汶川地震和 2010 年玉树地震就是最鲜活的例证。近年来,人民群众对地震风险的保障需求日益增加,社会各界也十分关注。建设中国地震保险制度,应当充分借鉴国际经验,结合我国国情,尽快理清思路,确立基本框架,切实启动相关工作。

一、我国地震风险特征及灾损情况

我国地处全球大陆地震活跃区,是世界上地震灾害最为严重的国家之一。根据有记载的历史记录,一次地震中死亡人数超过 20 万人的地震在中国至少发生了 4 次,分别是 1303 年的山西洪洞 8 级地震、1556 年的陕西华县 8.5 级地震、1920 年的宁夏海原 8.5 级地震和 1976 年的河北唐山 7.8 级地震[①]。

(一)我国地震风险特征及近 40 年来损失情况[②]

从地震活动情况看,我国地震具有“频次高、强度大、地域广、灾害重”的特点。

1900 年以来记录的 6 级以上地震基本完整,共记录到 6.0 ~ 6.9 级地震 756 次,平均每年约 7 次;7.0 ~ 7.9 级地震 119 次,平均每年约 1 次;8.0 级以上地震 10 次,平均每 10 年 1 次。地震的发生对于局部地区而言是小概率事件,而就全国范围是大概率事件。20 世纪,我国发生的破坏性地震占全球的 1/3;死亡人数高达 69 万人,占全球 1/2。

我国共有 8 个地震区和 24 个地震带。在大陆东部划分出东北地震区、华北地震区与

① 中国地震局工程力学研究所、RMS 有限公司:“中国的典型地震灾害与地震巨灾保险研究”,载《中国风险管理报告(2009)》,中国财政经济出版社 2009 年版。

② 参见中国地震局:《地震灾害概况与地震灾害保险》,2010 年 4 月。

华南地震区,大陆西部有青藏地震区和新疆地震区。另外还有台湾地震区、南海地震区和东海地震区。

从空间分布来讲,以东经108度为分界线,1900年以来大陆地区东西部的强震比例约1∶6,8级以上地震全部位于西部。

我国地震造成的损失非常严重。据统计,1970—2008年我国西部地区因地震造成的死亡人数共计90 980人,直接经济损失达12 282亿元(2008年可比价);东部地区死亡人数共计243 619人,直接经济损失为4886亿元(2008年可比价)。其中,造成1000人以上死亡的地震事件有6次,造成10 000人以上死亡的事件有3次;造成100亿元以上损失的地震事件有12次。

近40年来,我国遭受了两次灾难性地震。一是1976年唐山的7.8级地震,当年的直接经济损失为132.75亿元,折合2008年可比价为3416.59亿元,占国民生产总值(GNP)的4.4%;造成了24.2万人死亡,167 539人重伤,541 063人轻伤。二是2008年汶川的8.0级地震,直接经济损失为8523.09亿元(当年价),占当年国内生产总值(GDP)的比例为2.71%;造成了87 150人死亡、失踪;给四川省造成了7717.7亿元的直接经济损失,占2007年该省国内生产总值的73.46%。

(二)汶川、玉树地震损失情况分析

1. 汶川地震总体损失

2008年5月12日14时28分,四川省汶川县发生8.0级特大地震。汶川地震造成四川、甘肃、陕西、重庆、云南等10个省(自治区、直辖市)的417个县(市、区)4667个乡(镇)48 810个村庄4625.7万人受灾,因灾死亡69 227人,17 923人失踪,37.46万人受伤,紧急转移安置1510.62万人,倒塌房屋796.74万间,损坏房屋2454.29万间①。其破坏性之强、涉及范围之广、救灾难度之大历史罕见。

汶川地震造成直接经济损失8523.09亿元,其中四川、甘肃、陕西三省损失为8451.36亿元(四川7717.70亿元,甘肃505.35亿元,陕西228.30亿元),重庆市损失54.07亿元,云南省损失16.83亿元,宁夏回族自治区损失0.83亿元②。

2. 玉树地震总体损失

2010年4月14日7时49分,青海省玉树藏族自治州玉树县发生里氏7.1级地震,为当地有历史记录以来最强烈的地震。地震造成青海、四川两省7个县的27个乡镇(青海省6县19个乡镇、四川省1县8个乡镇)受灾,灾区总面积约3.58万平方公里,其中重灾区面积约4000

① 据民政部有关资料。

② 据民政部等部门有关资料。

平方公里、极重灾区约1000平方公里,有24.68万人受灾、2698人遇难、270人失踪,直接经济损失228亿多元[①]。

3. 分析:城乡房屋损失严重

汶川、玉树两次地震所造成的直接经济损失中,城乡房屋(包括住宅和非住宅)的损失占有相当大的比例。

据国家有关部门披露的数据,在汶川地震中,川甘陕三省住房受损合计为2316.91亿元(四川2025.8亿元,甘肃233.36亿元,陕西57.75亿元),其中农村住房受损1248.43亿元(四川1004.96亿元,甘肃203.28亿元,陕西40.09亿元),城镇居民住宅受损1068.48亿元(四川1020.84亿元,甘肃29.98亿元,陕西17.66亿元);非住宅用房受损1722.03亿元(四川1606.40亿元,甘肃76.66亿元,陕西38.97亿元)(见表1)。

表1 汶川地震城乡房屋损失情况

省份		四川	甘肃	陕西	汇总
直接经济损失(亿元)		7717.70	505.35	228.30	8451.36
住宅损失(亿元)	城镇	1020.84	29.98	17.66	2316.91
	农村	1004.96	203.28	40.09	
非住宅损失(亿元)		1606.40	76.66	38.97	1722.03
住宅损失占直接经济损失比例(%)		26.25	46.18	25.30	27.41
非住宅损失占直接经济损失比例(%)		20.81	15.17	17.07	20.38
城乡房屋损失合计占直接经济损失比例(%)		47.06	61.35	42.37	47.79

据四川省披露的数据,地震造成城市居民住房倒塌或损毁1933万平方米,严重破坏6876.6万平方米,受影响居住人口97.8万户、285万人;农村农民住房倒塌160.6万户、15 449万平方米,严重受损187万户、17 980万平方米;城乡居民室内外财产损失344.9亿元。

玉树地震造成的青海和四川两省直接经济损失总数为218亿元(青海215.7亿元,四川2.3亿元)[②]。其中,农村居民住房、城镇居民住宅及非住宅用房和基础设施损失合计149.5亿元,占直接经济损失总量的68.6%;农林业(含畜牧业)损失16.8亿元,占总损失的7.7%;工业损失2.6亿元,占总损失的1.2%。两省农村住房损失313 831万元(青海305 920万元,四川7911万元),城镇居民住宅损失299 081万元(青海298 079万元,四川

① 据2010年8月19日《回良玉在全国抗震救灾总结表彰大会上的讲话》等。

② 此段文字及表2中的数据取自2010年4月30日国家有关部门初步评估结果。官方认定的玉树地震直接经济损失最终数据为228亿元,但分项数据不可得,为方便分析,此处整体采用初步评估结果数据。

1002万元),城镇非住宅用房损失346 163万元(青海345 230万元,四川933万元)(见表2)。

表2　玉树地震城乡房屋损失情况

省份		青海	四川	汇总
直接经济损失(亿元)		215.7	2.3	218
住宅损失(亿元)	城镇	29.81	0.1	61.29
	农村	30.59	0.79	
非住宅损失(亿元)		34.52	0.09	34.6163
住宅损失占直接经济损失比例(%)		28	38.55	28.11
非住宅损失占直接经济损失比例(%)		16	4.03	15.87
城乡房屋损失合计占直接经济损失比例(%)		44	42.58	43.98

玉树地震对城乡房屋和基础设施造成严重破坏,两项损失超过玉树地震损失总量的2/3。受灾最重的玉树县结古镇,平房全部倒塌,楼房倒塌过半,机关、学校、医院等公共设施和供电、供水、通信等基础设施大面积损毁。通往结古镇的主要通道214国道多处断裂沉陷、桥涵坍塌,一些地方山体滑坡崩塌,生态环境遭受严重破坏。

玉树地震中城乡房屋的严重受损与震中距离县城较近、地震断裂带走向与城镇分布一致,以及灾区主要建筑类型紧密相关。地震共造成青海灾区各类房屋中等以上破坏面积达550多万平方米①。灾区房屋主要结构类型为空心砖木结构(30%左右)、土木结构和片石结构(合占45%左右,其中片石结构仅占少数)。地震中,空心砖木结构房屋破坏率为85%,土木结构和片石结构房屋破坏率为100%②。

从以上数据可以看出,在两次地震导致的直接经济损失中,城乡房屋损失(包括住宅和非住宅)接近一半(汶川地震47.79%,玉树地震43.98%),是地震造成直接损失中最大的一项。其中住宅损失占直接经济损失的比例接近30%(汶川地震27.41%,玉树地震28.11%)。可以想见,如果破坏性地震发生在城市内,建筑物损失的比例将更高。例如,1976年唐山地震中,处于极震区的唐山市和丰南区地面建筑几乎全部倒塌。据RMS模型分析,如果唐山地震在2004年重现,将导致住宅损失1840亿元,非住宅损失2300亿元③。而且,建筑物倒塌也是造成人员伤亡最主要的原因。

① 据中国地震局有关资料。

② 刘吉夫、史培军、范一大、张岂铭:“2010年4月14日青海玉树地震灾害特点与启示”,载《北京师范大学学报》(自然科学版)2010年第5期。

③ 中国地震局工程力学研究所、RMS有限公司:“中国的典型地震灾害与地震巨灾保险研究”,载《中国风险管理报告(2009)》,中国财政经济出版社2009年版。

二、我国地震保险开展情况

新中国成立以来,我国地震保险经历了一个从“全面覆盖”到“限制承保”的发展过程。1995年以前,地震风险属于财产保险的基本责任范围,面向企事业单位和城乡居民的各类财产保险均包含了地震风险保障;1995年以后,考虑到地震风险巨大,地震保险经营缺乏科学的精算基础,极易形成系统性风险,保险行业开始限制经营地震保险业务。目前,我国仅有少数财产保险产品覆盖了地震风险责任,如工程保险和部分企业财产保险。而大多数财产保险产品,如家庭财产保险、汽车保险和绝大多数企业财产保险等,均将地震风险列为除外责任。因此,保险对地震风险的保障作用十分有限,如在2008年汶川“5·12”特大地震中,四川省保险业共赔付20多亿元,仅占全省直接经济损失的2‰多。

地震保险之所以难以开展,首先是由于地震风险特征所致。地震是一个偶然发生的具有极大破坏性的自然事件。地震风险的最大特征是风险的集中释放,时间上具有突发性,空间上具有局部性,破坏力上具有巨大性。一般的统计方法难以正确反映地震破坏的特征,也就是说,地震风险的巨灾性和偶发性不满足大数法则要求,不符合商业保险运行规律。保险公司如开办地震保险将承担巨大的风险。例如,1994年1月美国加利福尼亚州的北岭地震,直接经济损失418亿美元,保险业支付了大约150亿美元,是过去25年间加州收取的地震保险费总额的4倍[①]。多家保险公司因此破产。

其次,由于地震巨灾发生频率比较低,即使发生也是局限于有限的空间范围,地震保险又会面临两个方面的问题:一是空间和时间上的逆选择。即高风险地区投保率高,低风险地区投保率低;地震威胁大的时候投保踊跃,地震威胁小的时候投保冷清。二是供给和需求的双向不足。对于特定个体来说,地震属于小概率事件,无论企业还是个人,投保地震保险的意愿并不强烈;对于保险公司而言,地震突发性强、破坏力大,属于难以预测、难以准确定价、难以承受的巨灾风险,因此倾向于规避风险,减少供给。

几方面因素综合影响,导致地震保险的市场失灵,商业保险市场仅凭自身能力不足以建立起一个国家的地震保险制度体系。

三、地震保险制度国际比较

世界上不少国家和地区都是在大地震发生后两年内建立起本国(地区)的地震保险制度,例如,美国加州,1994年发生北岭6.8级地震,1996年成立加州地震管理局(CEA);日

① 瑞士再保险公司:《1906年旧金山大地震,保险史上的震动》。

本,1964 年发生新泻 7.5 级地震,1966 年颁布地震保险方案;我国台湾地区,1999 年发生集集 7.3 级地震,2001 年建立住宅地震保险计划(TREIP)。

(一)三种模式

从世界范围看,地震保险制度大体可以分为三种模式:一是政府承担主要责任模式,即完全由政府负责业务运营及承担无限赔偿责任,如新西兰地震保险制度;二是市场化运作为主模式,即完全由私营保险公司运作,如墨西哥地震保险制度;三是政府与商业保险公司共同参与的模式,如日本和我国台湾地区的地震保险制度。

比较各国(地区)模式,对我国建立地震保险制度比较具有借鉴意义的是日本和我国台湾地区模式。

(二)日本和我国台湾地区地震保险制度

日本和我国台湾地区分别于 1966 年和 2001 年建立了较为完善的地震保险制度,两者有许多共同之处:一是均采用了政府与市场结合的模式,即在政府主导的基础上,最大限度地发挥市场的作用。二是建立国家级的地震保险基金,形成一个自我积累和风险分散的平台,逐步分担政府压力。三是设立负责地震保险制度运行的专门机构。如日本成立了相对独立的"日本地震再保险株式会社"("地再社"),台湾设立了独立的"财团法人住宅地震保险基金"("地震基金"),这些机构作为地震保险制度的中枢组织,负责制度的建设与运营,协调参与制度的各相关保险公司,管理巨灾保险基金并安排风险的分散,承担最终的风险。四是对居民住宅和企业财产的地震保险实行不同的运作模式。居民住宅地震保险纳入国家地震保险计划,而企业地震保险原则上由保险市场提供,政府不参与。五是将住宅地震保险作为火灾保险的附加险,居民投保住宅火灾保险就会自动获得地震保险保障。同时,在办理住房抵押贷款时,要求办理地震保险。六是保险公司既作为地震保险制度运行管理机构(日本"地再社"、台湾地区"地震基金")的代理机构,负责地震保险的销售和理赔,又通过接受分保的方式参与地震保险的经营,分担地震风险。七是采用了统一的、相对较低的赔偿限额,并在制度的发展过程中逐步提高。八是发生损失时,按照约定由保险公司、地震保险制度运行管理机构、政府分担赔偿责任。在日本,一次地震损失的赔偿额越大,政府的赔偿比例越高,最高可以达到该层次赔偿总额的 95%;在台湾地区,如果发生重大震灾导致基金不足以支付之时,可请求财政提供融资担保。

(三)借鉴与启示

综观有关国家和地区的地震保险制度,尽管由于社会制度、经济发展水平、保险市场发育程度、灾害救助体制等不同,地震保险制度的具体设计也不尽相同,但有些做法带有一定普遍性,一些经验值得借鉴。

1. 建立公私合作模式

绝大多数国家和地区的地震保险制度都体现了市场机制和政府作用的有机结合。各国(地区)的地震保险制度,虽然各有特点或选择了不同的模式,但大都建立在政府与保险市场某种程度、某种方式的合作的基础之上。地震保险完全由商业机构组织实施,经营上存在巨大风险,难以实现业务的规模经营和风险的有效分散,制度难以自我维持;完全由政府经营,仅是资金的简单转移,不能形成严格意义上的地震保险制度。政府的支持,既体现在法律、政策、资金等“有形”的支持上,也体现在主导推动众多利益相关者,特别是公共部门和私人部门之间的合作上。政府应该推动各个利益相关者之间建立紧密的合作关系,明确各自在地震保险体系中应发挥的作用,促成全社会对地震风险管理形成共识①。

2. 充分重视风险控制和分散机制的设计和安排

地震灾害的特点是损失巨大,特别是经济日益发展、财富日益集中的今天,一次地震巨灾可能导致的经济损失将对受灾地区甚至一个国家造成重创。确保偿付能力是任何地震保险模式能够持续运行的关键,科学的风险控制和分散机制是其不可或缺的重要组成部分。各国(地区)采用的主要手段有:在产品设计中设定保险理赔触发条件、免赔额、赔偿限额等,通过共保分摊保险责任,通过再保险在更大范围内分散风险,通过巨灾债券等新型金融工具在资本市场上转移风险,等等。

3. 重点保障居民住宅,并实行适度强制

地震保险作为一个具有公益性的特殊保险制度,重点在于为国民提供基本保障。鉴于地震灾害中建筑物的易损性、住宅对于民众生活的重要意义及其在家庭财产中的较大比重,各国(地区)的地震保险制度均将居民住宅作为重点保障对象。为了形成较大的风险分担共同体并避免逆选择,绝大多数国家和地区推行地震保险制度均有一定的强制成分在内,或从供给层面强制保险公司承保地震风险,或从需求层面强制居民购买地震保险,有的则采取在办理购房抵押贷款时强制办理的方式。一些完全采用自愿原则的模式,则发生了投保率逐年降低,地震保险制度难以有效发挥作用的情形。

四、我国地震保险制度建设目标和基本模式

为了应对地震给中国经济社会带来的巨大风险,中国需要在政府的主导下建立国家地震保险制度,并使之成为国家综合巨灾风险管理体系的一个重要组成部分。目标是在中国建立商业可持续的地震保险体系,提供广泛而预期稳定的灾后重建资金来源,并促进减

① 参见张承惠:《巨灾保险体系:国际经验与我国制度环境研究》,2010 年 1 月。

灾防范投资和灾害应急准备,从而降低经济、社会和财政的巨灾风险暴露,促进中国经济的持续稳定发展和社会和谐。

(一)建设目标

地震保险制度的建立,主要应当达到以下四个具体目的:

1. 降低居民财产损失风险,增强社会的"可恢复性"

地震保险制度应为居民财产提供基本保障,转移地震灾害给他们带来的经济风险。并且通过这样一种"事先安排"的损失补偿机制,增强民众应对自然灾害的自我管理、自我恢复能力。

2. 降低政府财政风险,提高行政效率

在现行的灾害救助体系下,由于没有针对私人财产的地震保险产品,政府承担了许多原本可以由保险市场分担的灾害补偿责任,给财政支出带来了较大的负担和不确定性。通过建立地震保险制度,可以充分调动社会力量,为灾后恢复重建提供一种稳定的资金来源,有利于平滑财政波动。同时,通过地震巨灾保险制度,政府可以将一部分灾后救助工作和补偿职能"外化"给保险、再保险和资本市场,进一步提高行政的效率。

3. 促进社会防灾减灾

地震保险应当根据地区和建筑物的风险暴露程度,实行差别定价,结合保险条款设计,反映建筑物和社区灾害风险管理情况,从而鼓励管理部门和投保人积极采取防灾减灾措施,促进设防标准提高,提升社会抵御自然灾害的能力。

4. 带动保险产业发展

一方面,地震保险体系应当吸收保险公司参与管理和运营,充分发挥保险行业销售、承保、理赔和服务等资源优势,实现效率最大化;另一方面,地震保险制度的设计,解决了制约保险行业参与巨灾保险的"瓶颈"问题,将带动国内保险业的发展。当巨灾保险市场逐步完善,实现商业可持续发展,政府就可以逐步退出具体运营,把在体系中的角色主要限于担任监管者和最后保险人。

(二)基本模式

充分借鉴国外地震保险的实践经验,结合我国现阶段社会经济和保险市场发展的实际情况,我国地震保险制度的建设应实行"政府主导下的市场化运作"模式。

1. 政府主导

中国的地震保险制度必须由政府主导建立,首先是因为商业保险市场对地震巨灾风险的承保能力严重不足,保险业难以完全靠市场化运作独立承担风险责任;其次,是因为地震造成的损害是全局性的,巨灾风险管理和灾后损失补偿是政府的责任;最后,更为关键的是,巨灾风险管理具有公共性,单纯依靠市场力量无法对地震保险制度建立和运行所需资源进行有效的组织和配置,政府必须发挥主导作用。

政府的职责,除了统一设计制度框架并提供法律、政策、资金等方面的支持之外,还必须投入相当的行政资源,协调各利益相关方特别是公共部门和私人部门之间的关系,力促它们之间紧密合作,确保制度顺畅运行。国家地震保险制度的建立不是一个简单的保险承保理赔问题,而是涉及众多利益相关者,既包括投保人、保险人、再保险人,也包括国家财政、金融、减灾等部门和地方政府,还包括建筑管理部门、房地产开发商等;同时,地震保险制度的建立也需要各类法律、政策和具体措施的配套,包括民众风险意识教育和投保推动、风险数据的积累与共享、风险模型的构建、相应设防标准的制定与执行、灾后应急体系的协调与互动等。缺少任何关键方面的参与和任何关键环节的配合,都可能影响制度的运行。在中国目前的管理体制下,必须由政府主导,明确各方在地震保险体系中应承担的责任,整合资源、统筹协调,才能确保地震保险制度的有效运转①。

2. 市场化运作

地震保险制度需要商业保险公司的积极参与,并利用市场化的手段分散风险。一是要依托国内保险公司的现有资源开展地震保险业务,最大限度地发挥保险公司在承保、销售、理赔和服务方面的能力,提升制度运行的效率。二是要利用市场化的机制控制和分散风险。一方面,要利用保险公司在风险管理领域的专业优势,开展产品设计、定价、核保和理赔等工作,用保险专业技术手段控制风险;另一方面,要充分利用国内外再保险市场和资本市场,最大限度地分散风险。如此方能形成一种可持续健康发展的机制。

五、我国地震保险制度框架

一般认为,地震保险制度的建设面临模式选择、基金归集、偿付能力、责任与限额、定价等五大难点,这些问题的解决是地震保险制度建设的基础和保证②。

换一个角度看,地震保险制度能否建立起来并持续运行,取决于供需双方的利益平衡:既要有偿付能力充足的供给方,又要有数量足够的需求方,并且这种状况必须能够持续存在。

在"政府主导下的市场化运作"模式中,制度的建立应充分考虑投保人、保险业、政府三方面当事人的利益平衡:既要调动广大民众的投保意愿,又要考虑他们的支付意愿和支付能力;既要吸收保险业积极参与,又要力求风险可控;既要取得政府的大力支持,又要充

① 张承惠:《巨灾保险体系:国际经验与我国制度环境研究》,2010 年 1 月。
② 王和:"我国地震保险制度建设研究",载《中国财产保险重大灾因分析报告(2008)》,中国财政经济出版社 2008 年版。

分评估财政的承受能力。其要点，在于很好地把握风险与效用的平衡。

(一)确定较大的实施范围

地震风险的最大特征是风险的集中释放。从时间上讲是长期平安突然爆发，具有突发性；从空间上讲是在某个有限的区域发生，具有局部性；同时其破坏力具有巨大性。无论从建设和谐社会的需要，还是从风险管理的技术特点出发，地震保险的覆盖面都是极其重要的。地震保险制度在一个较大的范围内实施，可以在空间和时间上分散风险，为制度的稳定性创造先决条件。比之于那些领土面积较小的国家和地区，中国幅员辽阔也是一个天然的优势，必须善加利用。如果仅在一个有限的区域内实施地震保险，则几成对赌。

地震学界通常将中国划分为三类地区：第一类是防震减灾能力强，而地震危险性弱的地区，主要是沿海地区；第二类是防震减灾能力强，但地震危险性也较大的地区，主要是华北的首都圈地区和内陆的个别城市；第三类是防震减灾能力弱，地震危险性大的地区，主要是中国的中西部地区[①]。鉴于我国没有实施地震保险制度的系统经验，可在部分有条件、有需求、有积极性的省份先行实施，如在地震风险暴露程度较高的西部和华北选取若干省份，先期开展地震巨灾保险试点，在试点过程中不断总结经验，完善制度。

(二)建立国家地震保险基金

巨灾风险转移机制的建设是一项公共政策，而不是纯粹的商业行为，地震保险的运营和管理也应与商业保险严格区分开来。综合考察国际巨灾保险体系运作模式，建立国家地震保险基金是比较可行的。

在这一模式下，应建立一个政府支持、公司化运作的巨灾保险基金及其管理机构，统筹运作地震保险业务。国家地震保险基金管理机构是负责地震保险制度建设、运行和管理的核心组织，其职责包括：统筹规划和组织实施地震保险制度；具体负责管理和运营国家地震保险基金；指导和协调地震保险制度在各试点省份的实施；管理并协调保险机构开展承保理赔工作；安排地震巨灾风险的分散并承担相应的损失风险；实现基金的自我积累。同时需要明确商业保险公司、保险监管部门、相关政府部门等制度参与者的职能分工，以及国家地震保险基金管理机构与它们之间的关系。

(三)设计城乡有别的地震保险体系

我国城镇和乡村经济发展水平差距较大，城镇居民和农民在收入水平和风险承受能力

---

① 聂高众、高建国、马宗晋、高庆华、苏桂武："中国未来 10 - 15 年地震灾害的风险评估"，载《自然灾害学报》2002 年第 11 卷第 1 期。

等方面也大不相同。在制度建设中应充分考虑这种差别,分别设计不同的产品体系和运作机制。

1. 保险标的和保险金额

地震保险制度应以城乡居民住宅主体结构为保险标的,并以解决城乡居民的基本生活保障需求为目标,充分考虑多数居民的保费承受能力和支付意愿,遵循"限额"和"按照经济水平"原则设定不同地区(并区别城乡)的房屋保险金额,最高保险金额以不超过房屋重建成本为限。

2. 定价原则

保险区别于政府救济、社会救助等其他灾害补偿机制的一个重要特点就是风险定价。保险定价应当基于科学的风险评估和精算,这既有利于鼓励投保人采取减灾措施,同时,保费充足也是制度本身可持续发展的基础。

在具体设计中应当考虑"地震风险区划"和"建筑物结构类型"两个因素厘定差别费率。考虑到一些地震风险相对较低的地区经济相对发达,而一些地震风险较高的地区则经济相对不发达,如果单纯按照风险区划确定分区费率,从实施的角度不利于推行。笔者认为,风险定价的原则必须坚持,对于支付保费确实有困难的人群,政府应当给予适当的财政补贴,但这种补贴应该是明示的、直接的,而不是人为压低费率。如此才能兼顾公平和效率。

3. 推行方式

首先,建议在试点地区实行适当的强制保险。为了使大数法则能够有效发挥作用,确保经营的可持续性,必须保证地震保险具有足够的覆盖面,形成较大的风险分担共同体并避免逆选择。根据我国居民的整体风险意识水平、保险接受程度、对巨灾保险的支付意愿以及保险公司的经营能力,采取适当措施保障地震保险供给、拉动地震保险需求是极其必要的。

其次,城乡采取不同的推行方式。农村地区可以设定较低保额和保费,并投入一定的行政资源实行统保,以降低业务开展成本,提高效率;在城镇地区,可以通过设定购房抵押贷款条件等"条件性强制"方式推行。

最后,在国家地震保险制度提供的"基本保障"之上,支持保险公司以产品创新等方式开展商业性地震保险业务,满足居民更高的保障需求,鼓励居民自愿投保。

(四)设计科学的风险分散机制

在地震保险制度建设的初期,应遵循量力而行的原则,综合考虑国家财政的承受能力、保险市场承保能力、再保险市场和资本市场的分散能力,科学设计地震保险的风险分散机制,确保制度的稳定性。

1. 纵向分层。参考日本和我国台湾地区模式,设计"横纵结合"的风险分散机制,小型损失由保险公司负责,中层损失由基金及国际再保险市场负责,巨灾损失由财政负责。各层可采取市场化方式分散风险。

2. 横向分摊。地震保险体系可以通过共保、再保险、巨灾债券等市场化手段,向国内外保险和再保险市场、资本市场分散巨灾风险。

3. 总量控制。根据国家地震保险基金的设计规模,确定地震保险的承保能力,设定一次地震损失的最高赔付限额,根据限额来分配承保额度,控制风险总量。

4. 动态调整。随着国家地震保险基金规模的逐步扩大,相应调增承保能力和赔付上限。

六、结语

一项制度的建立,往往涉及"应该"、"可以"和"如何"的问题。许多"应该"做的事情并没有做,是因为它们还不"可以"做;还有许多既"应该"做又"可以"做的事情也没有做,是因为还没想出"如何"做的办法。"应该"是从道理上讲,"可以"是从条件(包括时机)上讲,"如何"是从技术上讲。换言之,就是"必要性"、"可行性"和"可操作性"俱备,则大事可成。

对于包括地震保险在内的巨灾保险,学界、业界乃至政界都已呼吁多年,由不同方面牵头组织的不同规格的课题研究、论证也进行了若干轮,相关著述汗牛充栋。应当说,对"必要性"、"可行性"的论证已经比较充分,对"可操作性"的研究成果也已出了若干版本,但一直未能突破纸面进入实际操作。现在的关键问题是国家应尽快决策,确立基本框架,切实启动地震保险制度建设工作。

作者简介:
徐晓,中国保险学会秘书长助理。

参考文献

[1]"地震保险制度研究课题小组"研究成果,2010年,课题组成员包括王和、徐晓、张国威等。
[2]张承惠:《巨灾保险体系:国际经验与我国制度环境研究》,2010年1月。
[3]全国人大财经委员会有关文件、资料,2008年。
[4]世界银行巨灾保险项目组:《关于在中国建立巨灾保险体系的政策建议》,2008年。
[5]《中国风险管理报告(2009)》,中国财政经济出版社2009年版。

编后

2012,我们准备好了吗?

本书付梓时,已是2011年5月,离传说中的世界末日2012年还有七个多月。

电影《2012》是美国2009年出品的灾难大片,描绘了一幅末日来临的场景。从那之后,我们的确经历了极其不平凡的岁月。尤其是2010年以来,大地开裂,火山喷发,洪水滔天,核物质弥散,人们流离失所,惊恐万状,活生生一派末日景象。

在这幅景象中,我们不难发现一个悖论:科技越发达,经济越发展,人类社会却似乎越来越脆弱。首先,科技日益发达,人自身的各种功能日益退化,对外在"物"的依赖日益增加,个人、家庭乃至一个社区越来越缺少独自生存的能力。我们可以培养出很多高精尖的"专才",但要找到一个具备各种基本生存能力的"通才"实属不易。试想:停电、停水、停气,甚至公共交通瘫痪,任何一个"衍生灾害"对任何一个城市人来说都近乎"致命"。其次,社会分工日益细化,对"他人"的依赖日益增加,个人如此,行业如此,国家亦如此。如谢国忠所说:"在过去20年的全球化浪潮中,全球分工已经变得相当完善了。通常,一个产品会由许多个国家共同制造。除了更细致的劳动分工,准时制管理体系已经被普遍采纳以节约库存成本。两者的结合使得全球经济很难应对类似日本地震这样的供应链冲击。"最后,人类社会在现代化的进程中生产了太多的副产品,正将自己置于日益危险的境地。我们要满足不断膨胀的欲念与需求,我们追求"更高更快更强",与此同时,能源短缺、环境污染、全球变暖,等等。福岛危机提醒我们:人为错误可能会比自然灾害更早灭亡人类。

人类社会究竟是进步了,还是退化了?这或许是一个哲学命题。

在大自然的破坏力面前,我们发现,人类社会是如此渺小,如此无能,柔软的海水可以摧毁一切坚固的东西,无影无形的核物质可以戕害无数生灵,人类社会几千年的文明成果可以被轻轻抹去,一切归零。某报社论说:对于天灾,人只能承受,不能抵抗。这似乎过于极端,过于悲观,但至少我们可以取得这样的共识:"人定胜天"大抵属于神话一类。人类社会是大自然的一部分,要想生存,要想发展,只能敬畏自然、顺应自然、适应自然。

我们身处风险的包围之中，对于风险的态度：能承受的可以承受；不能承受的可以躲避；既无法承受，也难以躲避的可以想办法分散（转嫁）、减少（弱化）；当然，最理想的状态是消除（化解）风险。无论采何种态度，首先必须认识到风险的存在，并拿定自己的主意：你是准备坦然接受风险，还是想方设法弱化风险？那种掩耳盗铃、自欺欺人的态度是要不得的。

本书的作者提出了一些睿智的见解：

——面对灾害与事故风险，风险管控具有三个主要环节：首先是风险识别和评估；其次是在此基础上的风险化解和改善；而后才是风险转移和分摊。我们首先要依靠先进的科学技术确定经济合理的风险容忍度，然后采取切实的措施改善和降低风险，最后才是处理剩余风险。

——作为风险管理人，必须充分认识到自然灾害的不确定性，这种不确定性来源于两方面：我们对事物的认知具有不确定性；事物本身具有不确定性。风险管理的基础是希望减少第一类不确定性，努力认识掌握第二类不确定性，并以此为依据进行风险管理布局和谋划。

在此过程中，很重要的是要建立一种"管理风险"的社会文化，杜绝健忘症和赌博心理，正如本书一篇报告中所言："未来是未知的。我们所处的风险环境越来越复杂，风险管理的难度随之越来越大。因此，我们需要采取主动的、预见性的、不断调整的、对具体风险具体分析的、保守的风险管理策略，来应对未来一定会发生的各种常见的、罕见的甚至前所未见的自然灾害风险。我们不能等到科学家完全确证风险的那一天再作打算，因为我们能确证的那一天，只能是灾害光顾我们的时刻"。

对于这个星球来说，"2012"或许只是个寓言，但对于每一个个体来说，灾难一旦降临在你头上，就是你的"2012"，十万分之一的概率转瞬即成百分之百的悲剧。

在电影《2012》中，当灭顶之灾降临时，幸运的人们登上了方舟。2012 近在眼前，我们准备好了吗？

徐　晓

2011 年 5 月于北京

中国人民财产保险股份有限公司
灾害研究中心简介

中国人民财产保险股份有限公司(PICC P&C,简称"中国人保财险",香港联交所代码:2328)是亚洲最大的非寿险公司。在六十多年卓越历程里,中国人保财险以"人民保险、服务人民"为使命,立足于服务经济社会发展全局,始终非常重视灾害风险防范和防损减灾工作。中国人保财险灾害研究中心是国内保险公司首家灾害与风险专业研究机构,是中国人保财险落实保险三大功能、实现"做人民满意的公司"愿景的具体举措,将进一步推动中国保险理论研究与技术创新,提高行业风险评估与管理水平,增强服务经济社会的能力。中国人保财险灾害研究中心将以"牢记使命、整合资源、推进减灾、服务人民"为宗旨,与国家部委、专业院所、科研机构建立密切的沟通与合作机制,针对灾害、风险与保险交叉领域开展理论研究与技术创新、风险评估与管理工作,致力于建立中国保险业的风险研究基地,打造保险业风险管理理论与技术的孵化器,引领中国非寿险业风险管理研究方向。

中国人民财产保险股份有限公司
灾害研究基金简介

为积极履行企业社会责任,促进灾害风险与保险理论与技术创新,减轻灾害事故对人民生命财产安全的影响,提高全社会灾害风险防范意识和抵御能力,本着"服务社会、造福人民"的宗旨,中国人保财险发起设立中国人民财产保险股份有限公司灾害研究基金,鼓励资助灾害、保险及相关领域的研究工作。公司每年向灾害研究基金投入经费,同时接受行业和社会赞助,积聚行业和社会力量,提升全社会综合风险管理水平。

灾害研究基金将依据国家经济和社会发展规划,结合关系国计民生及保险行业的重大灾害、风险及保险课题,积极组织开展项目研究工作。为鼓励在校学生发奋图强、求知创新,培育保险与灾害风险研究人才,灾害研究基金下设"校园基金",专门资助在校学生开展灾害风险与保险研究。

我们期待着有志于保险与灾害风险研究的各界英才加盟到这一宏伟事业中。

图书在版编目(CIP)数据

中国风险管理报告. 2011 / 吴定富主编. —北京：法律出版社，2011.4
ISBN 978-7-5118-2065-5

Ⅰ.①中… Ⅱ.①吴… Ⅲ.①保险业—风险管理—研究报告—中国—2011 Ⅳ.①F842

中国版本图书馆CIP数据核字(2011)第068756号

中国风险管理报告. 2011	吴定富 主编	策划编辑 刘秀丽 责任编辑 刘秀丽 装帧设计 马 帅

开本 880×1230毫米 1/16
印张 16.75 **字数** 312千
版本 2011年5月第1版
印次 2011年5月第1次印刷
出版 法律出版社
编辑统筹 独立项目策划部
总发行 中国法律图书有限公司
经销 新华书店
印刷 北京中科印刷有限公司
责任印制 张宇东

法律出版社/北京市丰台区莲花池西里7号(100073)
电子邮件/info@lawpress.com.cn
网址/www.lawpress.com.cn
销售热线/010-63939792/9779
咨询电话/010-63939796/9632

中国法律图书有限公司/北京市丰台区莲花池西里7号(100073)
全国各地中法图分、子公司电话：
第一法律书店/010-63939781/9782
西安分公司/029-85388843
重庆公司/023-65382816/2908
上海公司/021-62071010/1636
北京分公司/010-62534456
深圳公司/0755-83072995

书号：ISBN 978-7-5118-2065-5
定价：68.00元
(如有缺页或倒装，中国法律图书有限公司负责退换)